恩歌博尔教育
Angel bell

Angel bell 音译为"恩歌博尔"，中文直译为"天使钟"，这里取"天使的声音"之意。在"恩歌博尔"（Angel bell）的 logo 中，徽章外形代表学术权威和宏大的影响力，徽章上的天使图像简洁生动，象征一位快乐的天使正带来教育的美丽和魅力，即知识、智慧、思想及广大教师和整个教育的美好蓝天！

教师用书

RU HE ZUO YI MING CHU SE DE ZHONG XUE BAN ZHU REN

如何做一名出色的中学班主任

主编◎王震刚

东北师范大学出版社
NORTHEAST NORMAL UNIVERSITY PRESS
WWW.NENUP.COM

图书在版编目(CIP)数据

如何做一名出色的中学班主任/王震刚主编. —长
春:东北师范大学出版社,2010.8
ISBN 978-7-5602-6481-3

Ⅰ.①如… Ⅱ.①王… Ⅲ.①中学-班主任-工作
Ⅳ.①G635.16

中国版本图书馆 CIP 数据核字(2010)第 164410 号

□责任编辑:刘永枚
□责任校对:谢欣儒
□封面设计:子 小
□责任印制:张 林

东北师范大学出版社出版发行
长春市净月开发区金宝街 118 号(邮政编码:130117)
电话:0431-85601108
传真:0431-85693386
网址:www.nenup.com
电子函件:SXXX_3@163.com

北京通州运河印刷厂印装
2010 年 8 月第 1 版
2012 年 2 月第 2 次印刷
开本:650×960 1/16 印张:16 字数:305 千

定价:28.00 元

如发现印装质量问题,影响阅读,可直接与承印厂联系调换

前　言

　　《中共中央国务院关于进一步加强和改进未成年人思想道德建设中的若干意见》中明确要求："要完善学校的班主任制度，高度重视班主任工作，选派思想素质好、业务水平高、奉献精神强的优秀教师担任班主任。"近几年来，我国十分重视中学班主任队伍的建设，无论是在政策导向、制度规定、实践指导方面还是在舆论宣传上关注中学班主任队伍。

　　班主任担负着为未成年人生命成长指路、导航的重大责任，这是一项艰巨而崇高的使命。在目前学校班级授课制的背景下，宏观的教育思想、教育理念、教育规则；微观的教育措施、教育智慧、教育艺术，都必须通过班主任的具体行为转化为影响中学生的实际因素。

　　本书共分四章，主要阐述了如何做一名出色的中学班主任。我们力求理论与实践相结合，使本书具有科学性、指导性和可操作性。

　　第一章主要从班主任与班集体建设、班主任与班级日常管理、班级管理的难点及其对策等方面出发，并以一些经典案例，阐述了有关班级管理方面的内容。

　　第二章主要从班主任与班级活动、班队活动的设计和组织实施、班级活动的难点及其对策等方面出发，并以一些经典案例阐述了有关班级活动方面的内容。

　　第三章主要从班主任与学生心理健康教育、学生的道德和法制教育、教育学生的难点及其对策等方面出发，并以一些经典案例阐述了有关教育学生方面的内容。

　　第四章主要从思想道德素质修养、科学文化素质修养、身心素质和综合能力素质修养、提高自我修养的难点及其对策等方面出发，并以一些经典案例阐述了有关班主任自我修养方面的内容。

　　这本书对于中学班主任来说，可以提高自身素质和工作水平。编者希望班主任都能掌握较高的教育学和心理学理论，能够读懂学生的感情，成为学生的朋友。不管是教育思想、教育行为还是教育智慧，都能成为学生成长的甘露和阳光！希望所有的班主任都能成为学生最难忘的人！

编　者

目 录

第一章 班级管理 ………………………………………… (1)

   第一节 班主任与班集体建设 ………………………… (1)

   第二节 班主任与班级日常管理 ……………………… (29)

   第三节 班级管理的难点及其对策 …………………… (49)

   第四节 班级管理的经典案例 ………………………… (60)

第二章 班级活动 ………………………………………… (76)

   第一节 班主任与班级活动 …………………………… (76)

   第二节 班队活动的设计和组织实施 ………………… (93)

   第三节 班级活动的难点及其对策 …………………… (115)

   第四节 班级活动的经典案例 ………………………… (128)

第三章 教育学生 ………………………………………… (145)

   第一节 班主任与学生心理健康教育 ………………… (145)

   第二节 班主任与学生的道德、法制教育 …………… (155)

   第三节 教育学生的难点及其对策 …………………… (172)

   第四节 教育学生的经典案例 ………………………… (186)

第四章 自我修养 ………………………………………… (200)

   第一节 思想道德素质修养 …………………………… (200)

第二节　科学文化素质修养 …………………………………（205）

第三节　身心素质和综合能力素质修养 …………………………（211）

第四节　提高自我修养的难点及其对策 …………………………（224）

第五节　自我修养的经典案例 ……………………………………（238）

目　录

第一章　班级管理

第一节　班主任与班集体建设

班集体是学校教育和教学活动的基层组织形式，而班集体更是人的发展和个性完善过程中能产生巨大教育功能的教育载体，是学生赖以学习和生活的主要环境和社会组织，是学生进行社会交往的重要舞台。马克思曾指出，只有在集体中个人才会获得全面发展其才能的手段。班主任是一个班级的领导者、组织者，所从事的班集体建设，从理论角度看是班主任工作理论的重要组成部分；从实践角度看是班主任工作实践中的主体任务。

班集体建设是一个相当复杂的系统工程，其中有着许多不确定的因素。班主任必须从理论的高度把握正确的原则方向，才能抓住关键，才能搞活系统，才能使班主任工作的方方面面都能协调运转起来。因此，班主任应当努力掌握班集体建设的理论，了解班集体建设的规律，让班集体成为学生健康成长的家园。

一、中学班集体对中学生的影响

（一）班集体概述

何谓集体？

一般地说，集体是指为了实现具有社会价值的目标而严密组织起来的有机构、有纪律、有核心，心理上团结相容的个人集合体。它是一般社会群体发展到高级阶段的特殊形态。

苏联社会心理学家曾指出："首先，集体是为达到一定的、为社会所赞同的目的的人们的联合体（从这个意义上说，不能把联合起来的反社会的团体、如违法者团体称为集体）。"这里强调了集体方向必须具有积极的社会意义。

集体必须具有自己的组织机构。苏联教育学家马卡连柯认为："集体是一种具有一定目的的个人集合体，参加这一集体的每个人是被组织起来的，同时也拥有集体的机构。""集体是活生生的社会有机体，它之所以是一个有机体，就因为那里有机构、有职能、有责任、有各部分间的相互关系和相互依赖。如果这样的因素一点也没有的话，也就没有这个集体了，所有的只是随随便便的一群人罢了。"可见，集体是指为了实现具有社会价值的目标而严密组织起来的有机构、有纪律、有核心的个人集合体，它是一般社会群体发展到高级阶段的特殊形态。集体不同于一般的群体，它必须有共同奋斗的目标；有自己的组织机构；有自己的行为规范；有良好的人际关系及稳定的核心。因此，集体不同于群体。

所谓的群体，一般指有某些相同的心理、以特定的方式组合在一起进行活动并且能够相互影响、相互制约的人群，或称为"团体"。群体并非"乌合之众"，其特点在于：①有共同的社会需要或社会目标；②有一定的结构形式，组织成员相互交往或协同一致完成共同的任务；③有共同的心理倾向和行为规范，并相互影响、相互制约。根据这些特点，一般把家庭、学校、班级、机关团体、部队等都称为群体。

群体可以从不同规模的角度分为大型、中型和小型群体；还可以从组织的严密程度分为松散的群体（如旅行团、家长委员会）和严密群体（如党团组织）；还可以按社会的规定分为正式群体（如班级）和非正式群体（如业余的兴趣小组）等。

集体是群体的一种特殊类型，是由群体发展而来的。有些群体本身就是集体，但是有些群体始终没有发展成为集体。

显然，班级（或班集体）与非集体既有联系也有区别。只能把一个由几十名年龄相近、文化程度大体相同的学生组成的聚合体称之为班级或班群体。一个班级发展成班集体必须具有以下特征：

1. 有共同的奋斗目标和为实现这一目标而进行的富有教育意义的共同活动。目标是集体的发展方向与动力，它具有指向、激励和凝聚集体的作用。培养班集体首先要使集体明确奋斗目标，把个人目标与集体目标统一起来，并使个人目标纳于集体目标之中。明确的奋斗目标能将人的需要变成动机从而推动行为，按目标的要求控制、修正自己的行为方向，同时给人以力量去克服困难、排除障碍，一步步地达到目标。一个共同的奋斗目标能对群体的行为产生凝聚作用。它既是群体转化为集体必不可少的要素之一，同时也是增强集体的向心力，指引着集体前进的方向和动力。正确的目标必须在正确的政治方向指导下，既能反映时代的要求，又能被全班学生所接受。社会主义学校班集体的共同目标，就是把学生培养成为全面发展的社会主义事业的建设者和接班人。集体活动是实现共同奋斗目标的途径，没有集体活动也就没有共同奋斗目标的实现。集体活动要求围绕着一个共同的目标，每个人完成集体分配的一项具体任务。集体在活动中前进，个人在活动中发展。

2. 有健全的组织机构和一定数量的有权威的班级干部组成的坚强领导核心。马卡连柯认为：“集体是有目的的个人集合，参加这一集体的每个人是被组织起来的，同时也拥有集体的机构。凡是有组织的地方，那里就有集体的机构，那里就有受集体委托的那些全权代表人的组织存在。”由此可见，组织机构在集体中的重要性。一个班集体应该拥有自己的组织机构，即是由全体成员以民主的方式选举出来的班干部组成的领导核心。这一领导核心有严格的组织性和纪律性，在同学中享有较高的威信。

3. 有正确的集体舆论和良好的传统和班风。集体舆论是在集体中占优势的，为多数人所赞同的言论和意见。正确的舆论是集体自我教育的手段，也是衡量班集体是否形成的标志。健全的班集体还要具备优良的班风。所谓班风即是指在班集体中引人向上的风气，它调节着集体成员的行为方式。班集体在形成与发展过程中，逐渐使班级的好传统成为集体的优良作风。集体有优的作风和传统，就会变成一个大熔炉，新的成分进来就会被熔化在里面。正确的舆论、良好的班风，对巩固班集体起着举足轻重的作用。

4. 有严格的规章制度与纪律。规章制度是维持集体内部的团结，协调集体中的人际关系，指导每个集体成员行为的根本准则。一个班集体必须从实际出发，经过全班学生共同讨论制订出切实可行的规章制度，并要求学生严格遵守执行。纪律是文明社会或学校的各种行为规范，是形成和发扬正确舆论和作风的保证。马卡连柯说："应该给儿童暗示和提出一个重要理论，这就是纪律能美化集体。"严格的规章制度与纪律对学生既有导向作用又有约束作用。如果组织健全，职责分明，又有共同遵守的行为准则，班里就会形成有人负责、有章可循的集体模式。

5. 有平等和谐的人际关系。班级中的人际关系主要是指班主任与全体学生之间的关系、同学之间的关系、班干部与其他同学之间的关系以及班主任与班干部之间的关系。其中，师生关系是较难调节和把握的。因而，班主任在这一集体中地位特殊，影响较大，要由胜任其职的教师担当。

以上是作为一个健全的班集体必备的五大特征。目标是方向；领导是核心；组织机构是骨架；人际关系是基础；活动是动脉；舆论是灵魂；组织制度是保证。它们互相制约，互相促进，形成结构完整的统一体。

（二）班集体建设的意义

班集体是一种具有很强约束力的组织形式，在学校中它既是教育的客体，又是教育的主体。正如马卡连柯所说："教育了集体，团结了集体，加强了集体，以后集体自身就成为很大的教育力量。"全班学生在集体的教育下，培养了自我教育能力，增强了集体责任心和荣誉感，自觉自愿地学习、活动，从而保证了班集体各项教育活动的顺利进行。

1. 加强班集体建设，能促进学生社会化发展

"班集体"指的是有着统一的领导核心、共同的目标以及能协调一致行动的学生群体，其目标、机构、规范等都是宏观社会环境的折射和反映。班集体沟通了学生与宏观社会环境的联系，为每一名学生的个性社会化提供了一个有目的、有计划、有控制的良好的微观社会环境。可以说，班集体是学生个体进入未来社会的通道。班集体是学生赖以学习和生活的主要环境和社会组织，是学生进行社会交往的重要舞台。学生在班集体中学习和掌握各种知识技能、行为方式、道德准则和价值规范。通过彼此交往、相互理解、相互模仿、相互感染，从而促进共同发展，使他们能够顺利地摆脱成年人的支配而独立地走向社会。

2. 加强班集体建设，能促进学生个性化发展

马克思说："只有在集体中，个人才能获得全面发展其才能的手段，也就是说，只有在集体中才能有个人的自由。"个性只有在集体环境中才能得到比较和体现，也只有在集体活动中才能形成和发展。

良好的班集体是一个没有天花板的舞台，为每一名学生的个性发展提供了广阔的空间。每名学生根据各自的兴趣、爱好和特长以及班集体的需要，都能在集体中找到一个适合自己活动和工作的角色和位置，并在集体的要求和鼓励下，使自己的兴趣、爱好和自治自理能力等在实践中不断得到锻炼和发展。无论班集体对学生个人的表现是赞同、表扬还是反对、批评，都为学生个人的发展指明了方向，给予学生精神的激励和鞭策，成为学生个性和才能发展的强大动力支持。从这个意义上说，班集体是发展学生个人才干的最好环境。同时，班集体又给学生个性形成和发展提供了良好的社会心理氛围。在这种心理氛围的笼罩下，集体成员的感觉良好，心情舒畅，各种潜能都会得到发挥。离开了集体对个人的约束和促进，个性的发展就会受到影响。

3. 加强班集体建设，能促进学生素质的全面发展

班集体在建设过程中，以全面提高学生德、智、体、美、劳各方面的素质为总目标，统筹规划，从学生身心发展的特点和可能性出发，全面设计、安排各项工作。每名学生也以此为个人奋斗目标，积极主动地参与班集体建设。夸美纽斯曾这样分析："在学生方面，大群的伴侣不仅可以产生效应，而且也可以产生愉快……因为他们可以互相激励，互相帮助。……一个人的心理可以激励另一个人的心理。"通过有领导、有组织、有主观能动性的班集体建设，可以满足学生的各种需要。

（1）集体能满足青少年儿童交往的需要

随着年龄的增长，青少年学生对交往的需要非常强烈。特别是少年期和青年初期的学生，他们离不开班里的同学，否则，就会感到寂寞和痛苦。对于他们来说，集体的吸引力超过了家庭，他们有许多心里话愿意对朋友讲，而不对家长讲。在与同龄人的交往中，他们越来越感到被理解的幸福。

（2）集体能满足青少年儿童归属的需要

所谓归属的需要，是指个体愿意归属于某一团体或某一集体的愿望。这是人们普遍具有的心理需求。对于青少年儿童来说，他们成熟度低、阅历浅、经验少，常常感到一个人身单力薄。他们害怕孤独，缺乏安全感，就产生焦虑。他们希望自己能受到某个群体的关心和保护，并愿意归属于某一群体，被某一群体所接纳，集体能使他们的这种需要得到满足。

（3）集体能满足青少年学生爱的需求

青少年不仅需要得到父母的爱，他们更需要得到他人的爱，得到教师和同学的爱。一个良好的集体总是充满爱，师生之间、同学之间关系融洽，相互尊重、相互理解、相互关怀和相互爱护。在集体中，青少年儿童对爱的需求可以不断得到满足。

（4）集体能满足青少年学生自尊的需要

每个人都有自尊的需要。一个真正的集体，学生之间、师生之间相互尊重，都享有平等的权利，每个人都有自己的"位置"。个人的聪明才智可以得到发挥，个人的成绩可以得到他人的肯定，同时，集体也为他们自我表现与自我肯定的需求提供了充分的机会，使自尊的需要得到不断的满足。

（5）集体能满足青少年学生成就的需要

青少年儿童普遍具有一种探索、创造并且取得成就的需求。每当他们通过自己的努力，在德、智、体诸方面取得一点点成绩的时候，他们就会产生一种积极的情感体验，就会感到一种精神上的满足。然而，个人的力量毕竟是有限的。在集体中，他们能够得到他人的帮助和支持，于是，他们越来越深刻地体验到集体的力量，体验到只有依靠集体才能取得更大的成就。

在集体中，学生们的多种需要不断得到满足。同时，通过教育也使他们逐步认识个人与集体的关系，认识到个人服从集体的意义，认识到集体团结、统一的价值，认识到每个成员对集体应负的责任和应尽的义务。并且真正形成了集体意识，产生了集体的责任感、义务感和荣誉感，使全面发展的素质教育目标扎扎实实地落到每名学生的身心发展上，从而促进学生素质的全面发展。

（三）班集体建设的原则

从松散的班级群体，到有组织的班集体，进而成为奋斗目标明确、成熟、自治的班集体，使其真正成为学生全面成长的阵地和摇篮，是要经过班主任及全体同学坚持不懈的努力才能实现的。在班集体建设中，班主任要坚持以下原则：

1. 坚持以学生为主体

素质教育认为，班级不仅是学生学习的一种组织形式，还是培养学生综合素质的一种组织形式。因而，班集体建设不仅要以保障学生学习的顺利进行为目的，更要以促进学生整体素质的提高为目的。实践证明，在班集体建设中，充分发挥学生的作用，坚持以学生为主体，对于培养学生的组织管理能力、与人交往能力，以及积极的主体品格，都极有益处。

从认识论的角度讲，学生自身是认识和发展的主体。教育活动只有通过学生自身的内化活动才能真正起到作用，所以落实素质教育，班主任必须尊重学生的主体地位，让学生在班集体建设中担任主要角色。如班里出现了问题，让班主任处理可能会很容易，虽然让学生自己处理可能会变得较为复杂，但是学生从中增强了处理问题或此类事情的能力。更重要的是坚持学生在班集体建设中的主体地位，有利于培养学生个体素质中的主体性品质，而这种主体性品质又直接联系着学生对社会的责任感和积极参与意识。

心理学研究表明，个人在集体中所发挥的作用越多样，他和集体联系也越牢固，集体对个人的影响也越大。因此，班主任根据每名学生的特点，可以让他们在班级中担任一份正式为集体服务的各种各样的职务，有自己的岗位。如管理报纸、负责保管教室的钥匙、包干门窗卫生等，使他们真切地感受到自己的工作是集体中不可缺少的一部分，集体的进步与成绩都有自己的努力，真正感受到自己是集体的主人。对个别感情冷漠，对集体的事想方设法逃避的学生，使其感情升温的有效办法，就是千方百计吸引他，甚至强迫他为集体做事，为集体尽责任，为集体奉献。也就是说，班主任要最大限度地调动并发挥全体学生的积极性，让他们从各自不同的角度为实现集体目标做出贡献。关键在于引导并帮助每一名学生在集体中找到一个既符合集体期望，又让他们自己感到满意的位置，扮演好满意的角色，使全班同学形成班干部与同学打成一片、拧成一股绳的良好局面。

2. 充分发挥班主任的主导作用

"班主任是班集体的组织者、教育者、指导者，是学校领导实施教育教学计划的得力助手，在学生健康成长中起着导师的作用。"学生是主体，班主任是主导，二者是有机统一的。学生主体地位的实现离不开班主任的主导作用，班主任主导作用的发挥又必须以学生的主体地位为基础。削弱班主任的主导作用，夸大学生的主体地位，势必导致教育的混乱无章、放任自流；忽视学生的主体地位，夸大班主任的主导作用，势必导致教育脱离实际，事倍功半。两者都偏离了教育的正轨。

教育中一味地灌输已遭到越来越多教育工作者的摒弃。以学生为主体，以班主任为主导已基本形成共识，但在实践中常有偏颇。表现为班主任在前面"尽力"地"导"着，学生在后面"认真"地"跟"着，这实际是披着"主导"的外衣，而行"包办"之实，学生依然是被动的，身不由己的。这种过分的"关心"会抑制学生的积极性与创造性，从而滋长学生的惰性与依赖心理。其实，班主任的主导职能主要包括两个方面：一是对"外围"的控制，如制订计划，设置环境，创造条件，适时调整等，即把活动控制在一定的"范围"内，这种控制一般是宏观上的控制，学生的自主活动是它的中心。二是直接的教育，即班主任从特定的价值观体系中选取适当内容，直接地指导与影响学生，使其形成预期的心理与行为模式。这两个方面的职能是密不可分的，前者宜宽，后者宜细，都要体现学生为主体。

另外，从某种意义上可以说，有什么样的班主任就会有什么样的班集体。所以，班主任还必须加强自身修养，努力提高自己的认识水平，增强自己的实践能力，培养自己的高尚情操，不断探索，积极进取，争取在教育活动中做到为人师表，最大限度地发挥主导作用。

3. 遵循民主化、制度化原则

民主应用在教育中是学生主体地位的体现，是培养学生自我管理、自我教育能力的必要手段。它有利于激发学生的积极性和主动性，使学生热情参与班级事务的决策与管理，评议与监督；有利于培养学生的集体主义精神和主人翁责任感；有利于培养学生平等思想和民主观念，促进独立自主的人格的形成。班主任发扬民主作风，还有利于建立融洽的师生关系，使学生成为班主任的得力助手而非对手，从而营造出良好的育人环境。

任何时候，光靠民主还不行，还必须有制度。制订一定的纪律制度是维护教育秩序的必要途径，而且制度本身就是一种教育手段，即教育学生该做什么，不该做什么；能做什么，不能做什么。同时，制度可以使某些教育活动格式化、固定化，形成常规，便于操作，即所谓的有章可循，从而避免教育的主观性、随意性，并通过对这些常规长期不断的实施，达到强化教育效果的目的。

班主任要将民主化与制度化有机地结合起来，在班集体建设中，注重建立民主管理机制，实行班级小立法，使教育常规化；常规制度化；制度民主化。

4. 培养学生从他律走向自律

根据素质教育的要求，德育的最高目标应当是培养学生的自我管理与自我教育能力。具备了这样的能力，就具备了强大的内在动力，具备了可靠的内因基础，教育才能深入持久有效地进行下去。班主任要想方设法激发学生的自我管理、自我教育的热情，积极为学生创造条件，提供方法，建立有利于培养学生自我管理与自我教育能力的运行机制，使班集体建设由他律走向学生自律。

班主任在班集体的建设中，作用不是"管"字，而应是指导、引导、诱导，做到"示、扶、放"。"示"，做出样子；"扶"，扶上马；"放"，放手让学生自己做。特别要培养学生独立的意识，不要什么都依赖班主任，而要以班级主人的姿态为班级做工作，为班级尽责任，培养自主、自立、自强的能力。当一个班集体形成以后，还要不断开拓创新，如果只停留在一个水平线上，就会产生集体"思维定式"，满足现状。班主任要善于针对班级情况，按照"既解近渴，又蓄远水"的思路提出明确、具体的近期和远期奋斗目标，然后再把目标分解到人头上，这样才能使学生围绕着集体目标去实现个人目标，向新的境界升华。

班主任可以采取以小组为基础的自我管理、自我教育手段，以积极分子为核心，把小组建立起来，形成一个三级的自我管理网络，即个人自我管理、自我教育（找出差距，根据自己存在的缺点，制订个人目标以及针对性措施，通过日记、周记对自己进行评价）、小组常规管理（小组目标，学习、劳动等制度，检查督促，组织竞赛等）与班级集体管理（目标、任务、对策、措施、指导、帮助、评价、奖励等）。通过互相沟通、互相信任、互相帮助、和谐合作，一种建立在集体主义基础上的人际关系便能使每个人在自我教育、自我管理中促使班集体迅速得到发展。

（四）班集体建设的方法

班集体建设是一项复杂的系统工程，班级情况不同，所采取的方式和方法必然不尽相同。但总的来说，班主任要掌握如下基本方法：

1. 了解学生和班级的各方面情况

摸清班情是建设班集体的基础。只有把班情掌握得清楚，才能正确判断班级在德、智、体诸方面的实际情况，以便准确地找差距和确定奋斗目标，使班级建设增强针对性，减少盲目性，提高工作效率。

班主任需要了解的基本内容主要有：①学生的基本情况。如班级人数，男、女生各多少人。②班级（除新建班）原来的状况、舆论、人际关系、班风、管理机构、班干部工作作风与能力等。③学生的品德情况。如学生的政治思想、道德品质方面以及集体观念、劳动积极性、文明礼貌等。④学生的学习情况。如学生学习目的是否明确；学习态度是否端正；学习方法、学习能力如何以及学习兴趣和学习潜力。此外，还要了解学生各科的原有基础及薄弱科目等。⑤学生的身体状况和心理特点。这主要指学生的身体发育情况，身体素质健康水平，是否患有不适宜剧烈运动的疾病。此外，还要了解学生的气质类型和性格特征等。⑥学生的家庭背景及成长经历。如学生的家庭结构，经济条件，家庭所能提供的学习条件，家庭成员的职业、文化程度以及学生从幼儿园、小学到中学不同阶段的成长情况。

要真实、准确、详细、全面地摸清班情，需要进行必要的调查。调查的方法可采用多种形式，如直接谈心，也可以走访前任教师，查阅书面资料，了解家长、邻里。必要时，也可进行问卷调查。

2. 分析情况，制订目标

制订目标是开展班级建设的关键环节。因为，班集体奋斗目标一经提出，就为全班同学明确了奋斗方向，促使班集体沿着德、智、体全面发展的轨道前进。

制订班集体奋斗目标，一定要切合班级实际，要具体、明确，使目标在不同阶段发挥导向、激励功能。班级目标可有远期目标、中期目标和近期目标。

关于制订班集体目标的原则以及如何内化为学生的成就动机问题，这里必须强调两点：①分析情况要找准班集体的主要矛盾、当前必须解决和可能解决的问题，先抓一两个问题，抓住就深入，务求做出成绩。然后制订目标，特别是近期目标，一定要具体可行，落实到小组和个人。②目标制订要做到学校的计划、临时性的任务等要与班集体日常的工作融合起来，否则千万条线都往一个针眼里钻，会使班主任手忙脚乱；还要与学生课堂融合起来，因为班级的大部分时间都是课堂教学活动，不要只在课外有限的时间内才想到建设班集体。这都是制订目标时必须考虑的，要与学生的自我教育目标融合起来，使每名学生的目标都是班集体总目标的一部分。

班级目标产生的方法，可以由班主任经过认真考虑和准备后提出，然后由班级核心及全班同学讨论通过；也可由下而上，发动同学，酝酿产生初步意见，然后经班级核心及班主任认真归纳研究产生。总之，一定要重视发挥学生在制订班级目标中的积极性、主动性。在制订目标过程中学生们越主动，那么，在将来实施中他们的积极性就越高。

3. 确立班级核心

班级核心是班集体建设的指挥部，一般指班委会（中队委员会）和团支部组织。班干部、中队委员、团支委和班级骨干，应当是班级全体学生的优秀代表。他们是班级的中坚力量，是正确舆论的实践者，是实行班级制度的示范者，是开展班级教育活动的带头人。实践证明，班集体凝聚力的强弱和良好班风能否形成，都与班级核心骨干能否发挥作用密不可分。因此，班主任在确定核心成员的时候，应持认真、慎重态度。

选定班级核心骨干，尤其是确立主要班干部的时候，应当把握一定的标准。如必须思想进步、品德端正、是非分明，学习成绩较好；有健康良好的人际关系；有一定的组织能力和语言表达能力；有甘愿为大家服务、热心为集体办事的精神等，同时，适时实行干部轮换制。

4. 保障教学活动、课外活动正常运转

班集体建设的目的任务之一，是保障课堂教学活动和有益的课外教育活动正常进行。而课堂教育活动和课外教育活动的正常进行，必然会大大促进班集体建设。可见，组织正常、有序、高效的课堂教学和课外活动，是造就良好关系的条件和保证。抓好课堂教学和课外活动质量，是建设良好班集体的迫切需要，是班主任的主要工作之一。

课堂，是学生德、智、体、美、劳五育得以共同提高、综合素质得以全面发展的主要渠道。因此，班主任有责任追求和培养正常、有序、生动、高效的课堂质量。同时，班主任应当努力成为教学的强者，视提高全班学生学习积极性和学习能力为己任。通过课堂教学活动，全班学习风气日浓，同学间互相交流、切磋，这种良好的学风、班风自然会对班集体建设起到决定性的推动作用。

课外教育活动，为学生全面发展和不同方面素质的提高，进一步提供了阵地、场所和条件。尤其是对有兴趣爱好的同学，使他们有了用武之地。通过各项有益的课外活动的开展，全班同学倍加热爱给予他们无限乐趣与温馨的集体，倍加敬重指导他们开拓知识视野的教师。这种和谐、向上的良好氛围，不仅有益于班级凝聚力的早日形成，而且对班级建设一定会起到不可估量的促进作用。

总之，从掌握班情到确立目标、选择核心，可以说都是为课内、课外的工作运转服务的；而提高课内、外活动质量既是班集体建设最重要的组成部分，又是班集体建设的出发点与归宿。

5. 定期评价

评价，是对班集体建设的各个环节及有关工作，进行科学地、客观地分析、评估。评价分为定期评价和不定期评价。

评价内容一般以班集体的六项标准为向导，要把成绩谈透、把问题找准。六项标准是：班级目标、班级核心、班级制度、课内外活动、班级人际关系、班级舆论导向方面。

评价形式分为自我评价和客观性评价。自我评价可采用问卷形式、座谈形式等；客观性评价可以请任课教师、校领导、家长及社会有关方面评价。

真正客观、有效的评价，既可以总结以前的成绩与不足，找出差距，也可以为下一步班级的发展提供依据和先导，为新的发展奠定良好的基础。

总之，班级建设是一个长期的过程。在这一过程，班主任必须不断加强自身修养，不断改进工作方法，积极探索班级建设的规律，运用更多的管理艺术，努力将班级塑造成为一支具有高凝聚力、吸引力和感召力的队伍。

二、确立班集体建设的奋斗目标

一个集体不论大小，在一定时期必须要有一个符合该集体实际的共同奋斗目标。没有一个共同的奋斗目标，这个集体的力量不能形成强大的整体合力，就是分散的、零碎的。这是对一个集体进行有效管理的重要内容。

（一）班集体目标的教育功能

马卡连柯说："集体并不等于一群人，而是一个有目的的组织起来进行活动的机构，是一个有活动能力的机构。"班集体共同奋斗的目标是国家教育方针和培养目标的具体化，是社会期望的综合反映，是班集体工作的出发点、评价标尺和班集体前进的动力。它体现了全班学生的共同理想和追求，是班集体从事各项教育活动的指向。正确的奋斗目标是班集体形成和巩固的必要条件，是维系师生良好关系的纽带，是班集体不断前进的原动力。一个没有正确奋斗目标的班级，人心涣散，就像"一盘散沙"，无法形成合力，甚至会使班级的一些不良风气抬头，造成班级秩序混乱，使日常教育活动不能正常进行。共同奋斗目标确立的成败，关系整个班集体建立的得失。只有不断确立正确的共同奋斗目标，才能指引班集体在正确的轨道上行进。

班主任可根据本班级的实际，充分集中班内其他任课教师和全体学生的意见，每个学期或半个学期为班级制订一个可行的奋斗目标。用这个共同的奋斗目标去吸引、鼓舞和督促大家为此去共同努力，也要用这个共同的奋斗目标引导和激励学生时刻自觉地检验自己的言行是否符合班级的制度规范，是否有利于实现班级这个共同的奋斗目标。在学生为实现班级共同的奋斗目标而努力的过程中，可大大提高全班同学的整体素质，培养学生团结一致的集体主义精神，以及克服困难的顽强意志。班级管理实际上就自然而然会形成一种自律与他律结合；自我努力与相互帮助结合；相互监督、互相教育、共同进步的良好的班级运作格局。

（二）制订班集体目标的原则

班主任引导全班学生建立班集体奋斗目标时，必须遵循下列原则：

1. 指向性原则

所谓目标的指向性是指所建立的目标决定班集体教育活动的努力方向及达到的程度。任何集体目标都具有方向的规定性。只有正确的集体目标，才能把集体活动引向正确的方向，取得良好的教育效果。班集体共同奋斗目标是班集体活动的风向标。正确的指向使班集体充满活力，蓬勃向上。错误的指向使班集体迷茫不前，甚至走向倒退。所谓"失之毫厘，谬以千里"，在共同目标的指向性上必须符合教育方针和实际情况。班集体共同奋斗目标的制订应以国家的教育方针和学校的培养目标为依据。例如，当前教育目标是实施素质教育，实现人的全面发展，那么，班级目标就应根据素质教育要求，在德、智、体等方面确立严格标准。

2. 激励性原则

所谓目标的激励性是指目标的建立能激发全班学生的责任心、荣誉感，使大家乐于为实现这一共同目标而奋斗。要做到这一点，关键的一点是充分调动学生的积极性，达到全员参与、自下而上、自上而下、上下结合地参与制订目标和实现目标。"期望理论"表明，目标是一种激励因素，人们对目标的价值看得越大，估计实现的概率就越高，这个目标激发出来的力量也就越大。班主任必须把握好目标的度，使目标鲜明、正确、形象、有吸引力，能激起学生实现目标的热情。目标提得过高，学生感到空洞，产生消极情绪，容易丧失信心；目标提得过低，学生轻易完成，缺乏乐趣，不能养成学生与困难作斗争的品质。班主任在提出目标时可以向全班学生征求意见，引导学生把个人目标与集体共同目标相结合，使大多数学生感到存在一定的距离，但可以经过努力达到，这样的目标才是有价值的目标。

3. 层次性原则

所谓目标的层次性是指要制订不同时期的目标，确定一个由低到高，由易到难的递进过程。凡事不可一蹴而就，制订目标可分为远期目标、中期目标和近期目标来实现。远期目标是在较长时期内的奋斗方向；中期目标是一个阶段教育活动的奋斗方向；近期目标是每次教育活动所要达到的目的。这三种目标在一个时期内是相互独立的，但从总体来看，又是一个相互衔接的、完整的教育要求体系。实现目标要紧紧围绕远期目标，逐个分层次地，由近及远、由易到难、由低到高地去实现。近期目标实现后，中期目标成为近期目标，远期目标成为中期目标，由此提出新的目标，推进班集体不断前进。

4. 可行性原则

所谓目标的可行性是指目标的提出必须根据班集体发展水平，考虑到中学生的生理、心理发展特点，符合青少年行为习惯。目标要反映大多数学生的愿望，体现大多数学生的利益，对不同层次的学生要有不同的要求。只有这样，目标的实施才能得到广泛的支持。脱离实际情况的目标只是空洞的口号，无法调动学生的主动性和积极性，难以实现。班主任在制订目标时，要实事求是地提出目的要求，与全班学生一道共同讨论制订本班发展的目标并确保目标具体、明确、生动。每项目标都必须包含以下几方面的内容：第一，计划做什么事，要达到什么标准；第二，要规定完成的时间；第三，要有步骤，分清主次，按部就班地进行；第四，要明确责任，落实到小组和个人；第五，要制订完成的指标，定期总结评比。在一个目标实现后，班主任要总结经验教训，及时提出更高的可行目标。

（三）制订班集体目标的方法

班级目标的确定一般有两种方法：1. 师生共同探讨法。采用这种方式制订班集体目标，适用于发展情况良好的先进班集体。提出的目标要切合实际，得到教师和学生的普遍认同，能够发挥学生的主体意识，培养学生参与管理班级事物的能力，增进师生感情，提高集体的凝聚力。2. 班主任定夺法。适用于初建的新班或落后的班集体。班主任采取强化手段治理在短期内可能有效，但长此以往，会造成师生关系僵化，班集体缺乏活力，学生丧失参与班级活动的积极性。

理想的班集体目标的确定大致分以下几个步骤：

1. 班主任根据国家教育方针、学校的各项管理制度和实际工作经验，拟订班集体目标。

2. 班主任深入到学生中去了解学生的个人目标，委派班干部征求全班学生对班集体共同目标的想法，掌握全班大多数学生对共同目标的意见。

3. 专门召开一次主题班会，讲清制订共同目标的原则。将整体目标细化为思想、学习、体育卫生等各方面，鼓励学生畅所欲言，提出自己的观点。

4. 由师生共同商定，制订班集体的共同奋斗目标。

（四）班级建设目标的基本内容

1. 正确的政治观念和优秀的思想素质

（1）端正的政治立场，坚定的社会主义和共产主义信念。

（2）热爱祖国，热爱人民，拥护中国共产党。

（3）坚持四项基本原则，坚持党的基本路线，拥护和认同党和国家的方针政策。

（4）思想进步，情绪稳定。

（5）有正确的人生观，价值观。

2. 良好的学习风气

（1）学习目的明确，学习动机和学习态度端正。

（2）学习平均水平高，学习上有较多优秀人才，尽量减少成绩落后同学的人数。

（3）在学习方面，同学之间互相帮助，对疑难问题积极讨论。

（4）学习具有自主性、计划性和条理性，并且有刻苦精神和迎难而上的精神。

（5）有良好的学习习惯，在学习方面讲究诚信。

（6）课堂上遵守课堂纪律，听课认真，发言积极，作业按时、按质、按量完成。

3. 良好的班风和优秀的班级形象

（1）合理的组织，严明的纪律，优良的道德风尚。

（2）健康向上的人际交往，团结友爱，互帮互助。

（3）有较强的集体主义精神和高度的集体荣誉感。

（4）同学们自我教育、自我管理、自我服务方面的工作成绩显著。

（5）班级生活丰富多彩，积极健康，全力配合学校党团组织的工作和活动。

4. 有一支精干的学生干部队伍

（1）班干部思想政治素质较好，以身作则，在日常学习和生活中尤其在关键时刻有较强的表率作用。

（2）班干部学习成绩良好。

（3）班干部工作能力强，作风踏实，工作成绩优秀，得到同学们的认同。

（4）能配合党团组织引导同学们一起做好工作，积极参与组织活动。

5. 有一整套的班级工作运行机制和体系

（1）坚持实行班会制度，班干部例会制度得到良好的贯彻执行。

（2）党团组织生活制度的建立与执行状况良好。

（3）学期和学年工作有预期的计划并按其执行，并且及时进行工作总结，从而提高工作效率和工作质量。

6. 有良好的身体素质

（1）班级体育活动组织情况良好。

（2）体育达标率高。

（3）体育活动参与率高且成绩较好。

（4）病假率低。

三、选拔和培养班干部

由几十名学生组成的班集体要开展各种教育活动离不开班级组织的领

导。班级组织建设的关键在于培养一批优秀的班干部，形成班集体的核心。实践证明：一个班级只有具备一支有能力、有威信、能够独立完成工作的班干部队伍，才能形成一个团结一致、稳固的班集体。因此，如何选拔、培养班干部是班集体组织建设工作的一个重要方面。

（一）班干部的选拔

选择什么样的学生担任班干部？据调查，大多数教师认为除了要是一名德、智、体全面发展的好学生外，还应符合以下标准：

1. 性格开朗，乐于助人，有为班集体服务的热情。

2. 明辨是非，严格要求自己，能够以身作则。

3. 在班级中有一定威信，是正确舆论的中心，有感召力。

4. 在某方面有一定特长，能够起到模范带头作用。

如何选拔班干部？选拔班干部，特别在新生入学之际，是班主任工作的重要一环。班主任对此应持谨慎的态度，切不可根据学生在原校的情况或仅以学生入学几天的表现拟订班委会成员。在这种草率行事下选拔的班干部一旦因工作不力被撤换，会对学生的心灵造成伤害。开学之初，班主任可指派几名表现较好，能力较强，有一定号召力的学生临时负责班级日常工作。在此期间，班主任可以通过诸如运动会、拔河比赛等大型活动或以班级为单位组织的多种多样的活动，让全班同学彼此熟识，充分展示才能，由此观察学生的表现。大约在五至六周后，召开班会，主要了解学生们喜欢什么样的班干部并加以引导，采取毛遂自荐或同学提名的方式拟订候选人名单，成立临时班委会（如人数超出，可分为两组）负责班级日常工作。在这段时间里，班主任大力支持临时班委会工作，多鼓励、少批评，帮助他们在同学中树立威信。在两至三周后，班主任和同学们心中都有了班干部的候选人，就可以开展正式的选举工作了。班主任应本着公正、民主的原则召开班干部选举大会。大会气氛庄重但不失活泼，竞选人发表竞选演说，同学积极参与提问，以不记名投票的形式产生正式班委会成员，明确分工。最后由当选者发表就职演讲。对新成立的班委会班主任应注意引导，使其成为自己工作的得力助手。在班集体建设的成熟时期，为了使更多的学生得到锻炼机会，班主任可采用班干部轮换制。

在选拔班干部时，班主任还应注意以下几个问题：

1. 全面了解学生，不要求全责备。由于班干部本身既是教育的主体又是教育的客体，他们正处于成长阶段，在许多方面还存在不足。我们应该认识到，学生身上存在着的这样那样的缺陷是可以通过培养和教育弥补和改正的。只要其主流是积极向上的，就应该给予他施展才能的机会，并用其所长，避其所短。

2. 公平对待每一名学生，不偏向成绩好的学生。一个班级总有学习好的学生、学习差的学生和学习中等的学生，而每一名学生都是教育的对象，都应该得到锻炼的机会。班主任不要把选拔班干部圈定在几个成绩好的学生身上，要给那些有能力、有特长的其他学生机会，激发他们参与管理班级事务的热情。

3. 着力选好班长。班委会是班集体的领导机构，班长是班委会的核心，他从各个方面负责班级日常工作。怎样选好班长？全国优秀班主任魏书生有三个条件：一是有组织能力；二是心地善良、胸怀开阔；三是头脑聪明、思维敏捷。

案例

选班长的故事

在初二（3）班做助理班主任时，遇到一件棘手的选班长的难题。

还是在初一学生刚刚入学的时候，班主任李老师根据小学教师的推荐，指定尹剑同学做了班长。一年下来，尹剑把班级工作搞得有声有色，学校满意、教师高兴。进入初二了，按照学校的总体安排，要求民主选举班长，李老师想，选举就选举，不过这班长的位子还没有第二名同学能顶替。就这样，李老师二话没说，班会上一动员，民主选举班长开始了。谁知道，偏偏在没有问题的地方出了问题，黑板上的选票一汇总，全班67名同学，尹剑名下竟只有23票，而一向不显山、不露水的肖英却是65票。

怎么办？幸亏李老师是有经验的老班主任，他没有当场表态，只是跟同学们讲，这结果还不能最后决定，有两道程序必须走：一是征求科任老师的意见；二是学校审批。

当李老师把民主选举结果通报给科任老师的时候，教师们简直不能相信，这个班级如果没有这么一名负责任的班长到底还能不能保持这个优秀班级的优势。于是，李老师开始做学生的工作，在另一次班会上，当教师反复讲到同学们要正确对待干部的管理，尤其是要正确对待干部的批评，要理解干部的工作之后，接着提议说，让我们全班重新表决一下，继续让尹剑做我们的班长好不好？

一只手、两只手……慢慢地，全班同学的手在相互观望中不情愿地举了起来，教师的心像石头落地一样，又踏实起来。班长保住了，一切似乎又变得像过去一样，可李老师却开始感觉到不对劲。似乎同学们跟教师的话少了；有许多事不愿意告诉教师了；感情疏远了许多；在班级活动中学生的参与意识、责任心大大下降。

很长一段时间，李老师显得心事重重，他开始征求我这个助理班主任的意见，因为，他很难理解的是，这个当班长的尹剑如此负责，可到头来为什么得不到同学们的信任呢？于是，我们开展了一系列调查活动。经分析，我们发现，这名学生从幼儿园到中学一直当班长，在长期的班长经历中，在我们传统的教育模式下，他学得非常乖，总是努力去迎合教师，迎合学校，变得只对教师负责而不对同学负责。班长的"铁交椅"在我们的学校里又始终没有被搬掉，因而他这个班长也就一直当得很稳固。审视一下，在我们许许多多的学校里，在我们的许多教师手下，我们塑造了多少这样的小干部呢？

很明显，这样的班长继续当下去，双重人格就无法避免，我们就很难培养一个个性健康的孩子。尤其重要的是，我们一面搞民主选举，希望培养学生的民主意识；一面又施行着不民主的做法，把学生那一票又一票的神圣与尊严轻描淡写地给否决了。这样，我们不但不能培养学生的民主意识，而且以民主意识为基础的参与意识、责任心又怎么能够培养起来呢？如果我们的学校让这样一批又一批的没有民主意识的学生走出校门、踏上社会，我们的民族还有什么希望？

我开始跟李老师商量，我们"敢不敢"到班上去向学生做检讨，还给学生民主。其实对李老师来说，为了学生，做个自我批评倒也算不了什么，重要的是，李老师在担心，做了七八年班长的尹剑的心理承受能力。万一他不能正确对待，在班内搞起对立来，那能量也是不小的。后来，我们统一了认识，尽可能地做尹剑的工作，如果他真的仍要"拉山头"，搞对抗，我们也应该让他在学校里表现出来。否则，他将来到了社会上再搞起这一套来，我们岂不是送出去一个"危险品"吗？

又过了两个星期，当我们把民主还给了同学们，正像我们预料的那样，全班那经久不息的热烈掌声直响到叫教师热泪盈眶。尹剑也被新一届班委聘为班务顾问，初二（3）班的教室里又开始有了爽朗的笑声和鲜活的空气，教师又开始经常地在同学们的包围之中感受亲情。一个生机勃勃的集体更像一个温馨和谐的家庭。尹剑也在经历了一段艰难的心路历程之后变得更加成熟起来，他在给我的一封信中说：老师，我过去只会做一篇文章，而现在，我才开始知道另一篇文章多么重要……

（二）班集体干部的培养

在选拔好班干部之后，班主任不能存在丝毫的懈怠心理，还要对他们进行培养，指导、提高他们的独立工作能力，既要放手使用，又要不断提醒教育。班主任在培养班干部过程中应注意以下几点：

1. 认清工作意义，明确职责

新班委会成立之初，班干部工作热情高，班主任应及时召开班委会成员会议，帮助班干部认清工作意义，分工负责，各司其职。要注意纠正个别学生的"当干部吃亏"、"当干部高人一等"的错误认识，培养他们任劳任怨的献身精神，使他们认识到当干部是为同学服务，为集体作贡献，肩负着教师和全班同学的信任，在许多方面要成为一般同学的榜样，要牺牲一部分的业余时间，要经得起批评和抱怨。此外，还要教育班干部在做好本职工作的同时，要意识到班委会是一个团结友爱的整体，支持其他班干部的工作，不能"事不关己，高高挂起"。

2. 教给工作方法，培养班干部的独立工作能力

班主任要不断帮助班干部提高独立工作的能力，从扶着他们干，到引着他们干，最后使他们能独立开展工作。为此，要教给班干部以下工作方法：一是从全局考虑问题的方法。班干部是为全班服务的，考虑问题不能

从小范围出发，应从全局着眼，看是否能推动整个班级工作。二是上台布置工作、总结工作的方法。干部与同学间平时开开玩笑可以，但一旦上台讲工作就必须严肃对待。事前必须做好充分准备，发言必须用书面语言，布置工作要言简意明，总结工作要全面深入。三是表扬与批评的方法。在班上表扬一个人时，要列出事迹，有理有据，让大家信服；批评时要注意分寸，点到为止。四是与后进生交朋友的方法。有意安排干部与后进生结成一对一的朋友关系，以一个朋友的身份去规劝、开导、影响后进生。五是当好值日生的方法。六是班长抓全面的方法。班长要调动班干部的积极性，督促他们抓好各方面的工作。班长（值周班干部）应对班干部工作进行讲评，讲评的依据是：民意测验结果；教师的看法；学校日记记载的工作情况；平时工作实绩等。七是要培养班干部科学的工作习惯，如根据自己所分担的工作，及时做好计划和总结。班主任教给班干部工作方法后，应让他们大胆实践，从而锻炼他们的能力，提高他们的威信，调动他们的工作积极性。班干部在活动中得以施展才能，才能成为班级活动的主角。

3. 严格要求学生干部，树立正确的工作作风

班干部是全班学生学习的榜样，班主任要有计划地对班干部进行教育，严格要求，使其做到言行一致，处处以身作则。为此班主任要做到：端正班干部的思想，消除可能产生的各种错误认识；遇事多与同学商量，平等待人，树立民主工作作风；严格自律，以身作则，树立谦虚谨慎的工作作风；对待工作实事求是，不欺上瞒下，报喜不报忧，树立批评与自我批评的工作作风；能上能下，不计个人名利，当干部不当干部一个样；正确对待工作中的挫折，克服"当干部不合适"、"出力不讨好"的消极情绪；做好学生与教师间的沟通工作，培养独立工作的能力，不做班主任的"传声筒"。对于优秀的班干部，班主任要及时表扬，给予鼓励；对于犯有错误或有缺陷的班干部，班主任要给予适当的批评，问题严重的要"撤职"。

总之，对待学生干部，班主任既要认真指导，又要敢于放手；既要多加鼓励，又要严格要求；既要充分信任，又要注意考察。实践证明，班干部可以培养学生在工作、为人处事等方面的能力，对于人的一生有着重大

影响。因此，班主任要定期开展班干部评比，采取"轮流制"，吸纳积极分子加入班干部队伍，使更多的学生有机会在集体工作中发挥才能，得到锻炼。

四、培养良好的班风

经常听到教师们在一起议论：某班课堂气氛活跃、某班课堂纪律差等。教师的这种对一个班级在某方面的大体印象正是源于这个班级的班风。

（一）良好班风的重要意义

班风，顾名思义，是指一个班集体特有的作风，是班集体舆论长期作用所形成的班级风气，体现了班集体成员在思想、行为上的一种共同倾向。它既具有一般社会规范的普遍性，又具有班级的独特性。从一定意义上说，班风就是特定班级个性化的社会风范。

良好的班风对班集体的建设具有重要意义，它主要表现为：班集体积极向上，凝聚力强，人人是主人，事事有人管；学生精神振奋，班级正气不断上升，学生的思想道德素质逐步提高；学生进取心强，学习热情高，人人勤奋好学；同学间团结友爱，互帮互助；课外活动丰富多彩等。可见，一个良好的班风就像一座熔炉，陶冶着每名学生的思想、作风、品德，带动着班内每名学生前进，是一种巨大的教育力量。只有在良好的班集体中，教师开展教育和教学活动，才能收到较好效果。

优良的班风，只有在班级中大多数学生具有优良的思想、品质、作风时才能形成。而这种优良的班风一经形成，又反过来对形成、巩固和发展班集体，对教育班集体的每一个成员产生积极的作用。所谓"近朱者赤，近墨者黑"。一个班集体的班风正，问题学生就容易受到潜移默化的影响，可能会变为好学生；但如果班风不正，优生也会变坏。优良的班风需要大多数的班级成员具有良好的思想道德品质及日常行为习惯。这种优良的班风一经形成将会成为强大的自我教育力量作用于班级的每一个成员，使人人沐浴在集体的春风中，扬长避短，完善自身，从而形成更好的班级风气。

（二）培养良好班风的方法

一个班集体风气的好坏，班主任起着至关重要的作用。良好班风的形成，班主任要做好以下几个方面的工作：

1. 思想上高度重视。班主任在接一个新班后，要有意识地结合本班学生的具体情况，向学生讲清树立良好班风的重要性，提高认识、增强自觉性。中间接班的班主任要在了解班级过去形成的班风基础上，对其优良的班风予以爱护和扶植，并使之充实和完善。

2. 行为上以身作则。古人云：其身正，不令而行；其身不正，虽令而不从。班主任是班风建设的具体组织者、设计者和监督者，是班风建设成败的关键。在班风建设中，更须身先士卒，从自身做起。尤其是独特班风的形成更是班主任工作作风的体现。班主任要善于开动脑筋，创造性地工作，要言而有信、言而有行，时时处处带头做表率。

3. 方法上把握"第一"。班主任要懂得学生心理活动的规律，注意事事开个好头。比如班主任上任要从工作的第一天抓起，特别注意"五个第一"，即做好第一次发言；开好第一次主题班会；处理好班级出现的第一个问题；办好班上的第一件实事（如教室布置）；安排好任课教师与学生的第一回见面等。良好班风的形成往往就是这样从若干个第一开始的。开了好头，就有了主动权，就为班风建设的正规化、科学化奠定了基础。

4. 奋斗目标明确。班级奋斗目标，是班风建设的一大支柱。目标一旦确定，就要牢牢把握，把它变成师生的自觉行为、努力的方向和工作的目的。在实现这一目标的进程中，班风建设的内容就会不断得到充实和完善。

5. 规章制度具体。班风往往带来的是班级成员的一种自觉行为，而规章制度是带有强制性的，但自觉行为又往往是在强制执行的基础上经过努力逐步发展而来的。因此，在班风建设中，班主任要针对班内学生的特点和表现，从大处着眼，小处着手，制订必要的规章制度，提出明确的要求，如考勤制度、文明公约等，使学生行有所循。凡是在班内宣布的制度要求，一定要认真执行，并且经常进行检查、讲评、总结。通过校规、校纪、班规、班约，使班风的形成有规可循、有章可依，从而加快班风建设的步伐。

6. 集体舆论正确。正确的集体舆论能够助长健康的和进步的因素，克服和纠正消极的和错误的东西，从而帮助学生明辨是非，激发他们的集体荣誉感和责任感，有利于维护集体的利益，巩固集体的团结，形成良好的班风。因此，在班风建设中，要大造舆论，来强化班风的约束作用和激励作用，强化班级成员的集体意识。班主任要善于抓住舆论阵地，如办好黑板报、思想评论专栏；召开班会、演讲会、报告会；开展团队组织生活等；针对班内出现的带倾向性的问题开展评论；对大家关心的问题展开讨论等。建立起正确的舆论阵地，其作用是不可低估的。

如某校初二（1）班，有一名课代表，他每次都把不交作业或抄袭作业的学生名单原原本本汇报给教师，从而引起了一些同学的反感，背地里叫他"叛徒"。班主任没有直接批评学生，而是在班里设了三个讨论题：老师究竟是哪边的人？如果你是这个课代表呢？认真负责、忠于职守到底好还是不好？讨论取得了圆满的效果。这种方法不仅有助于集体舆论的形成，而且也强化了学生的自我教育意识。

7. 榜样力量突出。一个好的班风，开始时往往只是少数人做出榜样，通过一桩桩、一件件事例的积累，才能进而扩大为班内的一部分人和班内的大多数人行为，最后风行全班，成为全班学生的行为准则和行为习惯。由此看来，榜样的力量是无穷的，有了好的典型，就能通过他们去团结其他同学，扩大积极分子队伍。因此，班主任要抓典型，树样板。典型的培养应是全方位的，如有三好学生的典型、关心集体的典型、拾金不昧的典型、体育锻炼的典型、助人为乐的典型、后进变先进的典型……对于涌现出的各种典型要宣传，要表扬，要推广他们的经验。青少年的模仿性强，身边的榜样对他们有很强的吸引力、号召力。抓出好典型就能收到"拨亮一盏灯，照明一大片"的效果。

总之，优良的班风是班集体建设的重要组成部分，它不会在短期内自发形成，恰恰相反，它是班主任在班级教育理论的指导下和积极主动地引导下，努力踏实地工作和付出创造性劳动的结果。

五、健全班级规章制度

班级规章制度是班集体为实现共同的奋斗目标而制订的规则、法则，是班集体按一定程序办事的规矩，是班级管理的准绳。班级管理离不开规章制度，俗话说"没有规矩，不成方圆"，一个良好班集体的形成，必须有一个人人都必须遵守的班级规章制度。

（一）健全班级规章制度的意义

家有家规，国有国法，校有校规校纪。作为学生，除了应自觉遵守国家的宪法及各种法律法规外，还应遵守国家各级教育部门制订的管理规定及各个学校根据自己的具体情况制订的校规校纪。

班级规章制度的制订是为了使全班同学形成良好的学习、生活习惯，提高学习、生活的自觉性，自觉遵守班级纪律，积极参加班级各类文体活动，积极为班级工作出谋划策，为班级争荣誉，通过全班同学共同努力，塑造优良的班级风貌。

班主任从学生一入学到毕业时止，都应经常组织学生进行学习，加强教育意识，提高认识，树立牢固的学校规章制度和班级的组织纪律观念，使学生由被动地遵守转化为自觉地运用校规校纪来规范自己的言谈举止，达到自觉地维护学校正常的教学秩序，适应教学规律，完成教学任务的目的。班主任还应以高度严密的组织纪律、刻苦钻研的学习精神、雷厉风行的工作作风、勇于开拓创新积极进取的竞争意识为宗旨，建立良好的学风、班风。要拟出班级的治班方案和班级公约，对学生的出勤、班干部会、班会、校内外集体活动等情况、课间休息、午餐，课间操、劳动卫生等分别进行评定，并与奖惩挂钩，奖励先进、带动中间、激励后进。简言之，管理制度和学校的校规校纪、班级制订的治班方案等，都是为了在班级教育管理工作中有章可循、违纪必究，避免工作中的盲目性和随意性，体现出管理制度化的客观性、公正性和权威性。

为了实现班级的奋斗目标，班级要从实际出发，结合《中学生日常行为规范》，在发动成员民主参与的基础上，制订并健全班级各项规章制度。班级规章制度包含两方面内容：一部分是学校有关的管理规章制度；另一部分是保证学校规章制度的贯彻，结合本班实际制订的制度，这类制度要具体、便于操作。

班级规章制度一般包括的内容有：纪律方面，如考勤纪律、自习课纪律、上课前纪律、两操纪律、宿舍纪律；文明礼貌；卫生；学习；班级工作；班级奖惩等。

（二）制订班级规章制度应注意的问题

班级规章制度对于班集体建设至关重要。符合实际的班级规章制度，不仅是班级良好秩序的保证，而且对于学生良好行为习惯的形成以及主人翁精神和民主意识的培养，都有巨大的促进作用。可以说，每个优秀的班集体，必有一套运行良好的班级规章制度。那些优秀班主任创造性的实践启示我们，建立能够良好运行的班级规章制度，需要注意以下几个方面的问题：

第一，必须让学生明确，制订规章制度的目的是"秩序、公平、习惯、效率"。

在班级规章制度的建立过程中，首要的一点是，从学生的需要出发，让他们认识到，制订各种规范的目的不是"管住"他们，而是为了保证班级所有成员的利益。这种利益可以概括为：秩序、公平、习惯、效率。有了这四个标准把关，在制度的具体内容上，不管是班主任提出来的，还是学生提出来的，都可以让学生尽情地讨论。在讨论中，学生自然会得出正确的结论，做正确的选择。例如，关于自习时能不能说话的问题，魏书生老师就让学生从这四个方面进行过利弊的讨论。很快，学生得出了自习说话弊大于利的结论，于是，就有了自习时不准说话的规章制度。有了明确的目的，有利于班主任主导作用的发挥，也利于学生主人翁精神的激发和培养。

第二，班主任要以身作则，既不能游离于制度之外，也不能凌驾于制度之上。

优秀班主任在制订班级规章制度时，总是把自己当做班集体的一位普通成员，置于学生之中，接受班级规章制度的约束。比如，著名优秀班主任孙维刚老师，凡是要求学生做的，他本人样样都要做到。有一次，他因上班途中做好事而迟到，面对全班同学，他没有做任何解释，而是在黑板上写下"今天我迟到"之后，罚自己在严寒中站了一个小时。魏书生老师则在班里为自己定下了"制怒的规矩",并严格接受学生的监督。他们的行为,不仅维护了班级规章制度的严肃性,能够引导学生严格遵守,而且还为学生树立了高尚的人格榜样。

第三,规章制度要针对班级实际,具有可行性。

班级规章制度可以说是班集体的"法",必须有"法"必依,违"法"必究。因此,所定的每一项制度都要符合班级的实际情况,有较强的操作性,那些不能操作的规章制度宁可不定。因为,不管何种原因,少数的例外可能损害整个班级规章制度的严肃性,给制度的执行带来不利的影响。

班集体建设的过程是一个动态发展的过程。每一个阶段都各有特点,与之相对应,班级规章制度的建立也要有一个调整完善的过程。哪一部分制度在哪个时间制订,其根本依据是班集体建设的实际需要。太早了容易成为一纸空文,客观上给学生以形式主义的影响;太迟了,问题会越攒越多,容易造成被动局面。

如开学之初,班级可能是一个松散的群体,此时,秩序最重要,因此,纪律制度、教室卫生制度是最重要的。随着同学们之间的互相熟识,正式班委会的建立会逐渐提上议事日程,此时,可以开始建立班干部任免制度、班委会工作制度。随着班委会的成立,相应地可以建立班级文化建设制度、监督评价制度、奖惩制度等。随着班集体建设的发展,除了这些基本制度之外,还可以根据班级工作中出现的一些特殊情况制订一些特殊的制度和规范。比如,在魏书生老师的班里,有班级银行、班级邮局等组织机构,相应地,也就会制订一些相关的制度。随着制度规范的增多,可能相互之间会发生冲突,此时,要进行一定的调整,使之保持一致,具有可行性。

第四,在内容上,要符合《中(小)学生守则》、《中(小)学生日常行为规范》和国家的法律法规。

班级规章制度在内容上要以《中(小)学生守则》、《中(小)学生日常行为规范》以及学校的校规校纪为依据,绝不能与国家的教育政策、法律法规相冲突。特别是在奖惩制度中,绝对不能有罚款的内容,不能有侮辱学生人格尊严的内容。

第二节　班主任与班级日常管理

班级日常管理是班主任工作的一项重要内容，是指班主任按照一定的原则，运用科学的方法，为建立良好的班集体，实现共同的目标而不断进行协调的综合性活动。简单地说，班级日常管理是班主任对所带班级学生的思想、学习、劳动、生活、课外活动等工作的管理，具体包括班级工作计划、学生操行评定、处理偶发事件、学生日常行为规范、班主任工作总结等。这项工作是项琐碎的工作，同时又是一项艰巨的工作，是一门科学，又是一门艺术。班级日常管理有自己的客观规律，同时又千变万化。班主任不应满足于按常规办事，而应发挥工作中的独创性，以顺应改革开放的新形势，创造出更多的班级日常管理的新办法、新经验。

一、制订班级工作计划

班主任工作计划是对某一时期内班级工作的目标、任务、措施等预先做出的设想和安排。在通常情况下，班级工作计划是指一个学期内班级各方面工作所做的综合计划。

（一）制订班级工作计划的意义

"凡事预则立，不预则废。"制订计划在班级中有着十分重要的意义，这是由计划的特性和班级管理的特点决定的。

第一，制订班级工作计划是班主任有的放矢进行工作的重要环节。每一次计划过程都伴随着对以往工作的总结，对当前状况的分析以及对未来工作的预测。因此，制订班级工作计划的过程是加深对班集体认识的过程，也是搞好班级工作的条件和保证，是避免主观臆断、无的放矢的重要环节。

第二，制订班级工作计划有利于协调各方面、各因素之间的关系。通过计划，协调上级指示、学校要求与班级任务之间的关系，协调班主任、科任教师、学生、家长等各种教育力量之间的关系，协调任务、人力、物力、财力、时间、场所等各种因素之间的关系，做到通盘考虑、统筹规划、有机安排、和谐有序地开展工作，避免盲目、片面、冲突和浪费。

第三，制订班级工作计划有利于师生统一行动方向。通过计划，可以使师生明确奋斗的目标和工作的轻重主次，统一行动方向，激发他们的行动动机，避免目标的偏向和力量的分散。

实践证明，好的计划在班级工作中能很好地起到规划、导向、激励作用，是开展工作的蓝本和检查评定工作的重要依据。

（二）班级工作计划的构成要素

一个完整的计划，从形式上谈，包括标题开头、正文、结尾、落款等部分；从内容上谈，主要包括依据、目标和措施几个要素。以下对计划内容的要素加以说明。

1. 依据。计划必须建立在对客观现实的认识和各种主观条件基础上。制订班级工作计划的依据是多方面的，如上级指示规定、学校工作计划要求、教育理论、教育经验等，而最主要、最直接的是班级学生的实际情况，它包括当前班级学生的构成情况、年龄特征、班集体的形成状况等，也包括对班级历史状况的总结和对班级未来发展可能的预测。

2. 目标。是指在计划期限内班级各方面工作的预期结果，是班级工作的核心。目标包括方向和大小两个维度。一个好的计划应通过目标指明正确的努力方向，并提出合理的量的要求。目标应突出重点、抓住关键，要有整体目标，又要明确各方面的具体目标，要使集体目标与个人目标紧密联系起来，发扬民主，发动师生广泛参与，反复讨论，多方面论证，切不可仅凭班主任的主观愿意。

3. 措施。是指为完成任务、实现目标的手段、方法和途径等，是计划落实的基础和关键。班级工作计划是具体计划，必须有操作性，要使活动、人物、时间、地点等因素落到实处，要明确实施的内容、责任、范围和时限，使之便于明确任务，便于上级检查和自我检查。否则，如果只是提出一些空洞、抽象的条文，计划就无法发挥指导和监督作用。通常在计划中要反映以下几方面措施：一是开展大型活动的措施；二是开展经常性的和制度化的活动措施；三是根据班级特点开展有针对性活动的措施。

（三）制订班级工作计划应遵循的原则

班主任工作是多方面的，又是应该有计划进行的。可以说，班主任工作过程，客观上又应表现为班主任计划和安排工作的过程。而班主任工作计划的制度，是班主任工作过程的真实环节，也是班主任一切后续工作的具体依据和实现培养目标的计划保证。

1. 整体规划

这是班级一定教育阶段的整体设计，要依据时代发展的要求，根据党和国家的培养需要，提出管理的宏观目标。总目标确定以后，还要根据学生的年龄特征、学习阶段、个体的认识规律、个体素质，按学年、学期分为若干方面。如思想建设、学习能力、生活能力、素质特征等。学年、学期目标要有层次梯度，由高到低、由易到难，逐步深化。目标要尽量切合学生的实际，切莫"高不可攀"。

2. 阶段规划

这是就近期管理工作而设计的。规划的内容包括：管理口号与相应的制度；管理组织——这是管理顺利进行的有力保证；管理程序，以使工作循序渐进；管理手段，也就是事实的活动安排，督促检查；可能会出现的意外情况及疏导的设想等。阶段计划也要从实际中来，了解学生的发展情况，反映学校阶段管理的要求。在具体安排下，还要注意渐进梯度，要有最低限度的要求，考虑到后进生。让每名学生像在登石阶，一级有一级的成功，一级有一级的快慰，从而激起更高的积极性。

（四）制订班级工作计划应注意的问题

1. 坚持正确的方向

邓小平的"三个面向"为我们培养社会主义事业需要的人才指明了方向，也是制订班主任工作计划的指针。要注意防止把班主任工作重点放在单纯追求升学率上，特别是毕业班，更要防止忽视德育、体育，强迫学生死读书，单纯追求高分的倾向。

2. 从实际出发

制订计划以前，要深入调查研究，摸清本班的主要问题或普遍性的问题。这样，才能确定计划的主要内容和应采取的措施，做到有的放矢。如确定德育的具体课题；采取提高各学科学习质量的措施；规定重点活动的内容、形式；拟订班级管理的目标等，都要从本班学生的实际出发，否则，根据计划组织的各项活动就会流于形式，收不到实效。

3. 注意德育的科学化、系列化

（1）根据班级实际，明确不同时期的重点。如中学一年级，要把重点放在建立良好的班集体和班风上；中学三年级要根据学生毕业后向普通高中和职业技术学校分流的情况，搞好升学指导教育。

（2）注意不同年级的特点，明确每次活动的具体要求，使相同的主题教育体现出阶梯性和循环性。如理想教育，中学阶段主要是通过学习英雄人物，使学生明确应该有什么样的理想。

（3）计划要采用灵活多样的形式，把德育、体育、美育结合起来，使活动具有知识性、趣味性、渗透性，能吸引学生，避免单纯的说教活动方式。可围绕确定的德育主题进行，如把热爱祖国作为教育的重点，可以确定以下的活动：组织"祖国在我心中"的主题班会；发起"爱祖国，为实现四化而勤奋学习"的征文；走访革命老人、烈士后代，给边防战士写慰问信等，每一项活动都要目的明确，讲求实效。

4. 把思想品德教育放在首位，全面贯彻党的教育方针

班主任必须寓思想品德教育于知识教育之中，结合各科教学对学生进行思想教育。这一点务必在班主任的工作计划中体现出来。优秀的班主任常常在教学上也是骨干，这就更便于在教学中结合思想教育，努力持之以恒挖掘教材的思想内容。还要充分利用学生所掌握的信息和所学到的知识，及时反馈，把这些信息知识转化为信念，转化为对学生进行学习目的、学习态度的教育。

5. 对经常性的班务工作做好计划安排

班主任对于经常性的班务工作也要做好计划安排，使之制度化。如制订班级的规章制度、确定干部、组织学生轮流值日、提出本学期评选先进的条件等。如果不对这些工作做好计划安排，不可能组织好一个班集体。为此，班主任的工作计划要努力做到：

（1）体现全面性。既突出德育的实施计划，也不忽视其他工作，要"五育"统筹安排。

（2）把握系统性。既要考虑学校、家庭、社会的大系统，也要考虑班主任、政治课、团队组织的小系统。

（3）突出针对性。要在调查研究的基础上，根据本班学生的实际，有的放矢地开展工作。要结合实际情况订出奋斗目标，提出解决问题的办法，切忌空泛。

（4）体现培养性。班级工作要充分反映出对班级集体的培养，使学生提高自理能力和独立工作的能力。制订班级工作计划要征求学生的意见，尽量发挥学生及其骨干的主动性和积极性。

（5）具备操作性。工作计划不能是空洞的条文，应有月（周）计划表和班、团（队）活动计划一览表，以便有条不紊地执行和落实。

二、中学生的操行评定

操行评定或称品德评定，是班主任专有的一项工作，也是班主任对学生进行教育的一种手段。班主任对学生进行操行评定，既是对学生一学期成绩进步、缺点问题的总结，也是对班主任工作的全面检查。为此，班主任在教育学生管理学生的过程中，必须重视并做好学生操行评定工作。

（一）学生操行评定的意义

1. 对学生有督促鼓励的作用

通过评定，督促鼓励学生对照《德育大纲》及其他有关规定，了解哪些方面已做到、做好了；哪些方面没做到、没做好；哪些方面有缺点、甚至犯有错误等。以此督促鼓励学生发扬优点，克服缺点，不断进步，也可以促使优秀学生戒骄戒躁，鼓励他们向更高的目标前进；使中等生看到自己的不足，急起直追；使后进生感到有压力，必须切实改正。

2. 对班主任、教师和学校有全面检查工作的作用

从考核学生的品德反馈的信息中，可以了解学校前一阶段教育工作的情况，哪些成功？哪些不足？原因何在？等等，然后可以研究进一步改进工作的办法。对于班主任来说，可以知道班级工作中哪些方面做对了，做好了，教育效果是否显著；哪些方面做错了，"撞墙"了，进而及时总结经验教训，不断改进工作。

3. 对家长来说，可以了解子女在学校里的表现，配合学校协调一致地教育子女

学校定期对每名学生的操行进行考核评价并及时地通知家长，可使家长较全面地了解子女的在校情况，对照子女在家庭中的表现，按照学校和国家的要求，更好地配合学校对子女进行细致的教育。

学生的品德评定既是对各个学生进行概括性的考核和评价，又是对学生进行教育的有效手段，同时又是学校德育工作的重要组成部分。因此，班主任不仅要明确品德评定的重要意义和指导思想，而且必须严肃认真、责无旁贷地把这项工作做好。

（二）学生操行评定的指导思想

操行评定既是一项严肃的思想政治工作，也是一项检查本班德育计划的具体总结。如何科学地进行这次总结，正确地反映一名学生一个学期的品德，班主任应有明确的指导思想：

1. 评定要有利于鼓励学生发扬优点，克服弱点，使其在成长过程中明确方向，不断进步。对问题学生尤其要如此。因为问题学生本来对自己的前途就抱悲观情绪，总以为自己在班主任眼里不是名好学生，也害怕家长看到自己全盘否定的评语。应该评定公平，评语恰当，对他微小的进步和优点给予肯定，常常能给他改正缺点和错误的力量。

2. 评定要进一步引起家长对学生成长的关心。学生品德的优劣跟家庭环境联系十分密切。家庭对学生的影响是潜移默化的，对学生身心发展的作用有时比学校还大。因此，班主任在写学生的操行评定时，要考虑家长这个因素，要让他们全面了解自己的孩子，提醒他们如何发扬孩子的优点，帮助克服孩子的缺点，自觉地引导孩子在德、智、体等方面全面发展。

3. 评定要为下学期的思想政治工作打好基础。学生的道德品质是由低到高、由浅入深地发展的，应循序渐进地加以培养。班主任对每名学生进行操行评定也就是对自己本学期思想政治工作的一个鉴定。通过这个鉴定，可以总结自己在德育工作上的经验和不足，可以对全班学生进行一次思想排队，并根据学生进步的情况，为下学期的德育计划打好基础。

（三）学生操行评定的内容

操行评定的内容主要包括思想品德、学习态度、义务劳动、其他社会活动等四个方面。这四个方面，既有各自的特定内容，又相互紧密联系。在评定时应在突出某方面的基础上，全面加以分析，综合给予评价，以表示每名学生的外观、内涵、道德全貌。

（四）学生操行评定应注意的问题

对一名学生进行正确的评定，要求班主任用新的思维、观点和方法去观察学生，指导学生，要求教师要认真学好理论，懂得教育科学、懂得学生的心理特点，把握教育艺术。根据广大班主任在实践中积累的经验，对学生操行评定应注意以下问题：

1. 符合标准，切合实际

操行评定的标准是中小学生守则。用这把尺子去衡量每名学生，评价才会准确。班主任不能以自己的想法另立标准，也不能以自己的好恶去衡量学生。有了标准，还要实事求是。最重要的是要靠平时对每名学生的深入了解，既要看其学习情况，又要看其参加社会重大活动中的表现；既要了解他的思想认识又要了解他的作风和行为；既要看到他好的方面，也要看出他不足的地方。同时，要看他的发展变化，或时好时坏、忽冷忽热的规律。在此基础上，再加以综合分析，客观地摆出优、缺点。这样才能给学生指出下学期的前进方向。

2. 掌握分寸，评价中肯

在肯定一名学生优点和成绩时，要恰如其分。过高评价，会引起他骄傲自满，反而成为他前进的包袱。在指出一名学生的缺点时，理由要充分，语言要恳切。过分指责或有偏激语调，会使学生产生逆反心理，明知不对也不愿意改。班主任评价中肯，有助于学生理解，家长接受，成为激发学生奋发向上的力量。

3. 评价面要宽

本着德、智、体、美、劳全面发展的原则，教师评定前要让学生立体化地出现在眼前，审视他们的各个方面，才能发现他们的突出点，抓住他们的主流。"你最拿手的是跳绳……"；"公开课上，你那富于表情的朗读赢得了老师们的赞许"；"虽然家远，从不迟到、早退，还能经常早来打扫卫生"；"虽然个子大，却从来不欺侮小同学"；"你那优美的舞姿为队会增添了色彩"……这里渗透着对学生的素质培养和养成教育，当学生看到这样的语句时，常常会被老师无微不至的关怀所感动。

4. 针对性要强

对于学生的评定要突出其个性，切忌千篇一律。一个几乎全校人人知晓的调皮大王，自由散漫没有一点约束，好激动、爱管闲事，但是教师却注意到这个孩子心地善良，有时也能为集体做好事，只是自我控制能力差，遇事欠思考，于是，他做了这样的评定：你是一个天真好动的孩子，关心集体荣誉，但做事由于不太注意方法，常常使大家误会；你一心为集体争光，运动场上实现了你的愿望。如果每做一件事都静下心来想一想，就会办好每一件事。这里，教师并未一一列举该生的缺点，求全责备，而是用"你一心为集体争光"，肯定了孩子的本质；一句"如果每做一件事……办好每一件事"，正中该生的要害，针对性很强，易引起学生内心的震动。

三、班级偶发事件的处理

所谓偶发事件，是指班级学生中突然发生的、预料之外的事情。由于事出偶然，没有预先的思想准备，也没有充裕的时间仔细思考处理的对策，因而偶发事件往往都是些棘手的事件。正因为如此，处理偶发事件更需班主任的"急中生智"。偶发事件看似偶然，实则有发生的必然原因，每个班级工作中总会不可避免地、或多或少地有"偶发事件"发生，因而班主任必须具有处理偶发事件的技能。由于偶发事件具有不可预知性，表现的方面是非常多的，有一般性的偶发事件，如损坏公物、学生之间的矛盾激化、旷课、小偷小摸等；也有特殊性的偶发事件，如伤害人身，但不严重，还没有触犯法律；学生之间的殴斗；离家出走；严重违反社会秩序和法律等。

（一）处理偶发事件的原则

1. 冷静沉着

偶发事件因其突发和难以预料，常常令班主任措手不及，心理容易失衡。特别是有些事件纯属学生不讲文明、不守纪律所致，有的甚至是个别学生对教师的"公然挑衅"，很容易使班主任产生"是可忍，孰不可忍"

的愤怒情绪，并产生使出"杀手锏"、"杀鸡儆猴"的想法。我们说，在这种情况下，班主任产生恼怒、委屈、急躁的情绪是可以理解的，但千万不能失去自制力、理智力，因为处理偶发事件的大忌就是缺乏冷静。在偶发事件发生后，整个班级都处于紧张气氛之中，班主任如能遵循冷静沉着的原则，不仅能够稳定事态，同时也是对学生的一种教育和示范，使学生的情绪也趋于平静，这就为处理偶发事件确定了一个良好的开端，定下了一个良好的基调。

2. 因势利导

所谓"势"，是指事情发展所表现出来的趋向。处理偶发事件时，要注意发现和挖掘事件本身所表现出来的积极意义，然后或顺势把学生引向正路，或逆势把学生拉向正轨。一方面，班主任要全面了解学生，分析研究学生，积累与占有资料。这样遇到偶发事件才能对学生心中有数，找到开启学生心灵之门的钥匙。另一方面，班主任要与学生形成融洽的师生关系。偶发事件发生后，要善于与学生沟通，善于取得集体舆论的支持。这样便于与学生配合，使偶发事件更容易得到处理。最后，班主任就要善于发现和捕捉偶发事件中的"闪光点"和转化的"契机"，挖掘积极因素，化不利为有利，使偶发事件的处理迅速纳入最为有利的轨道。

曾有这样一个案例，为了给新接班的女教师一个下马威，学生在粉笔盒里放了一条冬眠的蛇。被吓之后，她待同学们安静下来，带着余悸平缓地说："据说每位接我们班的新老师，都会收到一份大家赠送的特殊礼物，王老师的灰老鼠、郑老师的大王蜂……而我呢，你们送了一条水蛇。"她微微笑了笑，指着那条蛇说："我是第一次这么近看到蛇，刚才还摸到它，着实吓了一跳。不过我觉得捕捉这条蛇的同学挺勇敢，至少有一定的捕蛇经验……我相信，凭他们的能力，不仅仅能做到勇敢，还应该做出点其他什么，老师相信你们！"那几名调皮的学生原本等着看"戏"挨尅，却没料到老师还表扬了自己，那可是非常难得的。可不知为什么，他们就是高兴不起来，只是呆呆地听老师讲有关蛇的知识……第二天早晨，这位教师又踩着铃声走进教室，一股清香扑鼻而来。她惊喜地看到，讲台上的粉笔盒里插着一束野菊花，教室里鸦雀无声……从此，这个班变了。

3. 重在教育

偶发事件多半是比较孤立的事件，也多半发生在少数学生身上，但处理偶发事件却要着眼于大多数，提高教育的效能。除了极个别的偶发事件涉及到个人隐私，不宜公开处理外，大多数的偶发事件多可以用来"借题发挥"，作为教育的内容。班主任处理偶发事件，不仅仅要解决某个具体的矛盾，教育某个具体学生，而且要通过偶发事件的处理，使大多数学生总结教训，提高认识，受到教育。

（二）处理偶发事件的方法

由于偶发事件的特殊性，处理偶发事件往往不能依靠常规办法解决问题，而需要班主任运用高度的"教育机智"加以特殊处理。

1. 降温处理法

降温处理，就是班主任暂时采取淡化的方式，把偶发事件暂时"搁置"一下，或是稍作处理，要待以后再从容处理的方法。这种方法多用在学生与学生之间、学生与教师之间发生了争执对立，或课堂教学中个别学生发生了一些较严重的违纪事件时。因为发生偶发事件后，学生多半头脑发热，情绪不稳，很难心平气和地接受教育，有时甚至会产生严重的逆反情绪，使局面难以收拾；而教师也容易心理失衡，缺乏充分的心理准备和冷静的分析。如果贸然进行"热处理"，难免发生失误或难以取得最佳的教育效果。实施冷处理，并不是对事件不做处理，也不是拖拖拉拉不及时处理，而是尽量减少偶发事件的负面影响，取得调查了解的时间，等待最佳的教育时机，为全面、干净、彻底解决偶发事件做好充分的准备。

2. 变退为进法

有许多偶发事件都是这样发生的：课堂上，学生忽然提出了一个难题或怪题，或教师发生"暂时性遗忘"，忽然忘记了某问题该如何解答。遇到这类情况，班主任可以不必急于解答，而是巧妙地反过来把问题抛给同学们思考，发动大家一起开动脑筋，自己也争取宝贵的时间来考虑对策，最后再综合大家的意见来得出结论。某教师在化学油脂的教学中，误把"油脂"写成"油酯"，当他发现自己出现了笔误，而学生却没有发现时，并没有碍于面子，将错就错，不加纠正。而是"借"错生智，来个将

"错"就"措"，立即对学生说："你们好好想一想，老师刚才写的对吗？能不能把'油脂'写成'油酯'呢？'脂'和'酯'有何联系？"学生听后开始重新审视和思考，发现了错误，进行了辨析，他们对"脂"和"酯"有了更深的理解。

3. 爱心感化法

班主任在处理偶发事件时，要注意把严肃、善意的批评与信任、鼓励结合起来，把"尽量多的要求"与"尽可能多的尊重"结合起来，切不可感情用事，用训斥甚至是体罚或变相体罚等方法简单粗暴地处理，以免激起师生之间的矛盾，造成师生之间对立情绪的扩大。这正如苏霍姆林斯基所说："教育，这首先是关怀备至地、深思熟虑地、小心翼翼地触及年轻的心灵。在这里，谁更有细致和耐心，谁就能获得成功。"

4. 幽默化解法

有些偶发事件，原不必争个曲直长短，但却形成了尴尬的局面，或是如果非追究下去不可的话，结果只能越搞越糟。遇到这种情况，聪明的办法就是用幽默来进行化解。运用幽默不仅是为了调节情绪，缓解冲突，更主要的是，它本身就是教育的武器。幽默是智慧的表现，也许能将一场冲突消于无形，"谈笑间，樯橹灰飞烟灭"。

（三）处理偶发事件应注意的问题

今天，我们面对的学生，大多数是独生子女，从他们身上，我们可以看到许多优点，也会发现不少缺点。作为一名育人者，我们必须用科学的眼光看待每名学生。千万不要由于学生偶然所犯的某个小错误而揪住不放；千万不要为了使学生成为"听话的孩子"，而忽略了他们的创新能力。在处理偶发事件时，要注意以下几个方面：

1. 处理偶发事件要善于保护学生的自尊心

自尊心表现为一种需要，心态正常的人都有这种需要。中学生的外部自尊表现尤为明显。事件发生了，责任者是受批评的对象，其自尊心也处于受威胁的状态，这时，班主任如果一味地要求严，而置其自尊心于不顾，肯定不会取得最佳效果。正确做法为：耐心帮助责任者分析事情发生的原因，充分认识后果的危害；鼓励责任者鼓起承担责任的勇气，进行自检、反思；启发责任者自我教育。如果非需当众批评和揭示不可，也要在措辞上注意分寸，使学生感到"面子"还没失尽，教师严中还有爱。

2. 处理偶发事件要公平，要以事实为依据

在学生的心目中，公平的教师是最伟大的教师。要做到公平，班主任首先要善于调查研究，绝不能凭经验论断。一名优秀生和一名问题学生打起来了，绝不能不问原因地首先批评这名问题学生。即使偶有一次处理不公平，也会被学生看做是"偏心眼"的教师。

3. 处理偶发事件不凭借职务权势

意外的矛盾冲突，有时发生在教师与学生之间。如果是学生的错，教师本身要沉着冷静，显示出博大的胸怀和高尚的境界。不要为维护自身的尊严而凭借职务权势去讽刺挖苦学生，甚至采取体罚或把学生赶出课堂，这会给学生幼小的心灵带来终生难以抚平的创伤。如果是教师的责任，教师要勇于在学生面前解剖自己，这不仅不会降低教师的威信，还会使广大学生顿生敬意。

4. 处理偶发事件要考虑个别学生的病态心理

现实生活中，常态心理的界线并不特别明显。常态心理的人并不意味着一点心理问题也没有，而病态心理的人则总是处于异常心态。班主任要在研究学生共同心理的基础上进行个案研究，及时发现并保护病态心理的学生。

5. 处理偶发事件要善于发掘积极因素，克服消极因素

发掘积极因素，克服消极因素，是"两点论"在教育过程的实际应用。处理偶发事件的过程中，要善于发现问题学生的闪光点，要依靠和发扬学生思想品德中的积极因素去克服或限制消极因素，因势利导地启发学生进行自我教育。

四、制订中学生日常行为规范

对学生进行日常行为规范的训练，是培养学生文明素质的复杂"工程"。这项工程的建设，是渗透于教育教学工作的各个细小环节之中的。从课上到课下；从校内到校外；从家庭到学校，无不存在着行为规范训练

的内容。把握住培养文明素质的主线，有目的、有计划地进行日常行为规范训练，是班主任肩负的重任之一。

（一）学生日常行为的分类

对中学生的日常行为进行分类分析，有助于加强行为训练的目的性与准确性，也可对学生的日常行为进行多角度、多侧面的分析研究，从而提高训练水平。

1. 按行为的社会含义与行为规范，可分为：交往行为、学习行为、劳动行为、爱国行为、文明礼貌行为、日常生活行为、日常社会行为、文化生活行为等。

2. 按中学生的日常适应情况，可分为：社会适应行为、自我适应行为等。

在实际生活中，有些学生适应行为发展较好，而有些学生人际交往、社会适应发展较差。如，许多问题学生的学习适应行为发展较差，独生子女则往往不易适应集体生活。

3. 按心理因素，可分为：理智性行为、好奇求知行为、情绪性行为（如焦虑、情绪冲动性行为等）、意志性行为（如克服困难、勤奋学习的行为等）、习惯性行为、性格性行为（如任性、固执行为等）。对中学生应该控制情绪冲动行为、消极的好奇行为、不良习惯行为，改变放纵、自私、任性、固执等不良性格行为；应该加强理智性、意志性、良好习惯、良好性格等行为的培养。

4. 从心理卫生角度，可分为：正常行为、异常行为、问题行为（包括心理性问题与品德习惯性问题行为）、性意识行为、受挫行为（即受挫折后的行为）。其中，尤其应重视学生受挫折后的攻击行为，如越轨行为、倒退行为、发泄行为、报复行为、冷漠行为、逃避行为等。

5. 从社会心理角度，可分为：角色行为（不同角色意识支配的行为，如性别角色行为）、暗示行为（受到暗示影响而产生的行为）、模仿行为、感染行为（由于受到情绪感染而产生的行为）、时尚行为（一时流行的某些行为）等。在日常行为规范训练中必须注意了解、分析，区别对待中学生由于社会心理而产生的各种行为。利用其积极的方面，培养良好道德行为，防止其消极方面产生不良行为。

（二）学生日常行为规范的基本内容

由于日常生活的复杂多样性，需要规范的内容也是十分丰富多样的。这些内容具体呈现在国家教委颁布的——《中学生日常行为规范》中，包括五大项四十条，是对中学生进行日常行为规范教育的主要蓝本。主要内容是：

《中学生日常行为规范》

1. 自尊自爱，注重仪表

（1）维护国家荣誉，尊敬国旗、国徽，会唱国歌，升降国旗、奏唱国歌时要肃立、脱帽、行注目礼，少先队员行队礼。

（2）穿戴整洁、朴素大方，不烫发，不染发，不化妆，不佩戴首饰，男生不留长发，女生不穿高跟鞋。

（3）讲究卫生，养成良好的卫生习惯。不随地吐痰，不乱扔废弃物。

（4）举止文明，不说脏话，不骂人，不打架，不赌博。不涉足未成年人不宜的活动和场所。

（5）情趣健康，不看色情、凶杀、暴力、封建迷信的书刊、音像制品，不听不唱不健康歌曲，不参加迷信活动。

（6）爱惜名誉，拾金不昧，抵制不良诱惑，不做有损人格的事。

（7）注意安全，防火灾、防溺水、防触电、防盗、防中毒等。

2. 诚实守信，礼貌待人

（1）平等待人，与人为善。尊重他人的人格、宗教信仰、民族风俗习惯。谦恭礼让，尊老爱幼，帮助残疾人。

（2）尊重教职工，见面行礼或主动问好，回答师长问话要起立，给教师提意见，态度要诚恳。

（3）同学之间互相尊重、团结互助、理解宽容、真诚相待、正常交往，不以大欺小、不欺侮同学，不戏弄他人，发生矛盾多做自我批评。

（4）使用礼貌用语，讲话注意场合，态度友善，要讲普通话。接受或递送物品时，要起立并用双手。

（5）未经允许不进入他人房间、不动用他人物品、不看他人信件和日记。

（6）不随意打断他人的讲话，不打扰他人学习、工作和休息，妨碍他人要道歉。

（7）诚实守信，言行一致，答应他人的事要做到，做不到时要表示歉意，借他人钱物要及时归还。不说谎，不骗人，不弄虚作假，知错就改。

（8）上、下课时起立向教师致敬，下课时，请教师先行。

3. 遵规守纪，勤奋学习

（1）按时到校，不迟到，不早退，不旷课。

（2）上课专心听讲，勤于思考，积极参加讨论，勇于发表见解。

（3）认真预习、复习，主动学习，按照要求完成作业，考试不作弊。

（4）积极参加生产劳动和社会实践，积极参加学校组织的其他活动，遵守活动的要求和规定。

（5）认真值日，保持教室、校园整洁优美。不在教室和校园内追逐打闹喧哗，维护学校良好秩序。

（6）爱护校舍和公物，不在黑板、墙壁、课桌、布告栏等处乱涂改或刻画。借用公物要按时归还，损坏东西要赔偿。

（7）遵守宿舍和食堂的制度，爱惜粮食，节约水电，服从管理。

（8）正确对待困难和挫折，不自卑，不嫉妒，不偏激，保持心理健康。

4. 勤劳俭朴，孝敬父母

（1）生活节俭，不互相攀比，不乱花钱。

（2）学会料理个人生活，自己的衣物用品收放整齐。

（3）生活有规律，按时作息，珍惜时间，合理安排课余生活，坚持锻炼身体。

（4）经常与父母交流生活、学习、思想等情况，尊重父母意见和教导。

（5）外出和到家时，向父母打招呼，未经家长同意，不得在外住宿或留宿他人。

（6）体贴帮助父母长辈，主动承担力所能及的家务劳动，关心照顾兄弟姐妹。

（7）对家长有意见要有礼貌地提出，讲道理，不任性，不要脾气，不顶撞。

（8）待客热情，起立迎送。不影响邻里正常生活，邻里有困难时主动关心帮助。

5. 严于律己，遵守公德

（1）遵守国家法律，不做法律禁止的事。

（2）遵守交通法规，不闯红灯，不违章骑车，过马路走人行横道，不跨越隔离栏。

（3）遵守公共秩序，乘公共交通工具主动购票，给老、幼、病、残、孕及师长让座，不争抢座位。

（4）爱护公用设施、文物古迹，爱护庄稼、花草、树木，爱护有益动物和生态环境。

（5）遵守网络道德和安全规定，不浏览、不制作、不传播不良信息，慎交网友，不进入营业性网吧。

（6）珍爱生命，不吸烟，不喝酒，不滥用药物，拒绝毒品。不参加各种名目的非法组织，不参加非法活动。

（7）公共场所不喧哗，瞻仰烈士陵园等相关场所保持肃穆。

（8）观看演出和比赛，不起哄滋扰，做文明观众。

（9）见义勇为，敢于斗争，对违反社会公德的行为要进行劝阻，发现违法犯罪行为及时报告。

（三）学生日常行为规范训练的基本方法

1. 行为训练法

行为训练法是教育者有目的、有计划、有组织地培养学生文明的举止动态，通过简单重复、模仿、有意练习等训练，使受教育者养成良好行为习惯的一种方法。例如，举行礼仪表演赛，是行为训练的直接手段。还有如升旗仪式、班团队会、讲演比赛等，也都具有丰富的行为训练的内容。

2. 活动教育法

活动教育法是教育者根据日常行为规范训练的内容精心创设的各种实践活动，使受教育者在活动中自我体验，逐渐完善自身行为习惯的一种方法。例如，学习活动中的预习、上课、作业、复习、考试等，无不包含着勤奋学习等教育内容；课外活动中的主题班会、文艺活动、体育活动等，无不包含着遵规守纪等教育内容；社会实践活动中的参观游览、调查访问、公益劳动等，也无不包含着遵守公德、严于律己等教育内容。

3. 环境陶冶法

环境陶冶法是教育者有目的、有计划地利用环境美在提高文明素质中的特殊作用和以境陶情的原理，对受教育者进行潜移默化、耳濡目染的熏陶感化，使受教育者的行为举止日臻完美的一种方法。例如，组织学生到大自然中去通过游览锦绣河山、名胜古迹，抒发学生奔放的豪情，陶冶其高尚情操；利用学校、环境的美观洁净来激发学生的美感，提高审美能力，促进其心理卫生等，都属环境陶冶的范畴。

4. 品德考核法

品德考核法是教育者根据日常行为规范的要求，对已形成或正在形成中的品德行为、习惯等进行评价，给予肯定或否定。品德考核是日常行为规范训练的辅助手段。品德考核的主要途径有奖励、惩罚、日常评比、操行评定等。

（四）学生日常行为规范的基本要求

对学生进行日常行为规范的教育，要从每名学生的年龄、心理特点出发，采取多种教育形式和不同的教育方法，通过日常行为规范的基本训练，达到提高学生文明素质的教育目的。班主任在学生日常的行为教育中，要努力做到：

1. 讲清道理

理通则情深，情深则能产生学习和遵守规矩的客观需要，才会把社会的规矩转化为内在的行为要求。所以，日常行为规范，班主任始终应当注意向学生讲明道理，要使学生真正认识到行为规范的养成是建立正常教育秩序、社会秩序的基础，是形成优良班风、校风的基本条件，它对个人成才，对整个民族文明素质的提高都具有重要意义。

2. 齐抓共管

日常行为规范贯穿于学校、社会、家庭生活的各个方面，因而对学生进行教育应是全方位地进行。只有统一校内外各方面的认识，争取各种教育力量的协调配合，才能有效地形成教育合力，创造优良的育人环境，促进学生规范行为的养成。为此，班主任首先应协调校内教学、管理、后勤等部门，要做到寓行为规范教育于教学、管理、课外活动和后勤服务等各个方面。同时，应争取社会、家庭等各个方面的配合，发挥它们各自的优势，使学生在多种环境和氛围中，受到良好的教育熏陶，以此作为学校教育的有力补充。

3. 以身作则

中学生的模仿性、可塑性极强，班主任的思想、行为、作风都会受到学生的关注，从而感染、影响他们。因此，抓学生行为规范的教育，就必须先搞好班主任教师的教育训练工作。规范中要求学生做到的。教师一定要先做到，这样才能给学生以良好的榜样，也是提供一种好的养成环境。否则，学生就难以理解规范，难以真正形成规范行为。

4. 持之以恒

行为规范教育是基础文明工程建设，是学生每天都应遵守和坚持的。因此，行为规范的教育不能搞突击抢攻、一曝十寒，要时时抓、处处抓，使之成为班级的一项长期的、一贯的工作。要争取通过从学生入校到毕业的三年训练，使学生真正形成良好的行为习惯。为此，就必须有目的、有计划地在班级形成有关制度，创造性地开展各种活动，依靠检查、督促、评比、表扬等手段，保证"规范"教育长期有效地进行。

五、中学班主任的工作总结

班主任工作总结是对一定阶段（学年或学期）班级各方面工作所做的整体回顾和分析评价。通过总结可以肯定成绩，增强信心，找出问题，看到不足，为班级工作检查评定提供依据。所以，班主任必须明确工作总结的意义所在。

（一）班主任工作总结的意义

班主任的工作经验，是班主任工作的结晶。它既为班主任工作系统的理论研究提供素材，又为教育行政领导部门加强教育管理提供依据，同时也为加强班主任队伍自身的建设创造条件。目前，对于班主任工作的经验总结尚存在着一些片面的认识。如有人把经验总结与具体工作对立起来，认为工作已十分繁忙了，没有精力和时间搞经验总结，把经验总结视为额外负担，或认为班主任工作千变万化，点滴经验对实际工作的指导意义不大。还有人则把经验与理论割裂开来，以为经验不是理论，如把班主任简单划分为理论型和经验型两种，任意加以褒贬。成功的经验是系统理论形成的源泉。只有积累大量成功的经验，才有可能概括出系统的理论。因此，每位班主任都应重视点滴经验的总结，并不断将其上升到理论，不断及时总结自己的实践经验，要坚持不懈地耕耘。

（二）班主任工作总结的基本要求

1. 班主任的工作总结，一般不要求大而全。要根据自己计划执行的情况，对体会最深的专题作总结，例如：

（1）建设班集体必须加强集体主义教育

（2）对学生要有正确的看法

（3）要努力培养学生自我教育的能力

（4）教师对后进生更应该热爱

（5）树立良好的班风

（6）表扬与批评应注意的问题

（7）别开生面的家长会

（8）要信任学生

（9）玩得好也是学习……

2. 班主任的工作总结要运用马克思主义的观点、方法观察问题和提出问题，加以系统和周密的分析，然后根据体会找出规律性的东西。工作总结不是例行公事，不能只罗列现象不做具体分析。工作有失误，应及时总结教训，并提出今后改正的可行办法。

3. 平时要注意积累资料。如下资料应注意保存：

（1）学校工作计划，各种规章制度；

（2）记载学生基本情况的各种表格，特别是学生智力发展情况跟踪表、学生各科学习成绩追踪表、身体健康发展变化表；

（3）学生写的书面材料和学生座谈会记录；

（4）自己的工作笔记，班主任要边实践、边总结，不断实践、不断完善总结。

在对待总结上要纠正两种看法：一种是认为搞工作总结是图表扬；另一种是认为搞班主任工作总结是形式主义，把工作搞好了就行了。这两种认识的实质只有一个，即不明白工作总结对今后的指导意义。

（三）班主任工作总结的构成要素

1. 前言部分。对班级的基本情况作简要的分析。

2. 成绩部分。写成绩部分应做到有观点、有材料。观点要鲜明，材料要典型，观点和材料要一致。对重点问题，可作对比分析，说明发展变化的情况。可设计各式表格或用数字说明。

3. 问题部分。总结要坚持"两点论"，即在肯定成绩的同时实事求是地总结问题。没有问题是不可能的，有问题，认真分析，解决了问题，工作才能进步。

4. 经验体会。经验体会是从自己的工作实践中产生出来的，下列几点可供参考：

（1）热爱学生，深入了解、研究学生。勤观察，才能抓住教育时机、把握教育的针对性，才能乐于施教、正确施教。

（2）用马列主义思想方法来指导工作。思想方法端正了，对优秀学生的培养、对后进学生的转化、对失足学生的挽救、对有生理缺陷的学生的帮助，就有了正确的方法，在工作中就不会偏激、片面。

（3）严格要求，进行正确的管理教育。正确的管理教育也是正面教育，对于巩固发展班集体，开展集体活动，维护集体秩序，形成良好的班风，培养学生的文明习惯，都有很大作用。

（4）班主任的一切工作都要落实到提高学生政治素质和学业成绩上，为国家培养优秀人才。这是工作的出发点和归宿。

（5）做学生的表率。班主任要重视职业道德，处处为人师表。凡要求学生做到的自己一定要先做到。这是做好班主任工作的首要条件。

（四）班主任工作总结应注意的问题

先进的班主任工作经验，是以先进的班主任工作实践为基础的。但有了先进的班主任工作实践，若不善于总结，仍不可能形成先进的班主任工作经验。根据先进经验的基本特征，班主任在做工作经验总结时应注意下列问题：

1. 选择总结对象要有代表性和典型性。选择时，要权衡总结对象本身所提供的主要内容是否具有广泛的群众基础，能否对现实中提出的问题给予较全面的回答和说明；要认真分析其提高班主任工作的科学性和实效性中的现实意义，能否起到典型示范作用；还要分析它的实际效果，即是否对广大班主任正在积极探索、力图解决的课题具有普遍的实际指导意义。

2. 要以客观事实为依据，定性和定量相结合。总结要遵循客观事实，实事求是地进行。实践活动提供了什么事实，就总结什么经验；有什么经验，就提供什么理论依据。目前，在班主任工作经验总结中存在着一种倾向，即以抽象的议论而没有以深入的实践为基础，或是在根据不足、事实不充分的情况下，过早地下站不住脚的结论。为了提高经验总结的可信度，应重视事实的定量分析，尽可能用数据来说明问题，把定性和定量分析结合起来。

3. 要全面分析，综合研究，引出规律性的结论。班级教育是多规格、多因素、多结构的复杂形态。因此总结时要注意全面分析，综合研究，不能就事论事。片面、狭隘的事实罗列，看似经验，实则是一种有害的做法。分析研究中会碰到两种情况，一是对工作的总结停留在表面的描述上，没有揭示工作的规律性。二是在涉及具体的人与事时，会有不同的反映和评价，要做出公正客观的评价，就必须占有详尽的事实材料，并在此基础上，区分出现象与本质，主流与支流。只有抓住本质和主流，才能得出符合客观规律的结论。

第三节　班级管理的难点及其对策

一、不了解班级目标的构成

任何一位班主任都希望能带领全班同学把自己的班级建设成为优秀的班集体，并通过班集体建设，促进学生个体目标的实现。目标是人们期望达到的行为结果。一名学生将来要成为什么样的人，其所追求的就是什么样的目标。个体目标是这样，集体目标也不例外。班级目标包括教育目标和管理目标：

（一）教育目标

教育目标是党和国家对学生身心发展方向和水平所寄予的期望和要求，它规定了人才的质量和规格。班集体教育目标，是从班集体成员身心发展的现实水平出发，以国家的教育方针和培养目标为方向，实现国家期望和个人需要相交融的产物，并集中反映了国家对年轻一代的要求。教育目标是以动态的社会发展和需要为参考系，而且具有多样性。教育目标应该和学生自身发展的目标基本一致，其核心是把学生培养成德智体全面发展的有创新精神和实践能力的合格接班人。班集体教育目标主要包括以下几部分：

1. 德育目标：世界各国对德育目标的表述尽管不一样，但基本上表现在五个方面：爱国爱家、道德高尚、遵纪守法、全面发展、国际意识。我们认为德育目标应是教学生学会做人：一是做一个社会人——其内涵包括良好的自我修养、家庭伦理、遵守社会规范、和谐的人际合作等，其核心是基础道德。二是做一个自然人——其内涵是人格健全、身心健康、积极进取的人生态度，核心是心理健康。三是做一个现代人——即做一个"具有正确的政治理解"，适应现代社会生活发展的现代人，其核心是具有创新精神。总之，要使其具有坚定的爱国主义、集体主义和社会主义的信念和健康的心理，健全的人格，树立正确的人生观、世界观和价值观。要进行纪律与法制教育，使学生成为具有正确的社会公德、环境公德和具有创新精神的现代人。

2. 智育目标：会学、会用，学有特长，不仅能掌握"教学大纲"要求的系统的科学文化知识，而且要在广泛的社会实践中培养学生的创新精神和实践能力。

3. 体育目标：学会健身，体魄强健，意志坚强。

4. 美育目标：懂美爱美，会美善美，学会创造美。

5. 劳技目标：学会劳动，学会生活，吃苦耐劳。

班集体要根据自己的年级特点和学生的情况，按照总目标（远景目标）的要求，制订出符合实际的具体可检测的中景和近景目标。分层目标和具体目标应充分体现总目标的内涵，要以培养学生创新精神和实践能力为目标核心。

（二）管理目标

管理目标是指集体对维护和促进自身的组织结构和管理功能的期望和要求，它既标志着班集体在实现教育目标中形成的合力，体现集体的能动水平，又促进集体成员个性发展，满足成员需要。所以，班级管理目标是依据班级教育目标和为了实现班级教育目标，按照班集体的发展方向及其基本功能制订的。它为教育目标的实现创造各种有利于学生创新精神和实践能力形成与发展的各种条件，如制度保证、环境熏陶、情感激励和精神感染等。即构建起班集体目标的激励机制，促进学生"全面发展基础上的个性发展"。管理的目的本来是为了把事情做得更好，为了提高工作效率，为管理对象提供更好的服务。但事实经常相反，一旦管理规章建立起来，管理者就会要求管理对象服从管理者，这其中最受伤害的是人的创新精神，我们应当特别注意。管理目标包括以下几部分：

1. 班集体发展目标：以学生自主管理（自治）为特征的和谐融洽、团结向上的成熟班集体。

2. 班级文化目标：以教风优、班风正、学风好为特征的班级文化氛围，成为学生形成创新精神的舞台。具有科学的、人性化的班级制度，具有温馨的、教育意义的物质文化环境和心理自由与心理安全的催人奋进的精神生活。

3. 班级组织目标：以自主管理为特征的完整的班集体组织管理机构，即由职权结构、角色结构、信息沟通结构相辅相成的有机组合的系统。

4. 班级活动目标：有以满足学生多方面合理需要为特征的系列活动的主题和内容；有以自主参与为特征的活动形式，并把培养学生创新精神和实践能力作为班集体活动追求的目标。

不管怎么说，班集体目标是一个由教育目标和管理目标构成的完整体系。班主任要带领本班全体成员制订一个科学的班集体的目标体系，以把班集体的发展和学生素质的可持续发展引向理想境界。

二、不知如何指导学生参加班级管理

中学生要求自治自理的呼声很高，对班主任在班级工作中卡得太死、管得太严、不能放手发动学生参加班级管理有意见。应该说，这是一件好事。经验证明，班主任指导学生参加班级管理，有利于发挥学生的主观能动性和积极性，促进班内民主气氛的形成和班集体建设；有利于发挥学生的参与意识和聪明才干，培养其自治自理能力；有利于学生形成集体主义观念，使他们逐步养成心中有他人，心中有集体的好思想。指导学生参加班级管理，班主任可以这样做：

（一）把集体主义教育贯穿在班级工作的始终

国家教委颁布的《中学德育大纲》中就要求我们对中小学生进行"热爱班集体和学校集体，爱护集体荣誉"的教育，要把高中生培养成为"具有国家利益、集体利益和个人利益相结合的社会主义集体主义精神"的人。这是我们班主任义不容辞的责任，也是班集体建设的出发点和归宿。

众所周知，集体主义思想是共产主义道德品质的核心。学生要求参与班级民主管理，是关心热爱集体的表现，绝不应把他们看成是和班主任唱对台戏。即使有这种个别情况，班主任也应当胸怀宽阔，让他们在参与班级管理中增强责任感，并在师生共建班集体的活动中，帮助他们正确处理个人和集体的关系以及师生关系，使大家心往一处想、劲往一处使，做到不利于集体的话不说，不利于集体的事不做。

（二）班上的大事要让学生讨论

每学期，班里要制订工作计划，确定班级奋斗目标，到了期末还要进行总结评比和表彰。一学期班里的重大活动和制订各项规章制度（《课堂纪律公约》、《优秀生和进步较大学生的奖励办法》……）都应当充分发扬民主，让学生献计献策。

青少年自我意识不断增强，有了一些独立见解和为集体争光的愿望。班里重大问题让他们参加讨论、出谋划策，会使他们形成自主感，提高对自我价值的认识,有利于培养集体主义精神,并能发挥其主观能动性和创造性,增强民主意识和参与意识。

（三）使每位学生都有为集体服务的机会

我们要让每位学生都有权利和义务参与班级工作,为他们提供发挥智慧、施展才能的条件和场合。班里的工作很多,不应该包在少数几个班干部身上,应该根据学生各自的长处做到人人有岗位,人人有事干,并通过组织开展“我为集体做贡献”的竞赛,看谁的责任心强、完成任务好。班主任的任务是检查落实,总结表彰。这样可以使每名学生感到自己是班集体的主人,同时把“表现才能”和“实现成就”的个人心理需求纳入集体目标之中,从而产生对集体的关心、热爱、支持的心理力量,并成为事事处处为集体着想的人。

（四）实行值日班长制

班主任可以提出值日班长的职责,交全班学生讨论补充,然后让每名学生轮流担任值日班长,对班级一日工作全面负责。班里出现问题,要让值日班长独立解决或发动群众解决。实在解决不了的,班主任再与他们研究解决的办法,然后让其去独立处理。这样,可以增强学生的责任心,使自治自理能力得到锻炼。有的班级采用班干部轮换制,这也是行之有效的办法。

（五）设立意见箱,及时倾听学生意见

学生生活在集体中,对班上的一切感受最深。因此,要鼓励学生以主人翁的态度参与班级管理,除完成自己分担的任务外,还要经常对班里的其他工作提出宝贵的意见和建议。班主任对学生的意见应尽快采纳其合理部分,对不合理部分要给予明确的解释。这样,有利于班主任及时获取信息,不断改进工作,也有利于沟通师生感情,融洽师生关系。

三、学生集体荣誉感淡漠

集体荣誉感是班集体及其成员取得了成绩,获取了表彰时,产生的一种个人道德情感上的满足和自豪。有了这种情感体验,学生就会热爱集体,并发挥主动性和创造精神,表现出主人翁的责任感。相反,如果学生对自己的班集体缺乏荣誉感，班集体就会失去教育功能。集体荣誉感是建设良好班集体，把学生培养成"四有"新人的巨大动力。它能使几乎所有学生自觉自愿地为争取和维护集体荣誉而努力，而且能产生不怕挫折的勇气和力量。集体荣誉感也是一种约束力量，它能使学生感到不能为集体争光或做有损于集体荣誉的事是莫大的耻辱，而产生一种自谴自责的内疚感，从而使学生为维护集体荣誉和利益而服从集体的决定，努力克服自己的缺点。

怎样培养学生的集体荣誉感呢？

（一）帮助学生正确处理个人与集体的关系

培养学生的集体荣誉感，最重要的是引导学生正确理解个人与集体、小集体与大集体的关系。这是培养集体荣誉感的思想基础。那种无视集体利益或搞小团体的做法，是个人主义或放大了的个人主义，同我们所说的集体主义荣誉感没有任何共同之处。小集体主义是不可能持久地调动和激发学生的积极性和创造性的，因此，在培养集体荣誉感的过程中，要把思想工作贯穿在一切集体活动之中。

（二）要实行班级目标管理

目标是一种很有吸引力的指向，是班集体建设的动力，是紧密团结全班学生的纽带。一个班集体不仅要制订远大的目标，还要制订阶段性的具体目标。确定的目标应具有针对性（从本班实际出发，找准问题，分析实现目标的可行性，并使其具有打开局面、鼓舞士气、显示集体智慧和力量的作用）、激励性（目标要能够激励全体学生的积极性，既不过高，也不偏低，以便使学生在努力实现目标时受到鼓舞）、层次性（既有远景目标，又有近期目标，每个近期目标的实现都是向远景目标接近）、阶段性（根据学校工作的不同阶段提出不同的要求）。班主任应努力引导学生齐心协力，在实现班集体奋斗目标的过程中，体验胜利的欢乐和获得荣誉的自豪，增强集体荣誉感。班主任还要引导不同层次的学生，根据自己的具体情况，依据班级奋斗目标，制订经过自己努力可以实现的目标；还要帮助他们，特别是相对后进的学生，把实现自己的目标与集体荣誉感联系起来，使他们增强实现目标的勇气和克服困难的意志。

（三）从起始班年级和组织各项活动抓起

拿中学来说，初一、高一刚刚组成新集体，每名学生都希望在新的班集体中发挥积极作用，取得更好的成绩。即便原来的后进生，来到新集体后，也会决心重打锣鼓另开张，努力进取，在新教师、新同学面前树立新的形象。班主任要善于根据这一心理特点，不失时机地把他们团结在班集体的周围，在帮助他们克服缺点和学习上的困难的同时，充分调动其积极性，为班集体荣誉做出贡献。如果接的不是起始年级甚至是比较差的班，若能充分利用学生争强好胜的特点开展工作，也会取得好效果。

另外，班主任要根据学生好玩的天性，充分发挥学生的特长，调动他们的积极性，以开展丰富多彩的活动（如体育单项对抗赛、运动会、歌咏比赛、演讲比赛、节日联欢会）为突破口，鼓励学生敢于奋斗取得胜利，为班集体争光。学生取得了成功必然会产生自豪感和荣誉感，即使经过努力没有成功，班主任也会给予充分肯定，并利用集体荣誉感，不断给以鼓励，促使学生继续努力。

恰当运用表扬与批评的方法，形成正确的班级舆论，对培养集体荣誉感具有重要作用。

四、不能形成健康向上的班级舆论

通过大多数学生对班集体工作或对某个干部、学生的言行进行评论的形式，从而形成大多数学生的意见、看法，并形成一定的影响，这就是班级舆论。班级舆论有几个明显特色：首先，非组织性，它不是通过组织形式出现的，具有自发性；其次，非时间性，它随时随处都可以形成并反映出来；最后，鲜明的是非倾向性，它所表现的赞成与反对、肯定与否定，观点很鲜明。一个班集体有健康向上的班级舆论，对每名学生都具有强大的感化、教育作用，能促使他们对自己的言行进行自我调控。在学生中间，我们随时可以听到"同学们对我有看法怎么办"、"别人会说（批评）我"等一类的话，就足以说明班级舆论的这一作用。因此，班主任应将促成一个健康向上的班级舆论，作为班级建设与管理的一项重要工作来抓，并贯穿在整个教育过程之中。为此，班主任就要做好以下几方面的工作：

（一）不断提高学生分辨是非的能力

班主任要经常对学生进行思想品德作风方面的正面教育，提高他们分辨是非的能力，促使全班学生树立正确的是非观。同时，对班集体中具有普遍性、倾向性的不良现象和问题，或具有教育意义的"闪光点"，班主任要及时抓住，进行有分析的讲评。这样，就为形成良好的班级舆论奠定了较好的思想基础。进行正面教育时，一定要符合学生的心理特点和认识规律，要做到生动、活泼，讲道理要深入浅出，切忌抽象、空洞。

（二）坚持表扬好人好事

表扬好人好事，也是在批评不良的言行。只要是好事，不论大小，班主任都应及时给予表扬，并且将这种表扬和班集体荣誉联系起来。联系起来的目的就是深化学生对好人好事意义的认识。这样，不仅能促成人人想为集体做好事的风气，并能形成以为集体荣誉做贡献为荣、以损害集体荣誉为耻的良好舆论。对好人好事的表扬，可以由班主任进行，也可发动学生互相表扬，或采用其他方式表扬，如宣传栏、班报等。表扬一定要实事求是，否则就失去了表扬的意义，对形成良好舆论也是不利的。表扬时，还要有激励性，以使学生坚持下去，使未能多做好事的学生努力争取多做好事。对后进生的进步，班主任不但要善于发现，而且更应注意表扬，这样既能促进后进生的加快转化，又能尽快促成健康向上的班级舆论。

（三）在开展活动中进行民主评论

班主任要善于组织学生开展各项活动，特别是全班学生参加的活动，如开展各项竞赛、学雷锋活动和社会调查等，并注意组织学生进行民主评议，这对形成健康向上的班级舆论是有很大意义的。活动前要发动学生出主意、想办法，活动后要进行总结评比和民主评议。班会活动对形成健康的班级舆论起着十分重要的作用。在班会活动中，通过组织学生对班内工作问题的讨论、分析，能较集中地促进学生的思想、表现向好的方面发展。这时形成的舆论，不仅具有普遍性，更具有权威性。

（四）运用宣传工具促成良好舆论

有经验的班主任无不把宣传工作看成是鼓舞士气、促成良好班级舆论的重要一环，因此，班主任要善于抓宣传工作。充分利用宣传工具，以促成和引导班级舆论，如墙报、学生的好作文、小制作和发明展览等。班内墙报（或板报）的内容，可以说是班级精神风貌的反映。它可以配合班级工作，引起全班学生对班内存在的各种问题的关注和讨论，可以对好人好事进行表扬，对不良现象进行批评。墙报、展览等由于有着相对时间较长（如一周）和可观性的特点，在引导学生明辨是非、调整自己的言行上，有着突出的作用。

班主任在抓好以上几项工作的同时，做好必要的组织发动工作也是不可缺少的。如在抓好典型的同时，抓好骨干，发挥班干部、团队干部、积极分子的模范带头作用，对形成良好的班级舆论，无疑是更有力的。另外，班主任与任课教师统一步调，对学生提出一致的要求，这对形成健康向上的班级舆论，也有着不可忽视的推动作用。

健康向上的班级舆论的形成，需要一个持续努力的过程。只要我们高度重视，常抓不懈，方法得当，那么，一个健康向上的班级舆论就会较快地形成。

五、如何树立良好的班风

班风是以班主任为首的班集体在思想觉悟、道德品质、意志情感等诸方面的具体体现。它是班集体长期形成的情绪上、言论上、行动上的共同意向。树立良好的班风，对陶冶学生情操、培养"四有"人才，具有积极的意义。

树立良好的班风，班主任首先要同学生一道共同制订具有方向性、针对性、鼓舞性和层次性的、能激励全班师生共同奋斗的目标。这是建立良好班风的"灵魂"。众所周知，班级奋斗目标立足于实现"四化"的总目标，是培养学生德智体全面发展的前提。目标形成后班主任要引导全班同学一道共同实现目标，并在实现这一目标的过程中提高觉悟，树立良好的班风。

（一）良好的班风包括哪些内容

树立良好的班风应该以社会主义精神文明和学生守则为依据，结合具体班情，下大力量培养包括下列内容的班级风气：

1. 良好的学风

学习是学生的主要任务，因此，学风是班风的重要内容。班主任要在有计划地抓好学习目的教育的基础上，培养良好的学习习惯，使全班同学都能做到认真预习；认真听课；认真复习作业；认真参加活动课程的学习并坚持独立思考。

2. 自觉遵守纪律之风

班集体每位成员都能自觉遵守纪律是良好班风的重要组成部分。纪律对于学生学习和班集体成员的关系有着重要影响，强调纪律的目的就是要使学生有效地学习，使集体在某些共同事情上同心协力。良好的纪律要经过班主任和任课教师的管理和谆谆教诲才能形成，有了自觉的纪律才能创造最佳学习情境或个人心向。

3. 批评与自我批评的舆论之风

班主任抓住班风建设，必须经常结合分析本班发生的具体实例，培养学生辨别是非的能力、自我评价和自我教育的能力，引导学生自己管理自己，自己教育自己，自己按照社会主义道德标准"立法、执法、司法"，形成自觉地开展批评与自我批评的风气。"好事有人赞，坏事有人管"的公正的集体舆论，不仅是班风的重要内容，也是促成其他良好风气的重要途径。

4. 团结友爱之风

人际关系中最友好的形式是以高度的信任和尊重为标志的。这种信任和尊重存在于不同年龄、不同地位、不同作用的人们之中。因此，班主任也要充分信任和尊重学生，诚心诚意地爱护他们，同时还要精心培养全班成员团结友爱的关系，使师生间、干部群间、同学间具有亲切感、同情心和友谊，从而使每名同学都在感情上与班集体形成一种不可分割的向心力，形成团结友爱，互谅互敬、互帮互学的良好风气。

（二）怎样建设好班风

1. 形成良好的班风与班主任的思想品质、道德风貌、意志情感以及领导技能有直接关系

学生对良好的班风有强烈的追求，并把形成良好的班风寄希望于自己

的班主任。班主任在实施对班级的监督和领导时，不能凌驾于班集体之上，而应当"在他所领导的集体内工作，通过与集体成员的共同关心、参与决定来实现他的领导责任"，使自己从"监督型、经验型的领导"变为"参与型、科学型的领导"。这样，才有利于"在班级中形成自我调控的纪律和保持良好的班风"。另外，班主任还应当理解，自己是构成人际关系动力的一部分，是形成良好班风的重要因素。班主任的敏感性、自信心、业务能力、情绪及每个行动都直接影响着班级的关系和气氛。为在师生间、干部间、同学间形成良好的合作氛围，班主任要事事处处严格要求自己，做到言传身教，为人师表，以自己的模范行为给学生树立榜样；而且必须随时留意信息反馈，调控自己的教育教学工作，以促成"师生间热情，认可和关怀的关系"（见《教与育的心理学》）。这对形成良好班风是十分重要的。

2. 形成良好班风，还必须具有坚定的班干部为主体的班级核心

班干部是班主任的得力助手，是实现班级奋斗目标、形成良好班风的组织者和带头人。班干部的思想觉悟、学习成绩、组织能力对形成良好班风是至关重要的。这就需要班主任以战略的眼光选拔和培养班干部，对他们的思想要严格要求，帮助他们树立为群众服务、做群众表率的思想；对他们的工作要及时给予帮助，放手让他们在班级工作的实践中扬长避短、增长才干；在可能的条件下班干部可以采取部分轮换制，使所有同学都为树立良好班风而努力工作。

3. 形成良好的班风，班主任还要特别注意发挥榜样的作用

"良好的榜样能把抽象的政治道德概念和完美的形象具体化"，具有巨大的说服力和感染力。实践证明，榜样对学生的道德行为具有调节作用，它能使学生找出自己的差距，从内心产生巨大的德育力量，使自己自觉地控制那些不符合社会主义道德准则的想法和行为，以形成自己的良好品德。树立良好班风必须借助榜样的力量，除上边谈到班主任自身的榜样作用和班干部的模范带头作用之外，还必须考虑榜样要适合学生中多层次、多方面的需要，其类型也应多样。既要宣传老一辈无产阶级革命家、英雄模范人物、杰出的学者，更要树立学生身边的品学兼优、刻苦学习、遵守

纪律、文明礼貌、热心为群众服务、团结互助以及"跟昨天告别有突出转变"诸类典型。如，为培养良好的学风，可以发挥白求恩对业务精益求精的精神、雷锋刻苦学习的"钉子精神"和张海迪身残志坚奋发学习的事迹以及学生身边典型事例的教育作用，这要比空洞说教效果好得多。当然，要想发挥榜样的力量，班主任还必须清楚地认识到"榜样的教育效果有赖于学生自身心理状况"，千万不能忽视培养学生的上进心、集体荣誉感，引导他们树立实事求是、虚心好学的精神，否则也会适得其反。

形成良好的班风，班主任要做多方面大量的工作，如和任课教师、学生家长密切合作，使全体教师和家长形成协调一致的教育。

第四节　班级管理的经典案例

案例 1

一场对峙是这样结束的

一天，我正在上课，突然发现一位女同学正在偷看小说。我气不打一处来，心想：你学习成绩本来就不好，还看小说，真不像话！于是就边讲课，边悄悄地走向她的座位。当走到她旁边时，我以"迅雷不及掩耳"的速度出手，把她的小说抢了过来。可还没等我说话，一件意想不到的事发生了。那位女同学站起身来，急速地走上讲台，将我放在讲台上的教科书和备课笔记全部拿去了，还站在讲台旁瞪着我。我顿时觉得呼吸急促，心跳加速，头上冒汗。此时，我们俩怒目相视，剑拔弩张，教室里寂静极了，我一时不知如何是好。就这样对峙了好一会儿，我才开始调整着自己的情绪，在心中告诫自己："在师生双方头脑发热的时候，绝不能蛮干，先要保证把课上下去。"这样想着，便强压住上蹿的心火，勉强小声对她说：

"好了！希望你不要再看小说，注意好好听课。"

我把小说放回到她的课桌上。那位女同学见此情景，也把我的东西放回讲台上，回到自己的座位。我平静了一下，继续上课。

下课后，我冷静地想了想，觉得自己对这件事的处理不够冷静。我马上召集班干部，把我当时的想法告诉大家，并说明自己处事不正确，告诫同学们凡事要顾全大局，不能像老师这样一意孤行；对待问题不能采取简单、粗暴的方法来解决……并希望班干部将我的想法传递给那位女同学。我自己则决定采取"冷处理"的方法，认真地观察她的变化，并耐心等待着有利的教育时机。当天下午，我发现在班上干部、同学们的议论声中，她的态度有所改变，情绪趋于正常。

第二天，我来班级上课，特意看了她一眼，她和往常没有什么两样。我准备再验证一下，于是当我讲到"一般现代进行时语法"运用时，请同学们举例说明。在两位同学讲了自己的例句后，我环顾一下全班同学，发现她神情专注，从她的神态中可以看出，她也能正确回答这个问题。我立即微笑着说：

"你能不能举一个例句来说明？"

她站了起来，很认真地说：

"I'm reading a book."

我对她的回答给予充分的肯定，她的脸上露出喜悦之情。下午课外活动时，我请她到我办公室来，对她说：

"你今天学习很认真，我心里很为你高兴。"

看着她露出笑容，我把话题一转，进入昨天的问题上来，我把自己当时的想法告诉了她，并为自己的粗暴行为向她道歉。她开始是惊讶，听着听着，十分不好意思，很感动地说：

"老师，我也不好，同学们都说我不应该拿你的备课笔记和教科书……"

"老师不会计较这些的，我不也有不对的地方么？现在，我们都认识到了就好。我是担心你这样任性，将来走上工作岗位，恐怕很难和同事们友好相处。记住：今后对任何事情都要学会冷静、忍耐，老师也一样。我们俩一起努力，好吗？"

次日早上，我们在门口遇见，她脸上洋溢着微笑，自然而亲切地对我说了一声：

"老师早！"

我眼前一亮，心中充满了快慰，我知道我们之间的对峙结束了。

【访谈录】

问：你在学生看小说时抢她的小说，目的是什么？你有没有想过这样做的后果会怎么样？

答：这位女生是班上有名的"女犟头"。我当时是想趁机好好"镇"她一下，杀杀她那股邪气。

但下课以后，我反思了自己的行为，回顾课堂上发生的事，认为当时我的做法是很不正确的，头脑不冷静，行为过于简单粗暴。由于我没有尊重学生，最终让师生僵了起来。

后来我也听说过这样突然袭击学生，或许会吓坏学生，给学生造成心理伤害或精神伤害，产生心理障碍。

问：你认为那位女同学为什么会对你抢她的书反映如此强烈？

答：一个是对我粗暴行为的一种无声反抗，表明她的立场；二是她很担心我会没收或损坏那本书。我在把书放回她书桌上时，扫了一眼小说的封面，发现上面盖着红色的印，我想大概是她借来的，所以她才会"冲动"。

问：课后，你为什么不直接给那个女生道歉，却要做班干部的工作？

答：这位女同学是非常有个性的人，她看不上别人说软话，认为凡是那样做的人都是"熊蛋包"、"软骨头"。所以，我不能马上当面向她道歉。只能用渗透的方式，委婉地表达我的歉意。在她消除对我的排斥后，再当面道歉。

因此，我先做班干部的思想工作，向班干部承认自己的不理智，一方面是想在班级树立正确的舆论导向，统一认识；另一方面也想通过班干部向那位女生做渗透。同时，也给我自己留出时间和空间，思考解决问题的时机和办法。

问：你第二天上课看见那女同学，心里别扭吗？

答：一般不会，做教师要没有这点心胸，可完了。我们每天都会和学生发生不愉快，要是天天都别扭，那么，全班学生一定是一个好的都没有了，那样就太不可思议了，这人也不配做老师了。

问：你认为那女同学一声"老师早"，就能表明你和她的对峙结束了吗？

答：是的。我认为，孩子这一声自然而亲切的问候，表明她对我的情感有所变化，我们之间的隔阂开始逐渐地消除，我有信心就此结束我们之间的对峙，而且再也不会让它发生。

问：通过这次事件的处理，你有什么样的感受？

答：通过这件事，我感觉教师无论面对什么样的学生，都一定要学会把学生当成是具有独立意义的人来看待。

1. 学生是具有独立个性的客体。每名学生都是独立于教师头脑之外的，不以教师的意志为转移的客体。绝不是教师想让学生怎么样，学生就一定会怎么样。学生既不是教师的四肢，可以由教师随意支配；也不是泥土或石膏，可以由教师任意捏塑。

教师要想使学生接受自己的教导，首先就要把学生当做不以自己意志为转移的客观存在，当做具有独立性的人来看待，使自己的教育和教学适应他们的情况、条件、要求和思想认识的发展规律。教师不但不能把自己的意志强加给学生，而且连自己的知识也是不能强加给学生的。否则学生不接受，还会挫伤学生的主动性、积极性，扼杀他们的学习兴趣，窒息他们的思想，引起他们自觉或不自觉的抵制或抗拒。

2. 每名学生都是学习的主体。他们都有自己的躯体、自己的感官、自己的头脑、自己的性格、自己的意愿、自己的知识、自己的思想和行动规律。正如每个人都只能用自己的器官吸收物质营养一样，每名学生也只能用自己的器官吸收精神营养。这是别人不能代替，也不能改变的。教师不可能代替学生读书；代替学生感知；代替学生观察、分析、思考；代替学生明白任何一个道理和掌握任何一条规律。教师只能让学生自己读书，自己感受事物，自己观察、分析、思考和体验，从而使他们自主明白事理，自主掌握事物发展变化的规律。

3. 每名学生都是责权主体。从法律、伦理角度看，在现代社会，学生在教育中既享有一定的法律权利，又承担着一定的法律责任，是一个法律上的责权主体。同时，也承担一定的伦理责任和享受特定的伦理权利，也是伦理上的责权主体。学生是权利主体，学校和教师要保护学生的合法权利；学生是责任主体，学校和教师要引导学生学会对学习、对生活，对自己、对他人负责，学会承担责任。视学生为责任主体的观念，是建立民主、道德、合法的教育关系的基本前提。强化这一观念，是时代的要求。

所以，我们要尊重每一名学生的独立性，要学会换位思考，三思而后行。把它写出来，也是希望大家不要犯和我一样的错误。

【案例分析】

著名的成人教育家卡耐基认为：承认自己也许会弄错，就能避免争论，而且，可以使对方跟你一样宽宏大度，承认他也可能有错。本案例中的这位班主任就是这样最终结束了双方的对峙，同时更加深了双方的信任和尊重。通过这个案例告诫班主任教师：面对突发事件，要注意方式方法。

首先，冷静以对，机智果断。这是防止事态向不可逆方向发展的必然条件。在案例中，虽然在处理偶发事件的最初，教师的想法过于简单，造成了强烈的对峙局面；好在这位班主任面对突如其来的"挑战"，没有蛮干，而是强压怒火，用简短的话语暂时结束了冲突，缓和了尴尬，平息了争端。如果他当时是"怒火中烧，大发雷霆，失去理智"，后果将不堪设想。那样不但会丢了那位女生的面子，更失掉了教师的威信和面子。

其次，交流思想，相互渗透。良好的沟通与交流，是解决问题的最好途径。本案例中，班主任根据学生的个性特点，采取冷处理的方式，先与班干部沟通，检讨自己，争取大家的理解和支持；并有意将自己的想法渗透给对方，引起对方在思想上进行反思与共鸣。

再次，把握时机，坦诚面对，这是解决问题的关键。本案例中，教师在引导对方心理愉快的情况下，进入正面交流，诚恳地向学生坦白自己的不当之处。并积极教育引导学生：学会冷静、忍耐，正确处理人与人之间的关系。而不是息事宁人或揪着对方的小辫子不放。最终感动了学生，拉近了彼此的情感距离，完全解除了对峙局面。

案例2

给学生留下自省的空间

一天下午自习，我刚走到教室后窗，就听到教室里传出桌子椅子的摔打声、同学的惊呼声，还有班干部的劝阻声。我立刻意识到：班级出事了。于是我疾走几步，赶到教室。看到我的出现，班里马上静下来，两位正在扭打的学生王强、张政也立即放手，但双方都还梗着脖子，怒视着对方。我一看这阵势，知道双方正处在火头上，说什么都没有用。于是我平静地说：

"请同学们继续写作业，王强、张政到休息室来。"

到休息室后，王强、张政似乎都感到很委屈。当我让他俩分别给我讲述打架的经过时，双方不断争辩，都试图把责任推给对方。不过，在他们的辩解中，我还是了解了事情的大概。王强和张政是前后座，王强的背喜欢靠在张政的桌子上，张政则常把自己的脚踩在王强的椅子撑上，为此两人常犯唧唧。这次，在王强背靠张政的桌子时，把张政的书碰掉了。张政一看，气不打一处来，对着王强脊背就是一拳，于是有了我看到的一幕。根据他们各自的诉说，根据我的推测，双方都有责任。只是双方都在气头上，谁都不肯认错。我对他俩说："我知道你们两个都很委屈，老师能理解。现在我让你们想想整个事件中，哪些地方自己做得不够好，想好了跟我说。"

说完我离开休息室，到教室里巡视一下自习情况，并故意多呆会儿。大约半小时后，我再次回到休息室，见他们两个已经偃旗息鼓，我轻松地笑道：

"你们思考的怎么样了？能说说吗？"

王强主动跟我说：

"老师，我不该背靠张政的桌子，把他书弄地上后，不仅不帮他拣，还没说好听的，是我不对。"

张政见王强态度诚恳，也赶忙说：

"老师，我确实做得不对，再怎么着，我也不该动手打人。"

我一看火候已到，就用商量的语气问：

"你们说今天的事情该怎么处理？"

这时张政主动走到王强跟前，拉着王强的手说：

"真对不起，我不该动手打你，请你原谅。"

王强也忙说："我做得也不对，也请你原谅。"

就这样，一场不大不小的纠纷在平静中排除了。

【访谈录】

问：面对学生打架，你却不发火，为什么？

答：因为当时两名闹意见的学生火气正盛，我明白，那时我批评谁，谁心里都不会服气，而且可能我说得越多，教育效果会越差，弄不好连我也会成为他们俩共同的"敌人"。所以在这种情况下，生气、发火、批评、教育都无济于事。

问：你把他们单独留在休息室，目的是什么？

答：是想给他们空间和时间，让他们自我反思，认识到自己的错误，恢复理智，避免在智商最低的情况下行事。另外，小孩子闹事，其实有时也很简单，时间就能帮他们解决。

问：你把他们单独留在休息室，让他们反省自我，有什么科学根据吗？

答：1. 中学生思维发展片面、表面性严重，看问题容易偏激极端，缺乏全面、客观、辩证的分析问题和解决问题的能力。他们做事很执著，爱钻牛角尖，缺乏变通性，而且自我中心意识强，喜欢关注自己，但已经能够审视、反思自我，有时会过分夸大自己的感受。像案例中的两个学生，一点点小事，就闹得不可开交，好像委屈得受不了。教师需要给他们空间和时间，让其自己反省，自己从死胡洞里走出来。

2. 中学生自我意识发展快，开始产生强烈的成人感，要求独立，渴望得到尊重，有自觉性和自制力。但心理发展水平不够高，时常偏执、幼稚和肤浅，使得家长和教师经常不能像他们希望的那样满足其成人感，因而常产生矛盾和冲突。教师要利用其自觉性，挖掘其控制能力，使他们在没有外界监控的情况下进行自我调节。

3. 这一时期的学生非常重视与同伴的关系。希望用同伴交往为自己提供分享和娱乐的机会，消除自己的孤独感。在同伴交往中，不断完善自我，获得同学间情感上的支持，产生情感归属感。同时学到交往技能，学会竞争与合作。所以他们更重视同学间的友谊，较容易求和。

所以，我认为，在中学生之间发生冲突时，可以发挥他们的自身优势，让其自主思维、自我反思，全面审视自己与同学间的关系问题，提高自我批评、自我认识、自我改变的能力。教师只要给他们时间、空间、信任、支持和引导就足够了。但时间不要过长，对中学生而言，半个小时内最好了。时间长了会引起他们心理上的烦躁和不安。

问：对王强、张政打架事件的处理，你的感受是什么？

答：通过这件事，我意识到教师要重视学生自我教育能力的培养和运用。学生高尚品德的形成和发展有赖于教师的引导和学生的自我教育。尤其是在初中阶段，教师要充分地调动和利用他们自我教育的积极性和主动性。

教师要给他们提供自我反思的时间和空间。让他们独立判断自己的言行，去体会教师的"弦外音"，从而提高他们的认识水平和自我控制的能力。

让学生在反思中学会理解。在进行自我教育的过程中，让他们逐步学会设身处地为他人着想，学会体谅人，学会宽容，让心胸变得更开阔起来。而这些正是教育的出发点和归宿。

【案例分析】

林格伦说："儿童需要管教和指导，这是真的。但是，如果他们无时无刻和处处事事都在管教和指导之下，是不大可能学会自制和自我指导的。"可见，让学生学会自省，才能将教育内化于心。

教育过程中教师不要把什么话都说完了，什么事都做完了，否则学生也就不会再思考，教育效果就不会理想。因此，要给学生留有思索的空间。本案例中教师对打架的学生没有批评，而是引导学生反省自己的不对之处，让学生自己教育自己。一旦学生能够进行自我教育，就是教育的成功。正如苏霍姆林斯基所说：教会学生自己教育自己，这是一种最高级的技巧和艺术。

自省能力和反思人格是现代人类十分着重和需要的一种"现代人"素质。现代人类面临许多发展中的问题或困惑，有的涉及人与自然的关系；有的涉及人与社会的关系；有的涉及人与自己或身与心的关系等。解决这些问题，寻找共同的出路，最根本的策略还在于人自身的努力。无论集体还是个人，都要具有一种比以往任何一个时代都更加重要的、清晰的回顾和反思的能力。从这个意义上讲，学校注重培养学生"自己教育自己"的能力，不仅有利于学生的个人发展，也是十分契合时代发展需要的。

案例 3

"四大金刚"

刚接班，就听说我们班里有四位"女将"，人称"四大金刚"。这不仅是因为她们个个都是班里的"头儿"——学生会主席、班干部，还兼做语、数、外三门主科科代表；而且她们四人"亲密无间"。同学们对"四大金刚"意见很大。

我问同学们："为什么不向她们提意见？"

几位同学瞪大了眼睛说：

"她们手中掌握着大权，个个凶得不得了，谁提意见就没谁的好日子过。"

我简直无法相信这是事实。疑惑成了强大的动力，促使我对她们的表现进行细心的观察。发现"四大金刚"确实有长处：对班里工作敢管、敢抓，做事泼辣、果断、有点子；她们也有许多缺点：圈子太小，以身作则不够，听不得不同意见，还时常营私舞弊。比如语文科代表，外语默写常常不能及时完成，全靠其他3个人在早读课上"帮"她堂而皇之地过关。我知道：她们是班集体中的一部分，也是一个有威无信的非正式群体。我思索了许久，感到唯一的办法是对这一特殊的非正式群体加以优化，使之成为班集体真正的核心。于是，我针对这一问题连"砍了三斧头"：

第一斧，抓住语文科代表默写作弊的事实，在班级公开批评了她们。

第二斧，另派一名同学协助语文科代表工作。

第三斧，分别找这4位同学谈话，肯定她们的成绩，说明批评她们的原因，指出搞小圈子的危害。

三斧头在班里引起了很大的震动。同学们议论纷纷，"四大金刚"的心理压力当然很大。

乘着大家都在思考这一问题，我对4位同学逐一进行了家访。一进家门，她们各自的反应几乎都很紧张，更没想到我在家访中能做这两件事：

一是在她们的家长面前称赞她们的能力；

二是征求她们对班级工作的意见，请她们谈谈怎样发展同学间的友谊、怎样加强班集体建设等。

她们绷紧的脸松弛了下来，阻塞的思绪像闸门一样被打开了。她们不但积极谈建议，而且对自身建设也提出了许多改进措施。

紧接着，班级组织了一次"关于搞好班级人际关系的主题班会"，目的是开展批评和自我批评，解决小群体的关系问题。班会上，"四大金刚"都分别做了深刻的自我反省，态度非常诚恳，并希望教师和同学们给他们机会，监督她们的行为，最终得到了同学们热烈的掌声和高度的认可。从此，她们的心胸变得开阔了，友谊加深了，又成了我们班名副其实的核心力量。同学们都高兴地说，现在我们的"四大金刚"不再是"泥金刚"，而是"铁金刚"了。

【访谈录】

问：面对"四大金刚"，你是如何思索对策的？

答：怎么解决这一问题，我思考了很久。全盘否定，不行！因为她们在班级管理中做了不少工作，而且发挥着实际的作用；全盘肯定，当然也不行，因为她们在工作中又确实夹进了许多私心，在班级造成了很坏的影响。优化这一特殊的非正式群体，使之成为班集体的真正核心，是折中的办法。

问：你针对"四大金刚"砍了三斧头，目的是什么？班级的反映如何？

答：第一斧头是告诫她们邪不压正；第二斧头给语文科代表增加压力，同时也是做给其他三个人看的；第三斧头是稳定她们的情绪。

这三斧头在班里引起了很大的震动。大部分同学说，抓干部的风气建设是正确的，令他们心服口服；也有一部分同学在那里主观地猜测，说"四大金刚"要被撤职了。"四大金刚"的心理压力当然很大，有点威信扫地的感觉。

问：你家访的目的是什么？

答：首先通过家访缓解她们心理的压力。说真的，长期以来，这四个人一贯被认为是好学生，霸道已经成习惯了，没有谁敢如此对待她们。我的三斧头对她们来说是当头一棒，让她们发蒙。我想我若不采取其他的方法解决，她们会在发蒙之后产生抵触情绪，要是合伙闹事，我还真招架不起。所以利用家访，缓解她们的心理压力，进一步做好思想安抚工作，在稳定大局的基础上，解决问题。

其次是争取家长对我优化她们这一非正式群体做法的肯定与支持。自己的孩子是优秀学生，已在家长心目中成为定式。我的三斧头或许会打破他们心中的梦，若不加紧工作，可能也会引起他们的不满情绪。我必须通过家访，让家长了解我、认同我，从而信任并支持我的工作。

再次是打开她们的心扉，争取她们的主动与自愿，调动其学习和工作的积极性。借助家访机会，和她们做交流、沟通，让她们消除对我的对立情绪，同时自己出主意、出点子，心甘情愿地参与到优化工作中来，协助我取得工作上的成功。

问：你家访时，他们为什么紧张？

答：我认为她们一定以为，我在学校对他们砍了三斧头，家访也是来向她们父母告状的。

问：你开主题班会的主要目的是什么？

答：一个是在班级达成共识，解除小群体，加强班级人际关系建设；二是检验我对"四大金刚"的工作效果，看她们认识是否到位；三是给她们提供一个自我反省、自我教育的机会，真正提高她们对自身的认识能力和对是非的判断能力；四是沟通她们与其他同学的关系。

问：你认为对这样非正式群体问题的处理有哪些技巧？

答：一是采取的方法要准。我在案例中所用的方法有两个，即前面的三斧头，是软硬兼施的，紧跟着的家访，是软的。这样就能对症下药，药到病除，且效果是立竿见影。

二是预见性要强。如对本案例，要事先考虑到自己三斧头之后可能发生的后果，以便极早预防。

三是时机把握要对。对教育时机一定要把握住，及时应对，一环扣一环，否则耽误了，麻烦就大了。

问：你最终的工作效果如何？

答：优化了"四大金刚"后，班里原有的一些小群体开始解体。大家与班集体的目标保持了一致，班级学生的自觉性大大提高了。在"四大金刚"的带动下，班级充满了活力，且喜讯不断。许多同学在市、区、校的各项竞赛中获奖；10名同学光荣地加入了共青团；三十几位同学获得了班级组织的象征成功的"金苹果"奖……"四大金刚"中，一位成了区优秀班干部，两位加入了共青团，4名同学都以她们的优异成绩，获得了友谊群体特别奖。

【案例分析】

非正式群体教育是个十分棘手的问题。对于学生中的非正式群体，既不能一概排斥，也不能姑息、迁就；而应该关注加关爱，再加以正确引导。本案例中的"四大金刚"就是非正式群体的代表。她们都是班干部，处理起来似乎更棘手。对此，裘老师不离不弃，采取软硬兼施的方法，即"优化"加"软化"，先来点"硬"的，给他们些震动；又充分保护她们的自尊心，给她们位置，给她们舞台，继续发挥班干部的作用，最终使"四大金刚""化害为宝"。裘老师对"四大金刚"的充分信任、放手使用、严格要求、具体指导的管理原则，值得借鉴。

案例 4

小电影票，大教育

初一开学第一个周末，学校包了一场电影。上午，我把领来的电影票一张一张地撕开后装进衣兜准备利用第四节课课后发。这是学生升入初中以来第一场电影，我想先征求大家的意见，看看电影票该怎样发。下课前十分钟，我说：

"今天下午学校包场电影，同学们认为电影票该怎样发？"

我话刚出口，教室的气氛一下活跃起来了，大家一致同意把电影票反过来"摸彩"、"抽签"、抓阄儿、排名次后自己选……

我问："请先说说你们的理由。"

这时，十几名学生争先恐后地举手发言。有的说："抽签最公平合理"、"抽签才人人平等"、"抽签可以防止走后门。"

还有的同学说："碰运气，看谁运气好。"

"我们在小学就一直是这样发的。"等。

我仔细听了大家的意见，想了想，问：

"除此之外，还有没有更好的办法？"

一位女生举手说："按成绩好坏发。"

她话刚说完，立即遭到其他同学的嘲笑和谴责。于是，我把同学们讲的理由写在黑板上，等议论高潮过后，我说：

"现在我来谈谈自己的看法。"

教室里一下子静下来。我转过身，在黑板上将"抽签最公平合理"、"抽签才人人平等"的后面加上一个"吗？"字，接下来心平气和地说道：

"我班有86名同学，其中21名同学眼睛近视或弱视，如果他们抽到边座或后排，这是不是很公平呢？我们的班干部还有那么多优秀的同学，会不会因为他们看不见而有谦让的想法呢？"

一时，教室里出奇的安静。有些学生点头，有的同学低下了头。

"同学们，抽签、抓阄儿的实质就是赌输赢、碰运气，这与我们提倡的谦让、互谅精神是不一致的。如果我们这么做，不就表明同学们的思想觉悟太低了吗?"

"老师,您说怎么办,咱们就怎么办!"一名学生说。立刻,大家都随声附和,表示赞同。

"好,我把所有的票正面朝上,摆在讲桌上,首先照顾 21 名近视或弱视同学,其余的由同学自己上讲台来拣,好不好?"

"请老师相信我们,我们是有觉悟的。"

"好,老师相信你们。不过我是班主任,87 张票中我应该先拣第一张。"

我掏出学校发给我的一张"20 排 30 号"的中坐票,放在学生票一起,然后拣了"42 排 1 号"。

前排眼尖的学生马上惊呼着:

"哦,老师拿的是最边上的一张。"

"该同学们拣票了。"我又问 4 个组长:

"哪个组先拣?"

4 个组长在组员们的怂恿下,都抢着要第一个拣。这时我的心猛地一震,这又出乎我的意料。没想到最后连视力不好的,都想谦让了。

【访谈录】

问:你为什么认为发电影票也是大教育呢?

答:一是教育本身无小事,老师要时刻注意对学生的正确引导。

二是学生对发电影票的畸形反应,引起我的注意。他们要求"摸彩"、"抽签",让我深感震惊!在他们小小的心灵上,蒙上了一层自私和逃避的阴影,他们对弱势群体漠不关心,缺乏同情心;他们由"摸彩"、"抽签"来决定利害走向,实际上是一种对命运的逃避,发展下去,可能会赌玩人生;"摸彩"、"抽签"或许就抽掉了"谦让",抽散了集体的灵魂,我当然必须抓住这个教育的契机。尤其是在中学生人生观、价值观尚处在形成时期,更不能忽略这个问题。

问:你让学生自己选电影票,目的是什么?

答:一是培养学生自我教育意识和习惯。学生虽然是未成年人,但他们也是有头脑、能独立判断的个体。只要教师能正确地加以引导和鼓励，激发他们灵魂中高尚的东西，并落实在行为上，持之以恒，便会形成良好习惯。

二是让看电影真正起到教育的效果——树立正确的人生观和价值观。包场看电影本来是让学生受教育的，但往往起不到好的教育效果。学生谁都渴望坐到一个"好座"，谁都不想摊上个"坏座"，甚至出现闹矛盾、生气的情形。"摸彩"、"抽签"，虽不失"公平"，但在圣洁的校园，在纯净的中学生心里，过早地体验到这种玩赌之风，真是"别有一番滋味在心头"。我认为，班级其实是社会的一面镜子，社会风气、家长风气、不良习俗等都在班级有所反映。做教师的可不能视而不见，必须寻求一种解决的办法，那就是自己选电影票，让他们在选择的过程中体验人生和价值！

问：你为什么要先拿第一张票？

答：我是想先给学生树立榜样，以证明我的教育成果，同时也防止出现偏差。

问：你在拣票时，学生是什么反应？

答：86 双眼睛都睁得大大的，一齐盯着我。前排同学都屏住呼吸，甚至站了起来，伸长了脖子看我拣什么样的票。那场面很有意思。

问：通过这件事，你有什么感悟？

答：通过这件事，我感觉趋向光明、接受正面教育仍然是当今学生教育的主流。中学生还是纯洁的，其内心是热情的、积极的、向上的。即使个别学生"这一滴水"有点杂质，但仍然是可以净化的。初中生可塑性极强，这是教育的基础和根本。只要我们抓好"着力点"，又有一种学生乐于接受的形式，坚持正面教育，循循善诱，会有良好的教育效果。

这次电影票发放的结果也验证了这一点，仅十分钟的思想工作，学生的觉悟就被挖掘出来了。可见，我们的孩子是好的。只要我们能细心地把握任何一个教育的机会，就一定能见成效。

【案例分析】

　　卡耐基认为，没有人喜欢被强迫购买或遵照命令行事。如果你想赢得他人的合作，就要征询他人的愿望、需要及想法，让他觉得是出于自愿。人的想法是千差万别的，靠教师的命令去统一是不现实的，即使强迫服从了，也是"口服心不服"。

　　本案例中的班主任利用小小的电影票，做了篇大文章，做出了谦让、互谅的品质，做出了照顾、关爱的精神。相信，他们班级的学生会有深刻记忆的。教师可贵之处首先在于他真正感觉到"教育无小事"，并审时度势，抓住给学生发电影票的机会，开展教育工作，且形式自然，效果明显。这种教育观念、教育意识及教育形式应该提倡。一个班级一个小社会，社会的众多现象都可以在这里得到体现。每一名学生都是社会中的一滴水，水自然会受污染，但我们的老师要敢于发现，及时采取教育、引导的措施。从某种意义上讲，这乃是一种社会责任和义务，值得向所有的班主任推荐和提倡。

第二章　班级活动

第一节　班主任与班级活动

班级活动是班级活力的体现，它对学生的成长和发展有着极为重要的影响。学生在活动中既能获得满足和显示，更能得到锻炼和提高。一堂班会可以激发学生的爱国主义情感；一场球赛可以培养学生的集体主义精神；一台节目可以焕发学生的艺术才华，提高他们的审美情趣……充分认识班级活动的重要性，并指导学生开展丰富多彩的班级活动，是中学班主任的一项光荣职责。

一、晨会的组织

"一日之计在于晨"。晨会，是班主任对学生进行班级常规管理、时事政治等方面教育的重要途径，也是班集体活动的一种重要形式。

（一）晨会的内容

1. 班级常规管理

班主任在组织晨会时，可以对班级昨天的常规情况进行小结，表扬好的方面，指出存在的问题；也可以对今天的班级工作进行布置，使学生做到心中有数；也可以对班级早晨的常规工作进行督查，发现问题及时纠正。

2. 时事政治教育

时事教育是中学思想政治教育的重要内容，是中学生的必修课。国家教育部历次颁布的中学教学计划中都安排了一定的时事教育时间，并对如何进行时事教育提出了指导性意见。班主任可以充分利用晨会的时间，对学生进行时事教育。

3. 综合能力锻炼

在晨会上，可以让同学朗读一篇好文章，讲一个故事、一则笑话，也可以谈一件国际时事，甚至可以一展歌喉，献上一首优美动听的歌曲，等等。一方面给学生一个充分展示自己才华的舞台，另一方面也促进了班集体文化的建设，对学生形成健康鲜明的个性起到了熏陶感染、激励促进的作用。

晨会在内容上，可以丰富多彩；在方法上，也可以灵活多样。晨会可以由班主任亲自主持，也可以由学生轮流主持，体现教师的引导性，突出学生的主体地位。

（二）晨会的注意事项

1. 忌把晨会开成批评会

许多班主任把晨会当成训斥会，每天把学生已犯的错误和可能会犯的错误一一罗列，然后告诫学生不要这样、不能那样、要不然就会怎样怎样……结果，学生听厌了这类训话，任班主任东西南北风，照样我行我素。

2. 晨会的时间并非一定都要 10 分钟

班主任可根据实际内容，有话则长，无话则短，关键是时效性和实效性。

二、班会的组织

班会是在班主任领导或指导下，以班级为单位组织的全班学生的会议或活动，是班主任对学生、班级进行组织管理、指导和教育的重要途径，也是学生民主生活的一种重要形式。在班会上，班级的每名学生都可以充分发表自己的意见，共同研讨解决班级中的各种问题。

中学时期的班会，一般有三种形式：以常规教育为主的班务会、以批评和自我批评为主的民主生活会和围绕某一主题组织的主题班会。

（一）班务会

班务会是研究班务、引导全班同学对班级实行民主管理的例行班会。

主要形式有民主选举会、班级常规会（开学初讨论制订工作计划、各种规章；期中班级成绩、工作计划执行情况的小结；期末各项评选、班级工作的总结会等）。班务会的组织，要具有以下几个环节：

第一，确立主题，心中有数。在召开班务会之前，班主任应对班务会要解决的问题、议论的主题心中有数。在班主任工作计划中，对班务会的活动也应有具体的计划。针对全班同学的思想动态，或提出要解决属于全班共性的问题，或提出需要讨论的议题，起到指导学生的作用。

第二，发挥学生主体意识，预先做好准备。在班务会召开之前，班主任就应向班委会通报有关情况，放手让班干部积极参与。甚至可以由班委会干部分工，轮流主持一般性的班务会，达到培养班干部、形成班集体核心的作用。

第三，组织会务，实施讨论。在准备工作做好以后，实施讨论、选举、安排工作。中学阶段，班主任可退向"幕后"指挥，由班长或各班委出面主持。

第四，进行会务小结。班务会结束后，班主任应进行分析评估小结。若是全班性的讨论会，班主任还应组织班干部会议讨论是否完成了讨论议题。未完成的，应作补充或采取补救措施。

组织班务会，班主任应注意以下两方面问题：

第一，发扬民主，信任学生。班主任应抱着充分信任学生，尤其是相信班干部能力的态度，不要事必躬亲。

第二，评选会上，应把握舆论导向，避免学生选举评比工作中的盲目性。学生容易凭个人情感、同学之间的关系、平时批评自己的次数多少来选评先进，而不能从班级集体的利益来全面衡量。班主任对一些敢于负责、工作积极的班干部应保护他们的工作热情。在班务评选会上，应适时介绍他们的成绩和优点。

（二）民主生活会

民主生活会是针对班集体内出现的某种错误倾向而召开的以批评和自我批评为主的班级例会。

召开民主生活会，一般有四个环节：

第一，寻找焦点，确定重心。召开民主生活会一定要先找到问题和焦点，树立批评的靶子。班主任对错误倾向或错误思想的形成根源、有何危害、有哪几种行为、如何处理等都应了然于胸。

第二，充分准备，开渠引水。在举行班级民主生活会前，应做好充分的准备工作。如果是班干部和班级同学之间的矛盾，更应先做好班干部的思想工作。可先召开班委会民主生活会，以求得思想上的一致。这样，在班干部带头批评和自我批评的推动下，班级的民主生活会便会水到渠成，取得好的效果。

第三，讲清目的，实施活动。在民主生活会上，班主任一定要讲清召开民主生活会的必要性和目的性，消除学生的抵触情绪。

第四，认真总结，巩固成果。会后应把会议的计划、过程、解决问题的方法、收到的效果，作全面细致的总结，为今后开展工作和防止类似错误倾向提供经验教训和借鉴。最好是形成较详尽的书面材料并存留下来。

召开民主生活会，班主任应做到：

第一，要全面调查研究，了解问题产生的前因后果，找到产生问题的症结所在，然后再对症下药。

第二，要了解班干部的心理。作为一个班干部，要协助教师，要统领同学；要在众人面前讲话；要独立思考解决一些问题；要处理各种矛盾；要学会协调人际关系。他们会因地位、角色、位置的变化，产生自傲情绪；在有了新的责任、新的权利、新的义务后，碰壁次数多了，烦恼也增多了，矛盾的心理也更复杂成熟了。应从爱护的角度出发，从关心学生成长的角度出发，来对待他们在工作中的缺点错误。

第三，班主任在民主生活会上要以身作则，带头作批评和自我批评，使班干部看到民主生活会的目的不是为了"整"某个人，而是为了把今后的工作做得更好。这样，大家才会心情舒畅，畅所欲言，认真反省工作中存在的缺点和失误。通过批评和自我批评达到团结的目的，既不挫伤班干部的自尊心，又能圆满地解决问题。

班级民主生活会上主要是针对全体同学思想上或行动上出现的某种错

误行为或倾向而召开的班会。坚持表扬与批评，对形成正确的班集体舆论具有重大作用。为此，班主任要注意经常表扬好人好事，坚持原则，维护正确的东西。同时，要利用班级民主生活会，批评错误的思想行为和倾向，抵制歪风邪气，形成人人要求进步，争做好事的班风，把舆论引向正确的方向。

（三）主题班会

主题班会是围绕一定主题而举行的班级集体成员的全体会议。它是班会的一种形式，具有主题鲜明、内容丰富、形式多样、号召性强等特点，是班级活动的重要形式。

成功的主题班会总是能有效地解决学生中存在的问题，使参加者有所收益。因此，组织开好主题班会既是实现教育目标的必要措施，也是班主任应该做好的基本工作。

1. 主题班会的组织

主题班会的召开，是教育过程中的一个环节。作为完整教育过程的主题班会，一般有四个阶段：

（1）确定主题。确定主题是开好主题班会的前提，是教育活动的核心。好比一首乐曲的基调，它起着"定音"的作用。

①根据教育计划的实施，确定班会活动的主题

每个班级，按照其年级与学生年龄的不同、教育目的和教育内容的不同，班主任制订班集体的教育计划时，总有一部分带有规律性的教育内容。比如，初一年级，对学生进行新集体形成的教育，要求每名同学溶入新的班集体，并为新集体做出贡献的教育；初二年级，正值学生迈入青春期，学习科目开始增多，学习任务日益加重，班主任也要相应设计青春期的身心指导和学习方法的指导活动；初三年级，每名学生都面临一次人生旅途的转折，班主任也要设计毕业及升学指导的教育活动……

有经验的班主任，则会依次设计成这样一些班会的主题：初一年级，《你认识我吗？——自我介绍》、《我在班级里找岗位》；初二年级，《迈好青春第一步》、《当我十四岁的时候》、《向物理进军》；初三年级，《成功，就在我脚下》、《职业学校在召唤》，等等。

②配合节日活动的开展，确定班会活动的主题

一年 365 天，包含有许多具有教育意义的节日，如 3 月 5 日"学雷锋纪念日"；3 月 12 日"植树节"；5 月 1 日"国际劳动节"；5 月 4 日"中国青年节"；5 月 30 日"五卅运动纪念日"；6 月 1 日"国际儿童节"；6 月 5 日"世界环境日"；7 月 1 日"中国共产党诞生日"；8 月 1 日"中国人民解放军建军节"；9 月 10 日"教师节"；10 月 1 日"中华人民共和国国庆节"……

用主题班会的形式组织学生开展这些节日、纪念日活动，既丰富学生的课余生活，又渗透教育内容，会给学生留下青少年时代的美好记忆。为此，可以相应地设计一些主题，如《站在祖国的地图前》、《星空中只有一个地球》、《雷锋就在我身边》、《当我唱起国歌时》、《感谢您！我们的园丁》、《团圆》……

③针对班集体的现状，确定班会活动的主题

任何一个班集体，在它的形成及发展过程中，总会产生各种各样的问题。班集体中的个别成员，由于品格面貌、个性脾气、学习基础的不同，有些不良现象会对班集体产生消极作用。班集体中产生的带有普遍性的问题，班集体中某些偶发事件、个别学生身上暴露出来的某些不良品行等，可能会侵蚀班集体的健康"肌肤"，导致班集体的涣散。然而班主任又可以抓住这些契机，使班集体得到锻炼和考验，朝着更为健康的方向发展。这两种截然相反的效果的形成，首先取决于班主任对教育事业的高度责任感，其次取决于班主任在班级指导中的教育机智。

班主任为什么提倡把解决班集体实际问题的以"治病"为主要内容的教育活动，也纳入主题班会呢？这是主题班会总是以学生为主体而开展的这一特点所决定的。主题班会应该是学生自我教育的最为有效的形式之一。同时，主题班会的气氛温和、形式活泼，阐述的道理、针对问题而提出的批评和建议不咄咄逼人，容易被接受，又由于这些批评和建议来自班集体的伙伴之间，容易产生共鸣和沟通。

比如，班集体伙伴之间的争吵、反目是常有的事。原本非常友好的一对同桌，为了一丁点儿琐事，产生疙瘩了，互不理睬了；课余时间，原先

大伙聚在一块说说笑笑，蓦地，某个人出言不逊，玩笑开过了头，结成了冤家；两名男同学，为了争论一道几何证明题，处理不当，也会成为死对头……类似情形愈积愈多，班级气氛也就愈来愈冷。在这种情况下，举行一个《友谊，集体的动力》主题班会就很有必要。

再比如，某个班集体的潜在舆论中，奉行一种"只扫自家门前雪，莫管他人瓦上霜"的人生哲学，班级的事情没人干，集体的荣誉不想要，"一心只读圣贤书"。针对这样一种缺乏集体凝聚力的班风，举行一个《我为人人，人人为我》的主题班会，倡导互帮互助，发扬集体主义精神，也是非常必要的。

不论从哪个角度选定主题，都要准确恰当、方向正确，具有高度的思想性和深刻的教育性，具有鲜明的针对性和强烈的吸引力。

（2）精心准备。确定主题只是开好主题班会的第一步。要想确保班会的质量，班主任必须抓住开好主题班会的关键一步——精心准备。

常言说，不打无准备之仗。主题班会的准备越充分、越周密，效果就越理想。班主任可以从宏观和微观两个方面对主题班会进行准备，并要精心指导和组织整个准备过程。

宏观准备主要包括主题班会的设计构思和组织发动两个方面。班会什么时间召开；依靠哪些骨干学生；采取什么形式；是否邀请领导、教师、家长甚至其他班同学等，班主任都要做到心中有数。然后，还要广泛地征求其他教育工作者、学生家长或者学生的意见，做到设计方案尽可能完美。因为班会的主角是学生，"戏"要靠他们去表演，所以，班主任还必须把设计方案和盘托出，在组织骨干的基础上，充分发动所有同学参加准备的全过程，使准备过程成为学生积极参与、自我创造、自我教育的过程。在整个准备过程中，学生对班主任的构思认同感越强，积极性也就越高，班会成功的把握性也就越大。反之，班主任的构思就可能落空。

微观准备主要是具体的技术准备和物质准备。技术准备一般包括确定班会的议程；挑选主持人；确定发言或表演的主要人选；指导主持人台词的写作；指导发言稿的修改以及表演者的演练；安排来宾的特别发言，等等。物质准备主要是要求学生准备主题班会所必需的东西，如鲜花、彩带、画像、标语、音响、道具、乐器、服装，等等。准备的东西要视班会的形式而定。

在整个准备过程中，班主任要充分发扬民主，尊重学生的积极性和创造性，不仅要使全班学生人人都成为准备工作的参与者，而且为了使准备活动有条不紊、扎扎实实，还要分工负责，使时间、人员、物件逐一落实到位。班主任要经常检查督促，并及时帮助学生解决准备工作中的问题和困难。

（3）具体实施。经过精心准备，一个主题班会可以说已经到了"万事俱备，只欠东风"的阶段。但是，"行百里者半九十"。这正如一台好戏，不论排练得如何成功，如果临场出乱，依然会使观众喝倒彩。班主任切不可认为有了充分的准备就掉以轻心。

要想使主题班会收到预期的效果，班主任必须首先在"两个环境"上做好文章，即十分注意心理环境和物质环境。班会开始之前，班主任要对全班同学做适当的心理调整，使全班同学精神饱满而不过分紧张，群情振奋而不流于浮躁。尤其是对后进生帮教性的班会，事先要指导发言者从情绪到言辞都要讲究分寸，不能把班会开成批斗会而使后进生心理上承受很大的压力而抬不起头；还要事先做好有代表性的后进生的工作，使其正确对待同学们的善意。总之，使所有的学生在轻松愉快中受到教育，这就是班会应该创造的心理环境。

还要指导学生根据班会的主题性质创设切题的物质环境。如欢娱性的应张灯结彩；弘扬民族精神的宜古朴典雅；讽喻性的要简洁明快……总之，会场的布置要利于烘托班会主题，使人一入会场顿时受到环境气氛的感染，收到良好的教育效果。如，某班召开《共架心桥》的发扬集体主义精神的主题班会。班会的准备过程中，有一项内容是征集班会的黑板图案。全班46名同学，共设计出了50多种，其中一幅是何某设计的：黑板的最上面用彩色粉笔画出七色拱形彩桥，桥上写出"共架心桥"四个大字，"心"字被一颗红心所包围；桥墩上是朵朵鲜花；彩桥下面是级级阶梯，每个阶梯旁画着象征性图案，依次是：手握手、心连心、勤学好问、汗珠串串、二（8）金杯。意思是：手握手、团结向上；心连心、友谊长存；肯动脑、勤学好问；流汗水、奋力拼搏；齐心协力、初二（8）班获成功！板画图案的核心位置画出 47 颗心（包括班主任教师的一颗心），朝向鲜花，表示 47 颗心凝聚成一颗二（8）班必胜的信心，去追求美好的未来。

其次，班主任要鼓励主持人临场发挥，用自己的机智和勇气，调动全班同学的情绪。除了班主任的会前指导外，会场上的激励也是十分重要的。会上，班主任要始终以欣赏的目光注视主持人，主持人自然从班主任的目光里得到灵感，还要恰当地给以语言的点拨，或者通过表情的变化给以适时地提示，但这些不可多，否则会使主持人无所适从，思维受阻。

再次，对意外事情要及时诱导，妥善处理。任何事情考虑再周密，临时总会有意外事情发生，主题班会也不例外。比如，发言人由于一时激动随机越出了轨道而引起同学间的激烈争论；表演者出现了失误；晚会上突然停电、音响失控……出现了意外，班主任头脑要清醒冷静，处变不惊。切不可大惊小怪，怨天尤人，给学生情绪带来不良影响。这既显示了班主任的教育机智，也是对学生处理意外事情的现身教育。

（4）效果深化。一次成功的主题班会，往往会使学生的心灵引起震动，受到启迪，有所收益。班主任应十分重视主题班会成果的巩固和深化，抓住契机，把学生的思想、学习和生活推上一个新台阶。但是，中学生正处于可塑性最强的时期，他们的心理总是在不断变化着。所以，班主任又不可将一次成功班会的效能估计过高，而毕其功于一役。要以敏锐的观察力，根据学生不同时期的表现，引导学生准备新的主题班会。

2. 主题班会的形式

主题班会的形式多种多样，目前，经常采用的有以下几种类型：

（1）论理式的班会

这种班会以直接提高认识为主，提出问题、分析问题、解决问题，一般用来对重大的问题进行论证和阐述，使学生统一认识、提高认识。论理式班会有多种样式，如直接地论理、通过辩论明理、通过研讨识理等。论理式班会目的很明确，即把"理"说透，使学生信服，所以要论证有据、内容翔实、逻辑严密、思辨敏捷。组织这种班会，论点要抓准，既要有针对性，又是为学生所真正关心的问题；说理要有力、有据、有信，不能说空话、说假话、说强加于人的话；论证要活泼生动，要使学生在趣味中得到教益。论理式班会论题要集中，一次班会最好解决一两个问题，不能过多、过杂、面面俱到。论理式班会宜于在高年级学生中进行。组织这种班会要摸准学生中"问题"的焦点，要对论证的道理进行充分的准备，要考虑到出现不同论点时的"应急"措施以及出现负面效果时应采取的态度及做法。

（2）交流式的班会

这种班会主要用于学生间相互学习和相互借鉴，通过班会使学生好的经验和做法得到推广。这种班会也可以用于外请的人物与学生交流，通过在班会上的沟通，达到学习借鉴的目的。开交流式的班会要创造一种气氛，即和谐、融洽，引发出学生对所交流的经验的钦佩和赞赏之情。如果学生只作为"听"的对象，往往效果不够理想。所以对这种形式的班会的准备，要选好"交流"的对象，要做好交流者与学生之间在感情上的沟通，并要注意，最好要真正地"交流"，而不是单向的传播。学生之间的交流，要有平时的基础，一是有"经验"、"事迹"的基础；二是要有大家的认同，即有群众的基础。组织这种班会，班主任要做细致的了解和做过细的准备工作，否则容易走过场或是造成学生之间的隔阂。交流式的班会，还要选好时机，要选择学生关注某种问题的时候，或是大家对某种问题特别感兴趣，自己又苦于不能圆满解决的时候。这样的交流式班会备受欢迎，也会取得很好的教育效果。

（3）文艺型的班会

文艺是学生喜闻乐见的形式，文艺型的班会可以活跃气氛，寓教于乐，使学生受到情感上的激励和熏陶，并从而受到教益。文艺型的班会一般通过班级内文艺表演形式进行，如讲故事、唱歌跳舞，其它文艺表演，甚至是绘画、书法、摄影等形式。这种形式的班会是学生展示才能、发挥创造性的好机会，也是引导学生自我教育的好机会，还是培养学生组织能力的好机会，所以很受学生欢迎。班主任要尽量使多数学生都有"机会"，不要只是让文艺活动积极分子或有特长的学生活动，那样就会使另一部分人缺乏积极性了。因此组织这种形式的班会，班主任要在动员多数人参与上下功夫。尽量把内容扩展，即使没有文艺表演能力的人，也让他们有"活动"的余地，也能够各得其所，兴致勃勃。组织这种班会，班主任要自然地把教育的主题融入，使学生在娱乐活动中，在酣畅的表演活动中，受到熏陶、得到启迪、经受锻炼、收到教益。组织这种形式的班会，不能热闹一场了事，但也不能生硬地"加进"教育意义，班主任的功力在于寓教于乐。

（4）竞赛式的班会

这种形式的班会是针对学生竞争心理、好胜心理所采用的一种活动形式。在"两军"对垒中，融入哲理性、知识性或判断社会热点问题的是非性。这种形式的班会，容易形成热烈的气氛，但准备不周又会偏离主题。竞赛式的班会内容有知识性的竞赛、判断是非的竞赛、某种能力的竞赛等。组织这种班会，班主任要确定和选准竞赛对手，使其有代表性，以使学生关注它的胜败。同时，要动员和选派平时不大活跃的学生或比较不大关心集体的学生做竞赛的主角，特别要注意在准备过程中，要广泛发动学生参与，发动得越广泛，关注竞赛成败的人越多，效果也就越好。班主任不要把竞赛的答案或"现成"的东西预先"给"学生，那样就会使学生只关注竞赛的"表演"或结果，而不大容易使他们受到教育。

竞赛式班会不宜过多地召开，因为这种班会要经过较多时间的准备，而且也容易影响一部分学生的学习。另外竞赛式班会在一个班级内举行，某些学生所代表的一方不一定能使大家产生更强的集体荣誉感，这样也就形成不了长久的教育效果。

（5）纪念性的班会

纪念性的班会包括对历史事件和名人的纪念，对重大的节日、传统的节日的庆祝等。这类班会往往与社会的纪念活动、庆祝活动合拍，因此容易造成气氛，但也容易走过场。纪念活动、庆祝活动都有个鲜明的主题，同时又都有比较深的社会影响。因此，其教育性容易把握，也容易为学生所接受。纪念活动、庆祝活动又都有社会上的"传统"纪念、庆祝方式，因此这种班会的活动形式好把握，特别是可以利用某些社会条件来丰富班会的内容，使班会活动能够多姿多态。组织这种班会，班主任要"出新"和突出针对性。所谓"出新"即是突破老一套的纪念、庆祝方式，使得这样的班会有新意、有新鲜感、有新内容。所谓有针对性是要针对学生的实际，针对社会形势的实际，突出教育的目的，力求达到教育的效果。纪念性的班会容易搞成形式主义，照例讲讲纪念或庆祝的意义、学生表个态、演个文艺节目等。甚至年年如此，逢纪念活动都如此，这就达不到应有的教育目的，还会使学生形成淡漠心理，使班会空走过场。班主任组织和设计纪念性的班会形式也要灵活多变，同时立意不要过大过空，以避免不着边际。班主任要把纪念什么、庆祝什么同教育什么结合起来，要寻找最佳的结合点。这样，就会使学生在熟悉的纪念日、庆祝日里，得到新的东西，受到进一步的教育。为了扩大教育效果，班主任还要注意纪念性班会教育效果的延伸，以避免纪念日一过，班会上所得到的也都消失殆尽。

（6）实践性的班会

学生参加各种实践性的活动，是他们应受教育的必须内容，尤其是社会实践活动，对学生的成长更为重要。实践性的班会是学生参加实践活动比较集中的形式。通过这种班会，要使学生较集中地体会实践的意义，较突出地领会实践的内容，较集中地认识某一方面或某一问题。实践性的班会的特点是耳闻目睹、有真情实感，能对教育内容印象深、领会快，能增加信任感，并容易受到情感的激励。因此，实践式的班会教育效果较好，也为学生所喜欢。组织设计实践性的班会，要注意内容集中、主旨鲜明；形式紧凑、帮助消化。实践性的班会是在实践场所进行的，实践的"对象"又往往是多面的、复杂的，这就形成了与"教室里的班会"不同的特点。班主任组织这种班会活动，选题一定要集中，主题一定要鲜明突出。在有限的时间内，使学生的活动紧紧围绕主题，不受其他因素干扰，使学生做、想、看，都有个明确的目的性。做到这点还要求做到形式紧凑，在实践中帮助学生领会、理解和提高认识，这样既易于实现班会的主题，又体现班主任的教育主导性，也易于学生认识的深化和强化。

组织实践性的班会，要与实践对象做好沟通联系，一次调查访问、一次公益活动、一次参观活动、一次观察活动……都要有的放矢，而做到这点就必须得到配合和支持。另外，在实践性的班会活动中，学生也可能看到与教育主题不同的东西，甚至是相反的东西，对此，班主任要有正确的认识并做好教育的准备。所谓正确的认识就是要承认社会的复杂性，真空的环境是不多见的，因此，学生看到正反两方面的东西是不可避免的，这也是实践性班会常会遇见的问题。重要的是班主任要能利用正面的东西教育学生，也要学会利用"反面"的东西使学生受到教育，这条原则在平时的教育中适用，在实践性的班会上也适用。同时，班主任也要把握实践性班会的进程，不能采用"放牧式"，任凭学生随意去做；也不能把学生管得死死的，使他们有思想压力，不得施展。

（7）模拟式的班会

所谓模拟式的班会就是创设一种情境，使学生进入那种情境中，以使他们感受到自身的责任，感受到"现场"的气氛而加深印象，更主要的是使学生增强主人翁感和积极参与的意识。同时，模拟式的班会，也适合青少年的特点，还能增强他们的想象力和实践能力。这种班会组织得好，还会出现一种热烈的气氛，使学生产生广泛的兴趣和追求的心理。

一般模拟式的班会，有想象情境式的，如《与时间老人座谈》、《××年的畅想》等；有实况模拟式的，如模拟法庭、模拟交通警察、《小朋友在敬老院》等。总之，一是创设情境，创设一种有教育意义的环境；二是使学生成为这种情境中的一个角色。这样就能产生"身临其境"的感受，其"角色"意识就能不断增强，从而达到预期的教育效果。

模拟式班会要有实感，实感越强，情境越真，学生的感受就会越深。因此班主任组织这种班会切忌形式的夸张和"失真"，那样就会产生副作用，使学生感到是在演戏、"做假"。那样，不但不会起到很好的教育作用，而且还可能引起学生对班会的随意情绪。

班会的组织方式可以说是相当灵活的一件事，对于班主任来说完全可以任君驰骋。班会组织得好，能有效地促进学生行为意识的成熟。许多问题，都是可以通过班会来解决的。

3. 主题班会的设计要求

（1）严密的序列性。按照德育大纲的要求，分年级由浅入深依次排列，逐步展开。

（2）鲜明的针对性。主题活动要从各年级学生的实际情况出发，符合学生年龄的特点，着重解决某一方面的问题。

（3）深刻的教育性。主题活动要纳入年级教育计划，具有明显的教育意义。

（4）强烈的时代性。主题活动要从现实生活出发，富有鲜明的时代气息，反映时代的脉搏和时代的精神。

（5）充分的自主性。主题活动的主体是学生，班主任只是"参谋"，因此，要充分发挥学生的积极性和创造性，做到全班人人关心，人人动手，共同设计。

（6）浓厚的趣味性。主题活动应做到内容丰富，形式新颖，生动活泼，引人入胜。

（7）良好的实效性。主题活动要切实解决学生的一些问题，使学生有所收益，有所进步。

另外，主题班会的设计还要体现五美：

（1）立意美。每次主题班会的成功，靠主题立意。让学生一看主题就会明了要谈什么问题，而且富有美感。只有这样，才能使主题班会具有较强的感召力、凝聚力。

（2）内容美。主题班会要真正实现对学生的教育，必须将其主题立意具体化，具有时代精神，有实实在在美的内容。因此，选择材料务必真实、典型、生动形象，不能干瘪无趣，要符合学生的年龄特征和心理水平，要具有说服力和感染力。

（3）形式美。主题班会的内容是要通过具体的形式表现出来的，所以说，正确选择和精心设计主题班会的形式是非常重要的。主题班会的形式一般指主题班会的表现形式，包括活动、编排、人员调配、会场布置、气氛和节奏等。主题班会要形式美，就是指主题班会的形式应该新颖、活泼、丰富多彩。

（4）教育美。要真正发挥主题班会的教育作用，切忌把主题班会开成"检讨会"、"批评会"。要巧妙地设计主题班会的活动内容，使学生在活动中受到情感、意志、道德等方面的教育，促进德、智、体全面发展。例如，当下"过生日"已成为学生的"热点"，家里大摆酒席，学生"收"、"送"礼物的不良风气一再蔓延。抓住这个"热点"可精心设计、安排"生日演讲"主题班会，过集体生日，让学生把自做的手工艺品，自编的贺词、歌曲献给过生日的同学，还可让学生发掘过生日的同学的优点。这样既实现了学生过生日的"愿望"，又达到了活动中进行教育的目的。

（5）趣味美。趣味是学生接受教育的动力。所以主题班会一定要开得生动活泼，富有浓厚的趣味美。通过浓厚的趣味性，来激发学生参加主题班会的主动性和积极性。例如，召开"从小培养自我服务能力"的主题班会，可设计一些竞赛项目和实际操作项目，像摘菜、做饭、炒菜、洗衣服等。

三、课外活动

课外活动是在教学大纲范围以外的由学生自愿参加的多种教育活动。它可以丰富学生的课余生活，通过自觉自愿的健康的实践活动，有效地培养学生优良的思想道德品质。能够促成学生在全面发展的基础上充分发挥各自的特长，适应学生多种需要和个性差异，培养、发现和选拔各种专门人才。能够使学生多渠道地获得即时信息，扩大知识面，开阔视野。课外活动是实施全面发展教育的重要途径，是班级教育活动的一个重要类型，对促进学生充分的、主动的、生动活泼的全面发展，全面实现中学教育目的，科学有效地提高教育效果，具有不可低估的作用。

（一）课外活动的内容

课外活动的内容十分广泛，大致可以分为：

1. 社会活动

这是以培养学生正确的社会意识、丰富学生的社会阅历为目的的活动。如重大节日的政治报告会、社会调查、访问座谈、参观游览等，都属这类活动。这类活动可以使学生走向"天地大课堂"，接触社会，接触自然，了解人生，从而培养学生的社会责任感和社会适应能力。

2. 科技活动

这是以培养学生爱科学、学科学、用科学，以适应科学技术发展的需要，树立科教兴国观念为目的的活动。这类活动可根据学科教学的内容去安排，如某些实验和制作、气象观测、地理考察等。亦可根据学生情况去组织，如某些发明创造、种植饲养等。这类活动可以激发学生的科学兴趣，扩大知识领域，培养动手能力，启迪智慧，展示才能。

3. 文学艺术活动

这是以丰富学生的精神生活，满足学生的精神需求，培养学生审美意识和高尚情操为目的的活动。如文学欣赏、文艺演出、书法绘画等。组织这类活动可以使学生受到美好事物的陶冶，领略美的神韵，从而提高审美素质。

4. 体育活动

这是以增强学生体质，促进正常发育，培养坚强意志和勇敢精神为目的的活动。如体操、武术、游泳、爬山等。通过这类活动，可以使学生的体能得到多方面的锻炼，培养体育才能。

5. 公益劳动

这是以培养学生的劳动观点、劳动能力以及热爱劳动和劳动人民的思想感情为目的的活动。如清扫环境、绿化美化校园、参加工农业生产等。通过这类活动，可以有效地消除现代学生尤其是独生子女的娇气，树立"粒饭思不易，物力念维艰"的观点，理解劳动者的伟大和劳动过程的艰辛。

（二）组织学生课外活动要注意的问题

1. 争取各方面的支持和配合

班主任要想卓有成效地开展课外活动，一定要善于动员家庭、社会和学校这三方面的力量。

首先，要争取家长的支持。如有一个班进行理想教育时，班主任事前给家长发了通知，然后请学生回家问家长为自己取名时的想法，举办了《我的名字——父辈的期望》的主题班会。家长和班主任默契配合，活动非常成功，孩子们受到了深刻的教育。做好家长工作，使他们认识到望子成龙不能"夹攻"学生，课内、课外紧密结合有利于提高教育质量。让家长充分发挥其作用，班主任可以把全学期的活动计划印发给家长。

其次，班主任可以聘请劳模、英雄、专家、干部、教师、退休工人做校外辅导员。雷锋、张海迪都曾当过校外辅导员。实践证明，这种办法是行之有效的。

最后，班主任要利用好学校这个主战场。学校要高度重视，层层落实，建立组织，由一位校长或教导主任分管，专人负责，定期检查，以保证课外活动有序地进行。同时，学校还要给政策、经费、场地。另外，班主任还要依靠教师集体，许多活动都离不开任课教师的配合，如科学兴趣小组的指导教师大多是任课教师。

2. 精心拟订计划

任何一项活动的开展，都不是随意的，应有明确的目标。班主任在考虑整个学校的工作计划后，结合本班实际，精心安排一系列活动。如小组活动计划要"七定"：定活动小组和小组的成员；定活动时间、地点；定辅导教师；定活动内容；定活动经费及筹集方式；定活动形式；定评比、竞赛和奖励办法。

拟订计划要不离开学生现有的水平和可接受性。活动要有专题，要有连贯性，层层推进，一个时期突出一个重点。要考虑不同年龄学生的身心特点，根据学生的个性差异，安排活动的形式和内容。年龄越小，计划中的活动要简单易行；随着学生年龄的增长，实验制作、专业性操作活动可逐步加强，逐步引导学生开展研究性、探索性的活动。

3. 因地制宜，因时制宜

我国幅员辽阔，各地情况不一样，各校之间差异很大。因此，开展课外活动要因地制宜、因校制宜。经济发达地区有图书馆、博物馆、文化馆、少年宫、动物园、植物园等，可以利用这些场所开展课外活动。很多地方都有名胜古迹，可以组织学生游览，进行爱国主义教育。如南京大屠杀纪念馆就是爱国主义教育的基地，这样的基地各省市都有。农村学校自然条件优越，有山、有水，有农田、林场、苗圃、养殖场等，可以用来开展与农业、牧业、渔业、林业、副业有关的各种课外活动。如安徽金寨县一些初级中学，开展的银杏套种活动，既有经济效益，又有实践价值。

此外，有些活动有时间性，要因时制宜，如"彗星"、"流星雨"、"日食"、"月食"等天文观测活动，宜在夜间进行，必须及时观察。如植树种草也有时间限制。有些体育比赛，如冬季滑冰、滑雪有季节要求，等等。

4. 课内外相结合，理论与实践相结合

各种课外活动，都应当与课堂教学相配合。学生参加课外活动不仅不会影响课内学习，而且可以促进课内学习更加生动活泼，所学知识更加扎实。当然，不能把课外活动变成课堂教学的延续而大量地补课、做作业；也不能把课外活动视为额外负担，放任自流。各种课外实践活动要和课外阅读、研究活动结合起来，如科技小组的科学试验活动，实验过程、结果都要写成报告，这可提高学生的写作能力。此外，提倡动手动脑，如课外活动所需的设备，除购置外，可以发动学生动手制作，如某些仪器、教具、标本、模型等。这可以让学生在制作过程中学会运用知识，主动地、独立地、创造性地完成任务，可以收到预期的效果。

第二节　班队活动的设计和组织实施

一、班队活动的设计

（一）班队活动主题的设计

班队活动的主题是班队活动的灵魂，是班队活动成功的关键。班主任在帮助学生确定班队活动主题时，要根据本班的实际情况，结合学校的教育计划确定相应的活动主题。

1. 从日常的生活中挖掘活动素材。生活是平凡的，但它并不枯燥。因为在每个人的周围，每时每刻都在发生新的变化。如果仔细观察，就会发现在我们美丽可爱的家乡，每天都有新事物出现；在我们美丽的校园，时时都有许多新故事产生。同窗好友、熟识伙伴，每天都在追求新的进步，获取新的成绩。这些因素，为班级活动提供了丰富的素材。挖掘日常生活中的凡人小事，使之成为活动的主题，一个重要的方法就是"小题大做"。通过抓住那些有深远教育意义的典型，深入挖掘，巧妙筹划，就可以设计出相应的班队活动。例如，一年级学生刚开学，有经验的班主任郭老师就组织了这样一次活动，她把学生带到传达室，问他们："你们知道杨老师是做什么的?"学生们回答:"送报纸、送信、看门、打铃。"她又问:"铃声有什么作用?"一名学生说:"铃声是管上课下课的。""你们说得对。为了让大家有规律地生活,杨老师每天要准时拉响 20 多遍铃,非常不容易,你们一定要向杨老师学习,做一个准时、守时的好学生。"学生们用羡慕、敬佩的目光看着杨老师。最后,杨老师教了大家一首儿歌:"听到铃声响,快快进课堂。努力学本领,才是好儿郎。"这一活动就是在教师长期观察的基础上,精心设计出来的。学生每天听到铃声,再平凡不过了,但就是这样的平凡小事,却使学生受到了一次尊敬他人,遵守时间,做事一丝不苟的教育,对学生日后的学习、做人均会产生深远的影响。

2. 从周围的环境中寻找活动素材。在我们生活的环境中,独特的自然风光、风土人情和悠久历史,蕴含着丰富的教育因素,班主任可以从中提炼班队活动的素材。从学生所生活的自然环境和社会环境中,找出相应的活动素材,会使学生受到耳濡目染的教育。

3. 从各种节日中选择活动素材。在一年三百六十五天中,有许多的节日、节气、纪念日,人们总是通过各种方式来开展庆祝、纪念活动。例如,母亲节那天,组织"让我们记住母亲的生日"主题班会:在学生没有任何心理准备的情况下,让学生说出自己母亲的生日,让那些能够记住母亲生日的学生说说自己是如何记住的,让那些记不住母亲生日的学生感到惭愧,进而对学生进行亲情教育;每逢清明时节,人们总要通过各种方式纪念已故的亲人;"七·一",党的生日到来的时候,班主任经常组织"党在我心中"主题班队活动,让学生了解中国共产党的光辉历史,学习我党艰苦奋斗的精神,培养学生刻苦学习的意志,培养爱党、爱祖国的热情;教师节到来时,社会上会掀起尊师重教的热潮……儿童节、建军节、国庆节、老人节、父亲节等,这些内容,在客观上为班队活动带来了教育的契机,形成了良好的社会氛围。充分利用节日、节气、纪念日等,会从中选取较好的班队活动主题。

4. 从班集体的日常生活中提炼活动素材。学生的日常生活是丰富多彩的,在学习、劳动、生活和娱乐中有许多欢乐,也有许多烦恼,许多事情都富有教育意义,都可以提炼出班队活动的主题。每一个班集体,作为学生的"理想家园"，都有各自的一套"家务"。各种卫生角或是墙报、图书、荣誉薄等都是经常性的锻炼学生自主能力的活动阵地。通过对班级的小家务的认真整理，可以提炼出相应的班级活动的主题。例如，结合学生管理班级家务的情况，在学生中开展"露一手"比赛，以选拔文娱、体育、美术、书法、学习、劳动等方面的各类小能人，促进班级家务管理质量的提高。还可以从身边的小事中抓题材，如三年级学生对读书产生了兴趣，可是随着图书市场的开放，一些外来的、盗版的书刊增多，使得一些不健康的读物乘虚而入。而三年级的孩子好奇心强，识别能力差，受影响的可能性大。有的学生买了《大宇神奇系列》或《大宇惊魂系列》的连环画，在同学中传看，致使有的学生白天看书时感觉新奇刺激，而一到晚上就吓得不敢出门；有的甚至做噩梦，睡不好觉，第二天上课精神不集中，学习成绩下降，身心健康受到影响。根据这一情况，班主任可组织学生开展"与好书交朋友"的班队活动，使学生明确读书的目的，畅谈读好书的感想，交流读好书的方法，激发读好书的热情。

5. 从时事中提炼活动素材。了解社会，体验生活，让学生触摸时代的脉搏，这是班队活动不可忽视的目的之一。这就要求班队活动必须体现时代的气息，选择有时代感的主题，可以从时事中提炼有教育意义的题材。如21世纪是信息高速发展的时代，计算机的普及，为学生利用现代化手段获取信息、处理信息，提供了方便。北京的一位班主任根据自己班内三分之二的学生经常利用因特网获取信息的情况，组织一次"网上北京行"主题班队活动。通过学生亲自搜集资料、整理资料，使他们了解了北京，受到了爱祖国、爱家乡的深刻教育。同时，又培养了学生通过多种渠道获取信息的能力，发展其主动性、创造性，为学生提供了展示才华的天地。班队活动素材还可以从生产、科技发展中进行提炼。

总之，班队活动的设计，离不开小学生的学习和生活，因为现实生活是小学班队活动的源泉。只要班主任做有心人，时刻注意观察学生，了解他们的内心世界，就一定能挖掘新的主题，捕捉良好的班队活动素材。

（二）班队活动设计的原则

班队活动是为建设和发展班集体而开展的班集体成员共同参与的活

动，设计班队活动应遵循以下几个原则：

1. 教育性原则

班队活动要达到育人的目的，就必须体现教育性，即要求班队活动不仅体现教育方针的内容，还要符合教育活动的规律，把教育的要求通过活动的形式"内化"为学生自己的需要，变成学生的行为。班队活动的教育作用是多方面的，它可以是提高学生思想道德水平的，可以是开发学生智力的；可以是提高学生实际操作能力的，也可以是增强审美情趣、强身健体的……好的班队活动应发挥教育的综合功能。

在设计班队活动目标时，首先要考虑它的教育性作用。如召开"爱护我们可爱的家——地球"的班会，设计的活动目标是：（1）通过活动了解我们可爱的家园——地球的生态环境正遭受破坏，危及人类的生存。（2）激发学生热爱地球的情感，培养学生与自然和谐相处的绿色文明意识。（3）让学生从小树立环保意识，从自身做起，从小事做起，积极参与环境保护的行动。召开"让地球妈妈笑起来"主题队会的目标是：响应国家环保总局、教育部联合发起的"争当环境小卫士"活动的号召，通过"地球的叹息"、"绿色行动"及"展望未来"等篇章，激发学生从小保护环境的情感，并倡议学生从自我做起，爱护环境，增强小主人翁的责任感。

班队活动的教育性还体现在班队活动的内容上，因此，在设计班队活动时，要对班队活动的内容进行精心设计。如以"我为奥运出份力"为主题，在社区宣传环保知识，会增强学生和居民的绿色奥运意识；组织"电脑与人脑"的讲座，展开讨论、疏导，会使一些学生改变沉迷玩游戏，忽视学习，荒废学业的不良行为；开展"爱在心中流淌"主题班会活动，赞美父母无私的爱，培养学生的爱心和感恩情结，使学生从爱父母开始，学会爱教师、爱集体、爱国家、爱生活环境；开展"祖国，力量的源泉"班会、比赛性的"故事大王"评比、自己动手的"野炊"、增强体力的"毽球比赛"等活动，都能从不同侧面使学生受到教育。

活动过程是教育性的具体体现。首先活动的名称要有感染力，如"救救地球妈妈"、"我眼中的中关村"、"网上旅游"、"星空探秘"等。其次，活动准备的场地要有教育氛围，会场布置要体现教育情境，从而最大限度地发挥活动的教育作用。

2.针对性原则

班队活动的针对性是指要针对班队组织与建设的实际需要，针对学生的年龄特征，以及学校所处的地理位置和条件来组织和设计。

首先，班队活动的开展必须有利于班队集体的建立和发展。如有的班主任针对独生子女在家里受父母宠爱，多数儿童有着很严重的依赖思想这一现实，组织开展"做勤劳好儿童"主题班会，强化"五自"学习实践活动，帮助儿童增强自理意识，提高生活和劳动技能，培养热爱劳动和自我服务的习惯；有的班主任针对班级学生普遍缺乏主体意识，不敢自我表现，没有自信心的现状，确定了以心理健康教育为内容的"夸夸我自己"的主题班会，通过让学生寻找自身和身边同学身上的优点，引导他们正确认识自己，激励学生的学习、生活热情；也有的班主任针对班内学生非正式群体较多，集体意识涣散的状况，组织主题班会或以相互协作为内容的活动，来引导、教育学生热爱自己的班级，增强同学之间的相互了解、尊重和信任。

其次，班队活动形式应当根据学生的特点，贴近学生的生活。在学生的家庭生活、学校生活和社会生活中，有许多他们所关心并迫切希望得到解决的问题。针对这些问题开展活动，符合学生的心理要求，因而可以充分激发他们的热情，调动他们的积极性，取得活动的最佳效果。如孩子喜欢童话，利用童话对学生进行教育，就可以根据班级的情况、学生身心发展的特点和各年级教育目标的要求，对小学低年级学生可以要求听童话、看童话；对中年级学生可以要求看童话、讲童话；对高年级学生可以要求讲童话，创作童话。小学低年级的学生思维主要以形象思维为主，直观操作在其活动中占据主导地位，加上他们知识经验少，因此，可以多开展一些简单易行的活动。如在"让地球妈妈笑起来"班会中，让学生扮成各种小动物进行表演，孩子们非常喜欢。同时，随着年龄的增长，知识水平和工作能力的提高，要多进行一些探索、制作等较复杂的技术性操作活动，逐步培养他们独立工作、独立钻研、独立分析和解决问题的能力。在考虑学生共性特点的同时，也要注意学生的兴趣特长，使他们的个性得到发展。

再次，可根据学校所处的地理位置优势，因地制宜地组织一些班队活动，如爬山、踏青、参观工厂、采访荣誉军人等。

3. 多样性原则

班队活动要具有吸引力，达到理想的教育目的，就必须注意要有多样性。多样性要求不仅是班队活动内容要丰富多彩，而且活动的形式和组织也要具有多样性。只有这样，才能满足儿童活泼好动、求知、求新、求奇、求美的需要，使其全方位、立体化地完成个性社会化的过程。

首先，班队活动内容的多样性。开展班队活动要兼顾学生德、智、体、美、劳各方面的素质，使活动既有教育性，又有趣味性。如一个班级在制订活动计划时，主线是"通过活动促进学生全面发展"。具体安排上既有思想教育方面的"一日常规我知道"、"集体在我心中"活动；又有学习方面的"智力竞赛"活动；既有发展体能的"乒乓球比赛"活动，又有图文并茂的"手抄报汇展"；还有"科技小制作"活动。有的班级为了展示同学们的特长，增强学生的自信心，组织"我给大家露一手"主题班队活动，即使是自认为"什么特长也没有"的"老实学生"也通过在活动中为同学们展示削梨技术而得到全班同学热烈的掌声，使其很快融入集体。可见，活动教育的效果是不言而喻的。活动内容多样化，使不同程度的学生都有施展的机会，心理上得到成功的体验，这样就使得班队的集体活动为大家所津津乐道。

其次，班队活动形式多样化。学生喜欢求知、求新、求实、求乐，生动有趣、新颖别致的活动形式能激发学生强烈的活动兴趣和参与活动的欲望，对班队活动的教育效果起着重要的作用。因此，班队活动形式要丰富多彩、变化新奇。如班队活动内容是"心中有他人"，形式上可以开故事会，讲英雄模范的事迹；可以用文艺演出的形式，把本班同学的好事编成小节目演出来；可以关心家人，或帮妈妈端水拿药，或洗碗擦地；也可以搞小调查，例如，看看有多少学生能记住妈妈的生日。在一个活动中也可运用多种富于变化的形式，如中秋节，可以安排化妆晚会，有歌舞表演、民间传说介绍、即兴演讲、谜语竞猜、小品表演、点蜡烛、吃月饼等多种形式，让所有参加活动的学生都感受团圆，体验快乐。

一般来说，班队活动的形式可以是故事会、报告会、专题讨论会、演讲会、辩论会、座谈会、讲座等；也可以是歌舞、表演、音乐欣赏、影视剧评、诗歌朗诵、小品相声等形式；或者是以旅游、参观、访问、夏令营等形式进行。

学生年龄越小，班队活动的形式就越需要形象化、多样化。如为了让学生了解父母的艰辛，改掉乱花零钱的坏习惯，养成勤俭节约的好品质，有的班级组织了"'小管家'与幸福生活"的主题队会。在活动的准备阶段，队员们先和爸爸、妈妈达成协议，让爸爸、妈妈如实将家庭的实际收入告诉"小管家"，每天的支出也要如实"汇报"，一些小商品的购买要交给"小管家"处理，"小管家"还有掌握一少部分钱财的权利，以负责一家人一个月的水、电、煤气等的支出，并规定：如有剩余将归"小管家"支配。队员们每天都要记账，有时还要负责买菜、油、盐、酱、醋等。活动时间可定为两周，两周后，队员们互相交流、汇报、谈感想，使活动收到良好的教育效果。

为了使活动能达到最佳的教育效果，在设计班队活动的形式时应注意：第一，活动内容决定活动形式。如"我们爱祖国"可以是故事会、书评、歌舞晚会、征文等；"科技节——话桥"，可以以小组的或个别的活动形式进行走访、调查、搜集资料，了解桥的构建原理；开展班规、班纪教育则以集体形式组织比较好；书画、科技制作活动的成果汇报，以展览会、比赛会的形式比较好等等，只要适合活动内容的需要，都可以采用。第二，要因地制宜地选择活动的形式。有时，同样的内容，因实际条件不同需要采取不同的活动形式。以开展爱国主义教育活动为例，如学校附近有革命纪念地、名胜古迹等，就可采用参观这一活动形式；如能请到革命前辈、英雄模范来做报告，就可以举行报告会；如不具备这些条件，则可考虑举办"可爱的祖国"为主题的诗歌朗诵会、演唱会，或开展关于"知国情，爱祖国"的国情知识竞赛活动等。第三，依据本班学生的年龄特点和其他当前形势的需要及学校工作的要求来选择活动的形式。一般说来，低年级的学生，活动的形式要相对活泼一些，生动一些，可采用动手参与、角色扮演等形式；而对高年级的学生来说，有时活动的形式就可采用相对理性一些的形式，如开展社会调查、进行资料搜集等。第四，依据班主任自身的特长与优势来选择、决定活动的形式。每一位班主任都有自己的专业和个人特长，这是开展活动最有利的条件。如语文老师组织开展"成语对对碰"、"成语接龙"、"谚语大赛"、"诗歌朗诵"等活动就得心应手，而音乐教师对于组织学生开展"歌唱春天"、"手拉手跳起来"就具有得天独厚的优势，而组织学生开展"我为人人，人人为我"的主题教育活动则适合于各科教师。因此，班主任应当根据自己的特长和优势来选择最佳的活动形式，使班队活动取得更好的教育效果。

再次是班队活动的组织方式应多样化。除了集体活动，还可以是小队活动、兴趣小组活动，或是三五个人自由结合活动。兼顾学生的兴趣、爱好、发展需要，让活动更有实效性。如"尽情享受课间十分钟"活动，读书兴趣小组的同学跑到教室走廊上的图书角津津有味地读着自己喜欢的书；几个女孩边唱歌谣边跳皮筋；一群男孩子则在操场上你追我赶地踢着足球；还有的学生在做跳格子的游戏。不同的活动形式，满足了学生不同的活动需要，使他们在活动中尽情地表现，尽情地享受活动带给他们的乐趣。

4. 整体性原则

整体性是指班队活动的内容、活动的全过程、活动的教育力量都要成为一个系统，用整体的教育思想指导整体的教育活动，达到教育目标实现的整体性和学生身心综合发展的最高境界。如对小学五年级学生进行集体主义精神和集体荣誉感教育，可以设计为三个主题活动："团结就是力量"；"我为集体添光彩"；"争当集体小主人"。这三个常规性主题教育活动是围绕集体主义这一整体目标确定的，体现了教育的整体性。

从班队活动的内容上看，要有整体教育的考虑，要包含德、智、体、美、劳诸方面活动，形成全面的教育系统，使学生得到全面的教育和发展。

从活动的全过程看，一个活动的设计，必须有整体考虑，如活动主题、活动时间和地点、活动形式、活动内容、活动前的舆论准备、活动后的巩固强化等，这些都要全盘考虑，周密策划。从一项大的整体活动来看，活动之间也应有一个系统性和连贯性的安排，如有的班级在申奥的系列活动中，分别搞了"我爱北京好风光"、"北京人爱运动"、"我是环保小卫士"、"学好知识迎奥运"几个活动，学生们分别从首都的建设、经济、科技、交通、环保及人们的精神面貌上交流了盼奥运的心愿。在这个系列活动中，每一个活动的结束成为后一个活动的起点，后一个活动巩固、强化了前一个活动的教育。这样，一环套一环，循序渐进，显示了系列教育的整体教育效果。

班队活动的整体性还指开展班队活动要尽可能地发挥学校、家庭、社区域性的整体教育功能。要争取科任教师的支持，向他们咨询，请他们协作。还可以经常请家长参加班队活动，作报告、出竞赛题、给学生写信、指导班队活动或在活动中讲话等。外出活动，也可以请家长委员会来参与准备、管理，创设开展活动的条件，解决活动中存在的各种问题。

5. 可行性原则

班队活动是学生自己的活动，大多数情况下，是由学生自己设计、组织和开展的，班主任只起指导作用。这就要求班队活动在设计上要量力而行，具有可操作性。

首先，要注意班队活动的规模。从规模上看，有日常的活动，也有主题突出的活动。日常活动基本上是每天要进行的，因此要短、小、实。短，即时间短，一般三五分钟；小，即解决小问题，或针对班里的情况一事一议，或对一种行为展开评价；实，即解决问题要实际，一次集中解决一个问题，不要面面俱到。形式上也要保证实效，可以有全班、小组、同桌活动几种形式。主题班会一般是全体参加，一个时期搞一次。要做到：目标适宜，即一次活动要达到什么目的不要定得太多，1—2个即可；主题集中，即一次确定一个主题，力图给学生留下深刻的印象；过程简洁，即班会的程序要清楚、明了，场面不宜过大，容量以一课时为宜。

其次，要注意活动的频率。一学期里，班队主题活动的次数不能过多，活动过多，学生的精力大部分花在活动上，必然会冲击学习，会造成一些人静不下心来学习。活动过少，学生会感到枯燥、乏味，滋生的一些不健康思想得不到有效地控制。班主任也会忙于应付偶发事件。因此，班主任要善于精心设计简便易行的班队活动，引导学生的精力，使其快乐地健康成长。

再次，班队日常活动要形成自动化操作。如上操、检查卫生、主持"每日一说"、读"班级光荣簿"等，每天有专人负责，固定时间进行，操作简单可行。每一次大的班队活动，事前要制订详细的方案，谁主持、谁发言、准表演、谁负责录音和投影、谁总结都要事先安排，这样，操作起来才能有条不紊，得心应手。

6. 创造性原则

班队活动具有创造性，不仅是素质教育培养创新型人才的需要，也是儿童创造性思维发展的需要。

班队活动的创造性首先表现在活动的内容上。这就要求随着班集体的发展，随着客观形势的变化，不断丰富和充实活动的内容。如爱国主义教育，虽然主题不变，但在内容设计上，要体现时代感，不断注入时代活水。如我国首次载人航天成功，在世界上第三个掌握航天技术，将人类送上月球，这对全中国人民是极大的鼓舞。班主任可以抓住这样的时事召开班队活动，组织学生参观航模展览，引导学生学习航天人刻苦钻研，为国争光的精神，从而激发学生的爱国情、报国志，使学生努力学习，将来实现远大理想。同时，还可以组织学生开展小发明、小制作等活动，培养他们的科技意识和创造性。

班队活动是班集体建设的重要内容，也是班主任工作的重要方面，班主任在设计班队活动时，只有遵循以上原则，才能真正发挥班队活动的教育功能。

（三）班队活动设计的要求

班队活动的主题确定以后，要使整个班队活动能有力地表达主题，关键在于班队活动的设计。因此，班主任在设计班队活动时应做到以下几点：

1. 班队活动的内容要与活动主题相吻合。班主任在活动设计时一定要将主题贯穿于整个活动之中，不能为了追求形式的多样、内容的丰富，将一些偏离主题的内容强塞进去。

2. 活动形式与主题相符合。主题班队活动按组织形式不同可以分为主题报告会、主题班队会、主题竞赛等。这样的主题班会已给活动形式的设计提供了大致的方向，班主任不能为追求主题班会的趣味性而采取与主题不吻合的形式。比如说，有些主题汇报会，就没有必要插入其他活动形式。

3. 活动量要适当。活动量一定要控制在规定的时间内，要从大量活动素材中选择与主题联系最为密切、最有说服力的、能产生良好教育效果的活动内容，以保证学生在有限的时间内受到教育，得到启迪。

4. 学生活动与家长活动、社区活动相结合。这也是班队活动设计的整体要求的体现。家长、社区教育委员会成员的参与，能增强主题班队活动的效果。比如，召开以勤俭节约为主题的班会，班主任可以请家长中当厂长的家长或从事个体经营的家长讲他们的创业史，因为家长的亲身经历比教师的说教要具体得多，生动得多。

5. 学生的主持与教师的总结要结合起来。学生主持不可能全面把握活动的教育思想，因此，教师点评的作用就显得尤为重要。教师在总结时要把整个班会的教育思想进行升华，起到画龙点睛的作用，从而深化对学生的教育。

二、班队活动的组织实施

设计好班队活动，只能算完成了一半的任务，班队活动的效果是通过班队活动的组织实施体现的。

（一）做好充分的准备工作

1. 制订切实可行的活动计划，这是保证班队活动顺利开展的前提条件。制订班队活动计划要根据班级和学生的实际情况，合理地进行安排，做到目的明确，内容具体，操作简便，富有教育性。

班队活动计划有总体活动计划和单项活动计划。总体活动计划是在学年或学期开学前制订的，一般包括本班学生的基本情况分析，全学年或学期班队活动的总任务和具体活动设想。单项活动计划是就一项具体的活动进行计划，一般包括以下内容：活动名称、活动目的、活动准备、活动过程、活动效果等，它是活动取得成功的基础。

2. 对活动任务进行分工。班队活动是学生的自主性活动，必须调动每名学生参与的积极性，让大家都动起来，使学生在参与活动的过程中受到集体教育和自我教育。活动计划应在班主任的指导下，由班委会负责该次活动的同学写成书面的计划，每一项内容反复斟酌，要明确具体分工，谁负责总体、谁负责宣传、谁负责对外联系、谁负责组织发言或表演节目、谁负责会场布置、谁做主持人等，都应有人牵头，以便落实。只有进行分工负责，才能保证活动的有效性，达到教育的目的。如举行"我们爱祖国"的主题班会，分工第一组收集我国的山河、物产、历史上的发明创造等材料；第二组了解近年来祖国的建设成就；第三组以"灿烂的群星"为主题，了解祖国优秀儿女的事迹；第四组了解祖国在世界上的地位等。而每个小组又可向每名组员布置任务，做出分工。完成这个分工的过程，是一个极为重要的教育过程，它是活动有序、顺利进行的必备环节。

3. 对活动过程进行全面准备，这是班队活动成功的关键。会场布置好不好，直接关系到活动的气氛和效果。布置会场的基本原则是适合活动主题，创造良好环境气氛。有的活动庄严，肃穆，会场就要整洁，质朴，色彩不要过分鲜艳；有的活动欢快，活泼，会场就要美丽，大方，色彩可以鲜艳些。黑板、灯光、桌椅摆放、必要装饰物，都要从活动主题出发进行设计与布置。如"争做文明小公民"主题班会的教室布置，黑板：《争做文明小公民》（"文明"两字比其他字大，字的颜色也不同）；墙报："爱国守法，明礼诚信，团结友善，勤俭自强，敬业奉献"；宣传栏：学生拍摄的有关文明行为的照片；学生画的有关文明行为的漫画；学生写的有关文明这个话题的文章。在班队活动的准备过程中，要充分调动学生的积极性、主动性和创造性，使学生真正成为活动的主角。

许多活动都离不开器材，如"拟人化"的活动，让小学生扮演动物对话，需要假面具；篝火晚会，要烧木柴；野炊，要准备锅碗瓢勺；文艺和体育活动，更离不开器材，等等。有时为了渲染气氛，可能在会前、会中或结束需放些音乐，乐曲的选择和音像资料及设备的准备也必须事先安排好。要发挥学生集体的智慧，让人人都动起来。

　　如果需要学生具备一定的技能技巧，还要对学生进行一定的培训。比如，在组织旅游之前，训练学生识别路标，辨认方向，看懂地图等方法技巧等。在准备工作中，主持人如何主持活动，也是不能忽视的。他必须对主持过程有详细计划，而且要写出主持词。开场白与结束语，以及活动中间在各活动内容之间起衔接作用的串台词，都要写好，并进行必要的演练。

　　活动目的不同，活动的具体方法也不一样。如果只是让学生学习某种技能，就应该采取实际操作为主的方法；如果活动的目的主要让学生弄懂一些道理，就应采取讨论、参观、访问等方法。活动内容不同，具体方法也不一样。如果内容是发展学生智力的活动，可运用猜猜、想想、科技制作、阅读科普书籍等方式方法；如果内容是发展学生体力的活动，就得以行动为主，运用竞赛评比等方式方法；如果内容是培养学生良好的思想品德和行为习惯，就应运用谈话、表彰、示范、文艺表演、实际锻炼等方式方法。

　　为了达到最佳的活动效果，活动时间的确定，应从实际出发灵活掌握。如有的活动可能在晚上举行效果会更好，有的活动可能是在白天举行好。有的活动还有季节的限制，夏季可以游泳，冬天可能会组织滑冰、滑雪等。

　　总之，活动场地的选择与布置；活动器材的准备与整理；活动程序的设计与安排；活动效果的预测与可能出现问题的估计及对学生进行的安全教育等都需要在准备阶段进行。班主任要抓住契机，渲染气氛，激发兴趣，巧妙引导。要善于把自己的要求和打算通过学生干部和活动积极分子传递给全班每个学生，变成学生的自觉愿望，使学生产生自我教育的需要。要能够引起儿童对活动的向往，这是活动成功不可缺少的准备工作。要加强对活动分工中各项任务的落实情况的检查，确保万无一失。

　　（二）不同类型班队活动的组织实施

　　1. 主题班队会的组织实施

　　主题班队会是在班主任或辅导员的指导下，根据形势需要或学校教育计划，针对学生实际，提出一个主题，围绕主题而召开的班队集体活动，是以对学生进行思想品德教育为主的活动，是主题教育活动的一种最常见的形式。它可以提高学生的认识能力，对学生进行教育和自我教育，使学生进入积极进取的状态，学习处理人际关系，学习适应社会的本领，增强适应性和实干精神，提高学生的能力，也是密切师生关系，增强班集体的凝聚力和向心力，对学生进行集体主义教育的重要活动。主题班队会的主要形式有：演讲、竞赛、讨论、文艺表演、野外活动等。

主题班队会的组织实施一定要在选定主题、充分准备的基础上进行。为了取得良好的教育活动效果，班主任或辅导员应在活动前亲自发动班干部检查各项准备工作的情况，调节学生的情绪状态，指导、鼓励、训练主持人大胆主持，随机应变，对可能出现的情况做到心中有数。

总之，主题班队会的主题一定要明确，既要有科学性、新颖性，又要有号召力和感染力；内容一定要集中，既要有针对性，又要有时代感和说服力；形式一定要生动活泼，既要符合学生的年龄特征，又要有利于班集体的建设和发挥学生的聪明才智；准备一定要充分，班主任务必做到精心设计，精心指导，要大胆让学生锻炼，使学生在参与活动的实践中学会做事，增长才干。主题班队会不宜安排过密，每学期以2-3次为宜，否则会影响一部分学生的正常学习。如果是主题队会，就要按照少先队章程的要求去做，要有出旗、奏乐、行礼、唱队歌、呼号、退旗等程序。

2. 班队例会的组织实施

班队例会是以班队或少先队为单位，以会议的形式对学生进行常规性教育。班队例会的主要特点是"短、小、近、实、活"。"短"是指时间短，一般以十几分钟为宜，易于操作；"小"是指选题小，从小事抓起，以小见大；"近"是指贴近学生生活，从学生生活中来；"实"是指强调实用性，从实际出发；"活"是指形式灵活多样，时间、地点易于寻找，随时发生的事，随时就可以解决。

班队例会的主要内容有：贯彻学校工作计划，研究确立班队整体目标和班队工作计划；对照《小学生守则》、《小学生日常行为规范》和班队有关规章制度，表彰好人好事，开展批评与自我批评；选举或调换班队干部；评选三好学生和优秀学生干部；总结班队工作，批评错误言行和不良舆论倾向；处理偶发事件，听取犯错误学生的自我检讨，商定处理意见；结合国内外形势对本地本校发生的重大问题进行学习、讨论等。

班队例会的主要形式有：班务会或队务会、民主生活会、周会及晨会。其中，班、队务会是由班委干部或中队干部定期组织的，由班队集体所有成员共同参与的例会。它既可以使学生明辨是非，端正思想认识，使班队成员在思想上步调统一，在行动上和谐一致，又能使班主任或辅导员准确了解学生，把握学生的思想动态，强化对班集体的管理和教育。民主生活会是针对学生集体中出现的某些错误或不良倾向而召开的，以批评与自我批评为主的班队例会。班队的民主生活会是全体学生进行教育的有效途径，也是班队形成正确舆论和良好班风，建立良好集体的有效方法。它有利于班、队干部正确认识并改正自己的不足，在集体中形成批评与自我批评的氛围，进一步促进班集体的形成、巩固和发展。周会一般安排在每周固定的时间里，由学校统一部署，班队工作者组织开展，是一种对学生进行思想品德教育和时事政策教育的形式。晨会是一种以对学生进行养成教育为主的教育活动，是一种校内传统活动。一般以班队、年级、校为单位开展，时间上以 15 分钟为宜，是培养学生良好的思想品德、行为习惯的有效方式，也是加强爱国主义教育的重要形式。

组织班队例会，首先要确立主题，引导学生围绕主题做好准备，尤其是班（队）务会和民主生活会。在实施过程中，还要做好讨论、选举或安排工作。如果是民主生活会，则要针对班级内的不良作风，本着长善救失、治病救人的原则，开展好批评和自我批评工作。例会结束后，应做简短的小结。班主任或班级组织者在组织班队例会时应注意充分发扬民主，信任学生的工作能力，班（队）务会可以适应让学生来主持；如果是评选会，班主任应把握舆论导向，避免学生选举评比中的盲目性。

3. 班队科技活动的组织实施

班队科技活动是以了解科学技术的发展；掌握必要的科学知识与技能；培养对科学技术的兴趣和爱好；增强学生创新精神和实践能力；引导学生树立科学思想、科学态度；帮助学生逐步形成科学的世界观和方法论为主要目的的教育活动。它有助于培养学生的科学素质，使学生从小形成学科学、爱科学、用科学的良好习惯。

班队科技活动主要有科技班队会、科技参观和科技兴趣小组三种形式。如某班组织科技班会，将一辆自行车推进教室，让学生边观察边讨论，然后来谈自己的"奇思妙想"，对自行车提出改进意见：有的学生认为，自行车车座不透气，骑车时间长了，裤子会湿；有的学生提出，自行车脚踏板受力面积太小，踩在上面不舒服也不安全；还有的学生提出下雨天，车子带泥会弄脏裤子等。怎么改进呢？同学们又展开了热烈的讨论，提出了各种各样的奇思妙想。通过这样的活动，激发学生掌握科学知识，尝试科技发明的热情。有的学生甚至回到家里，和父亲一起对自家的自行车进行改造，品尝创造的乐趣。

4. 心理健康教育活动的组织实施

心理健康教育活动是指班主任或辅导员根据学生心理活动规律，运用多种方法和措施，有计划、有目的地对学生的心理素质进行积极的教育和辅导，维护学生的心理健康及培养良好的心理素质的教育活动。它是使学生学会学习；学会沟通、交流与合作；学会社会生活，提高适应能力，进而提高综合素质必不可少的重要内容。

心理健康教育活动的组织形式可以是班队会、集体心理辅导、心理咨询，也可以举办手抄报比赛、登山比赛等；可以在室内进行，也可以在室外进行。但不管采用哪种组织形式，都要本着从实际出发的原则，可以采用问卷调查的方式，确定活动的内容和形式。针对学生发展的实际水平和需要，有针对性地选择适合本班心理健康教育的内容，以达到培养学生良好的心理品质，提高学生的生存、适应能力，开发学生的潜能，促进学生自主发展的目的。

5. 班队文体活动的组织实施

班队文体活动是指以促进学生全面发展为目的，通过健康的文化艺术、体育健身等活动对学生进行熏陶和教育，以发展学生的美感，增强学生的体质，促进学生身心健康的活动。它对于丰富学生的课余文化生活，陶冶学生的情操，培养学生的审美情趣，促进学生身心素质的全面发展，具有非常重要的意义。

班队文体活动的形式灵活多样，内容丰富多彩。其中文娱活动可以是文艺演出、集体舞会、歌咏活动、艺术欣赏，也可以是班队艺术节、联欢会等；体育活动可以是班队的田径运动、球类运动、体操或健美操运动，也可以是各种比赛或体育娱乐性活动。

班队文体活动的组织实施一定要体现群众性，尽量调动全班同学参与的积极性。组织文娱活动，需要特别注意的是活动内容的思想性和教育性，要选择那些健康向上的活动内容，用先进的文化陶冶人；要鼓励学生进行创作，在感受美的同时，使学生能够体验美和创造美；主持人要具备幽默感，这是文娱活动组织成功的关键；在活动时间上要加以控制，避免前紧后松或前松后紧，对个别节目做到点到为止，恰如其分；开场节目要起到渲染气氛的作用，活动中间要有高潮，活动结尾要有"压轴戏"，收住场；如果是节日庆祝活动，要体现出节日的喜庆气氛；如果是联欢会，还可邀请家长、任课教师等参加。

班队体育活动的组织实施中一定要考虑学生的安全问题，在组织活动前和组织活动的过程中，都要把学生的安全放在首位。要了解学生的身体素质，运动量要适当，避免发生危险；在活动的实施过程中，要有班主任或体育老师的技术指导，使学生的锻炼既能做到全面、经常，又能坚持循序渐进；要做到因地、因时制宜组织体育活动，做到就地取材；如果是野外活动，班主任要事先请示学校领导，并要做好活动计划和应急预案；活动中要注意培养学生的意志品质和集体主义精神；活动结束后要进行及时的总结。

6. 班队劳动的组织实施

班队劳动是指班主任或辅导员通过社会公益性劳动与班队自我服务性劳动等形式开展劳动性教育，以增强体质和体力，促进学生智力、体力、审美情趣发展，培养学生的劳动观点，增强学生热爱劳动、热爱劳动人民的思想感情为宗旨的班队集体教育形式。它是对学生进行思想品德教育不可缺少的重要活动之一。

组织班队劳动时要注意以下几点：班队劳动的性质是公益性劳动或自我服务性劳动，切不可组织小学生参加以营利为目的的各种有偿性劳动；

劳动中应注重对学生的劳动观点和意志品质的培养，更应注重对劳动过程的评价；劳动中要注意对学生进行纪律教育，要严格按照劳动程序，遵守有关规章制度，尤其是不允许持有危险性的劳动工具打闹；加强安全教育，防止劳动强度过大或是劳动条件、劳动工具危险等给学生造成人身伤害。

7. 课外阅读活动的组织实施

课外阅读活动是学生在课堂教学以外的时间里，在班主任或辅导员的指导下，有计划、有目的地阅读课外书籍以丰富学生知识的活动。它有助于使学生懂得做人的道理，陶冶学生的情操，培养兴趣，发展智力，开阔眼界，扩大知识面。如学校组织读书兴趣小组，开展"我与好书交朋友"、读书报告会、知识辩论赛等活动，把学生领入一个大课堂，让书籍成为学生的良师益友，让学生从读书中学习更多的知识，从中受到不同方面、不同程度的教育影响，同时培养学生良好的阅读习惯，调动其课外阅读的积极性，提高其学习能力。

组织学生课外阅读活动应注意的是：在学生进行课外阅读之前，要有明确的要求，使学生能根据要求选择健康有益的图书资料作为阅读的内容，最好一段时间内能围绕一个中心开展阅读活动；在活动的阅读过程中要引导学生做读书笔记、写心得体会等，以巩固课外阅读的效果；在活动结束时，要组织读书报告会、座谈会或辩论会等，给学生表现才华的机会，展示课外阅读的成果，激发学生进一步进行课外阅读的积极性。

（三）班队活动组织实施的基本要求

班队活动的组织实施是对学生进行集体教育和个体教育、引导学生进行自我教育的重要一环，因此，班主任在组织实施班队活动过程中要注意以下几点：

1. 要注意调动和发挥学生干部与班队活动积极分子的积极性、主动性、创造性。让学生自己策划、自己组织、自己主持、自己指挥，同时还要尊重和理解每个学生，发挥每个学生的聪明才智和个性特长，让每个学生在活动中都有岗位、有任务、有角色，真正体现小主人的地位。如召开"网上祖国万里行"主题班会，借助于神奇的网络，采用多媒体动画，按祖国的版图，把全班同学大致分成五组，每组 8 人，即：东北代表队、东南代表队、西北代表队、西南代表队、港澳台地区代表队。然后各组同学分别到雅虎、搜狐、新浪等网站上去搜寻各自所需的资料，使活动成为每个队员锻炼能力、发挥才能、接受教育的广阔课堂。班主任或辅导员要充分发挥自身的主导作用，立足于启发、诱导，引导学生的兴趣，对学生的活动起到指导和参谋的作用。只有这样，才能确保活动收到较好的教育效果。

2. 要注意引导学生把充分准备的各种不同形式的"节目"有机地统一起来，使活动主题鲜明突出，形式生动活泼。要注意发挥主持人在活动中的带头和指挥作用，通过其熟练准备的台词、幽默诙谐的语言、富于感染力的情感、饱满振作的精神和具有表现力的动作激发来带动全班每一名同学。同时，为了让活动更具创造性，在主持的形式上，也可以根据活动主题的需要，变换主持的方式方法，使活动更具吸引力。如在"网上祖国万里行"主题班会中，在主持上，可以打破以往一男一女的主持格局，分别由各组派出导游小姐或是导游先生为大家主持、介绍，不仅形式新颖，主持风格独特，更贴近生活，深受学生喜爱。

3. 班主任或辅导员尤其要注意在活动中加强对学生的安全教育。要引导班队活动的组织者对可能出现的突发性问题进行分析，教育学生避免可能出现的安全事故。一旦出现偶发事件，班主任或辅导员要善于运用教育机智进行果断处理，因势利导，及时调整学生的心态，减少偶发事件对活动的干扰。要能够随时解决活动中出现的一切问题，确保活动的顺利进行。如在组织文艺表演类的活动时，可能会出现突然停电的情况，在准备工作中，班主任就应充分考虑到，可事先准备几节备用电池，以免影响活动的效果。如果事先没有准备，也可灵活将节目顺序调整一下，然后马上想办法进行处理。总之，不管遇到什么样的突发事件，班主任或辅导员都要沉着冷静，自如应对，否则，不仅会影响学生的情绪，更会影响整个活动的预期效果的实现。

4. 班主任或辅导员要善于调动各方面力量的协同作用，使其为班队活动增色添彩。如邀请校领导或大队辅导员参加活动并为学生讲话，会使活动更有教育作用；邀请科任老师参加活动，会使活动更有吸引力。在师生共同进行的活动中，教育者通过关心、帮助、感染、激励等措施教育学生，不仅会收到良好的教育效果，还可增进师生间的交往与沟通，拉近师生间的心理距离。

5. 班主任或辅导员要在活动中主动与学生交朋友，和他们交流思想，悉心保护他们的好奇心和求知欲。当学生遇到挫折或遭受失败时，要因势利导，及时教育、帮助他们克服困难，走出误区。要注意学生的个别差异，合理地掌握教育的尺度，有的放矢，因材施教。

6. 班主任作为少先队辅导员，一定要掌握少先队主题队会的程序。如果举行的是少先队主题队会，就一定要遵循少先队主题队会的程序。少先队主题队会的一般程序有：

（1）出旗，队员敬队礼，队旗从右至左按规定线路出发；

（2）唱《中国少年先锋队队歌》，一般来说队歌必须唱全，不能因为时间关系只唱一部分；

（3）队长讲话；

（4）进行活动，可由主持人主持活动；

（5）辅导员讲话（简单扼要、切合主题）；

（6）呼号，一般由辅导员领呼，也可由活动中邀请的上级党团领导及德高望重的老人领呼；（辅导员老师："准备着：为共产主义事业而奋斗！"队员齐回答："时刻准备着！"）

（7）退旗（队员敬礼）队旗由左至右按规定线路退出。

7. 主题班队会即将结束时，班主任或辅导员还要做好总结性的讲话，突出教育的主题，使活动收到良好的教育效果。如在"争做文明小公民"主题班会中，班主任根据学生在活动前和活动中的表现做了总结：

"在这次班会的准备和召开过程中，我高兴地看到每一名同学都积极主动、认真地参与到整个活动中来，表现出了极高的主人翁的精神和热情。希望大家将这种积极进取、勇于创新的精神发扬下去。这是一个非常成功的班会。大家通过从身边收集到的很多不同方面的小事，认识到习惯虽小，造成的影响却很大。因此，我们要按《小学生日常行为规范》中的要求规范自己的言行，从我做起，从小事做起，从现在做起，做文明人，共建文明、美好的幸福家园。"

在"世界水日"，班级组织了"水是人类生命的源泉"主题中队会，辅导员做了如下的总结：

"地球上的水资源本来是可以再生的，但是由于人类不注意保护水资源，恣意地破坏、挥霍水资源，使得水资源日渐匮乏。长此下去，不久的将来，我们节目中种种假设的现象就将成为现实：森林因缺水濒临毁灭（其中植被将枯死、动物会因为争夺水源而拼个你死我活）；河流将干涸，鱼类因而失去了自己的家园；人们将望着干裂的土地哭泣；人类生活将面临一系列的难题……如果人们还不警醒，一定还会有更多能够预测或难以预测的后果出现，那样'人类看到的最后一滴水真的将会是自己的眼泪了。'少先队员朋友们，让我们行动起来吧！保护水资源，珍爱我们生命的源泉！"

（四）做好班队活动的总结

总结是对班级活动进行一次认真的回顾，肯定成功的方面，找出问题和不足，吸取经验教训，是对学生集体和个体进行教育的最好时机，是活动取得教育效果的关键，也是明确今后的努力方向，找出规律性的认识，为下一步更好地开展活动奠定基础不可缺少的必要环节。

第一，要引导学生将在班队活动中所得到的新认识和被激发的热情给予升华和强化，把教育者的要求转变为学生自身教育的要求和发展需要，从而激励自己行动。如低年级的小学生对"朋友"的理解往往片面、狭隘，时常把对自己好、为自己做事的看做朋友；在处理朋友之间的关系时，部分学生只知道索取不知道付出。召开中队会"朋友"，通过小品、朗诵、讨论等形式的活动使学生体会到友谊是世间最美好的情感之一，从而帮助学生学会处理人际关系。队会过后，班里指责别人的现象少了，无理吵架的情况也少了，相反，相互理解、互相关心、为别人做好事的现象多了，这就是班队会的教育效果被升华后的表现。

第二，注意引导学生总结参加班级活动的收获与体会，并运用班队活动阵地，把学生中各方面的收获编辑成专刊，张贴展览，以巩固学生在思想上的认识成果。班队活动总结分为小结与全面总结两种，开展系列性班队活动时，要进行阶段小结。全面总结是在活动结束之后进行，全面总结时要对整个活动过程进行全面回顾。认真分析，肯定成绩，找出差距，要把感性认识提高到理性的高度，找出一些规律性的东西，以便更好地指导自己今后的工作。总结的形式有表彰会、报告会、展览会、汇报演出会等。如果条件允许，还可运用评估手段对活动进行定量分析，使活动成绩与差距更精确化。

第三，要注意引导学生自觉地落实活动中形成的决定或提出的要求。有意识地联系学生日常的学习、生活和锻炼等实践活动，使他们在班队活动中养成良好的行为习惯。

第四，班队活动总结方法

书面总结；评述：对活动各方面加以评论；办刊：把活动中的心得、体会、感受、认识等形成文字，办成墙报；座谈：以小组为单位或全班座谈，谈自己的收获和体会；训练：将学到的技能训练成为熟练技巧；锻炼：提出行动规范和行为准则，加以实践。

不管是哪种班队活动总结，都要求做到：

1. 实事求是，明确目的，端正态度。总结的根本目的是为了教育学生，更有成效地培养学生。因此，班主任和班队活动的组织者都要坚持实事求是、认真负责的态度，要在客观实际的基础上去寻求规律性的认识。

2. 明确指导思想，坚持群众路线。总结要有正确的方向，就要明确以马列主义立场观点和党的方针政策为指导思想，并以此作为衡量活动是否成功的准则。同时要坚持群众路线，让学生以主人翁的精神参与总结，提供丰富生动的材料。

3. 语言准确，行文简明。总结是一种应用文体，语言表达一定要准确，不能含糊，模棱两可，似是而非。词藻不必讲究华丽，若是华而不实，其义隐晦，就达不到写总结的目的。总结的结构要紧密，层次要清楚，例证要确凿，行文要简明精炼。总结的方法多种多样，可以开小范围座谈会，通过交谈、评述等方式将学生在活动中所受到的教育进一步强化，拓展学生在活动中的所学，培养他们的技能技巧，逐步养成良好的习惯；也可以让学生写日记或作文，写总结或出墙报，以加深学生对活动的印象。

第三节　班级活动的难点及其对策

一、如何组织主题班会

近几年，主题班会活动已在中小学广泛开展，其重要性逐渐被广大班主任所认识。然而，不少班主任在这方面还缺乏实践经验，对自己所组织的班会活动的效果不甚满意。究竟如何提高主题班会活动的效果呢？

某重点中学召开了主题班会活动现场会，在 12 个主题班会中，与会者一致认为效果较好的有 9 个，占 75％。根据他们的经验和教训，要组织好主题班会活动，应当做到以下几点：

（一）主题突出，针对性强

主题班会首先主题要突出，要有较强的针对性。主题班会应根据学校和班级工作计划组织开展。其针对性是建立在了解学生思想实际和年龄特征基础上的。学生的思想是受社会政治、经济、文化、形势影响和制约的，有积极的一面，也有消极的一面。不同年龄的学生，在心理发展水平、兴趣爱好、理想追求和个性特点诸方面，又有不少差别。班主任对此要有较深刻的了解，才能决定每次主题班会要达到的目的、解决的问题，从而形成主题班会的主题，并根据主题拟出简明醒目、具有吸引力、能激发学生情感的题目。

如近几年来市场经济冲击着学校，新的"读书无用论"思潮严重地影响着学生，中小学生中厌学现象十分普遍。针对这种情况，一位有经验的班主任组织了"让理想展翅飞翔"主题班会。会上，不同类型的学生，在充分准备的基础上，结合自己的思想实际，谈了自己的理想和打算。有的学生歌颂了周总理"为中华之崛起而读书"的崇高思想境界，分析了"读书无用论"的危害。这样的主题班会紧紧扣住学生的思想实际，解决了学生感到困惑的问题，达到了活动的预期目标。

（二）内容丰富，形式新颖

主题班会的主题必须通过丰富的材料，从不同的角度、不同的侧面予以反映。因此，确定班会主题后，一是必须发动学生围绕主题搜集素材。如学生是怎么想的、怎么说的、怎么做的、其原因是什么；二是借用与主题有关的材料，如典型人物的典型事迹、有关文学作品和学生自己创作的演讲稿、文艺小品等。班主任对各种材料要进行严格的筛选，使之既丰富多彩，又有较大的教育意义。内容选定之后，就要考虑采用什么形式。中小学生喜欢新颖、活泼、有感染力的形式。根据学生年龄、性格、爱好等特点，不少班主任开展了下列主题班会：1. 社会调查汇报会。为了有针对性、有说服力地对学生进行思想教育，可以配合政治课教育让学生走出课堂，到工厂、农村、街道参观访问，然后召开班会，让学生汇报调查情况。2. 主题故事会。让学生围绕班会主题，选编故事。3. 演讲会。如我爱家乡演讲会。4. 小能手竞赛主题会。5. 测试性抢答题班会。这些类型的班会效果很好。

（三）层次分明，系统性强

班主任对学生进行思想、道德教育要有长远计划，要将某一方面的教育内容编排成单元，使主题班会活动具有层次性、连续性，以使之步步深入、步步提高、循序渐进。如一位全国模范班主任在任初二班主任时，曾设计了爱国主义系列主题班会，通过"我爱祖国山河美"、"当我喝到滦河水时"、"爱国英雄故事会"、"我爱中华演讲会"、"学英雄思想，走英雄道路"等五次主题班会，唤起了学生的爱国之情，达到了培养学生"知中华、爱中华、为中华"的教育主题的要求。有的班主任在高三毕业班，组织了"我十八岁生日"、"二十一世纪的我"、"我的思想"等教育系列主题班会，也收到了很好的教育效果。

（四）主导主体，相得益彰

主题班会中从了解学生情况、确定主题、选择材料到组织实施，班主任无疑要起主导作用。然而，主导作用绝非意味着一切由班主任包办代替。诚如有的班主任所说："主题班会是学生自己教育自己的好形式。"准备主题班会的过程就是受教育的过程。班主任应充分调动学生的积极性，发挥其主体作用。每次主题班会都应让学生献计献策，自己筹备，自己主持召开，真正成为活动的主人。这样不仅可以培养学生自治自理能力，还会收到较大的教育效果。如某中学，针对学生对家乡缺乏了解，缺乏热爱之情，组织了"家乡新貌考察报告"、"家乡名优知多少汇报会"、"家乡新貌展览"、"热爱家乡诗歌朗诵会"、"把青春献给家乡"系列主题班会活动。这些活动从确定主题、调查搜集材料、编排节目到制订议程召开班会，都是在班主任指导下由学生们自己去干的。不仅使学生受到了浓烈的爱国主义情感熏陶，而且大大提高了学生自治自理能力，使学生把爱祖国之"情"化为爱祖国之"行"。学生们都说："我们的命运和家乡、祖国的命运紧紧地联系在一起，为了家乡的繁荣、祖国的强盛，我们要立志成才，发奋学习。"

学生思想问题的解决，绝非一朝一夕之功。一次主题班会的召开并不是教育活动的结束，班会后的思想巩固和行动实践才是最终目的。因此，班会后班主任要善于创造条件让学生把自己的思想转变为行动。

二、如何组织德育活动

德育活动系列化是根据不同年级、不同年龄的学生的生理心理特点，在一学期或更长一段时间采取讲究科学程序、兼顾知、情、意、行各品德要素的系统工程。德育活动系列化要求围绕一个主题，精密设计若干个单一的，又紧密相连、环环紧扣的教育活动。每个单一活动既独立成章有一个重点，又从不同角度对主题加以深化。实现德育活动系列化，会使学生逐步获得清楚的道德认识，养成良好的行为习惯。

（一）系列活动的类型

系列德育活动常见的类型有以下几种：

1. 宝塔型。在这种类型的活动里，上一个活动是下一个活动的基础，下一个活动是上一个活动的继续和提高。活动的主题如同登九层宝塔一般，逐步升高。

2. 互补型。一般情况下，一个活动只能表达一个小范围的主题，系列活动中的每一个活动都是相互补充的，是对中心内容的完善。

3. 连续性。它要求围绕教育中心，持续不断地开展活动，并使每个活动环环紧扣，反复地表现中心内容。

4.演绎型。先提出主题或旗帜鲜明的观点,然后组织学生通过系列活动论证主题的正确,使学生进行自我教育。

(二)组织系列德育活动应坚持"五性"

1.目的性

系列德育活动的目的性是按照学校的具体部署,发挥班级所有教师和学生的主观能动性,把学生培养成有理想、有道德、有文化、有纪律的社会主义新人。为达到这一目的,理想教育是重要的。理想一旦铸成一种坚定的信念,就会成为学生奋斗的精神支柱和前进动力。在进行理想教育时,要采取多种形式把共产主义理想教育和爱国主义教育结合起来,把理想同现实结合起来,激发学生化理想为行动,并根据教育目的,组织系列教育活动。

2.连续性

连续性是系列德育活动的具体体现,如同电视连续剧一样,在围绕主题安排每次活动时,既要考虑各自的教育重点和独立性,又要考虑每次活动之间的紧密联系,用一根红线(主题)将每次活动有机地联系起来,形成一个整体,并做到互为补充,不断深化主题。如天津大港区教育局组织了下列爱国主义教育系列活动,效果很好。他们是这样安排的:

第一步,寻找家乡英烈……建造烈士丰碑——编写《大港烈士英雄谱》——开展"家乡烈士鼓舞我前进"的活动。

第二步,组织家乡新貌考察——进行"大港名优知多少"的调查——举办家乡新貌展——召开热爱家乡诗歌朗诵会——把热爱家乡之"情"化为"行",开展"春天的奉献"活动。

3.层次性

在组织德育系列活动中,要把握住学生思想认识的规律,根据学生年龄的不同和认识水平的客观差异性,在安排同一教育主题时,各年级一定要注意教育内容与要求的层次性,活动方式也应有所区别,但最后要达到一个总目的。如一位班主任在安排爱国主义教育时,他根据初一学生思维能力差、体验欠深刻的特点,首先进行爱学校、爱家乡,尊敬国旗、国徽的教育;到了初二,他又进一步进行爱集体、爱党的教育,引导学生懂得伟大的新中国是怎样创建的，使学生懂得没有共产党就没有新中国的道理；到了初三，他着重讲祖国历史的悠久、文化的灿烂、民族的团结及其热爱祖国的思想，提高学生的民族自豪感，培养其为振兴中华而勤奋读书的远大理想。

4. 针对性

针对性是系列德育活动的生命。只有针对学生的思想实际，依据德育的总体目标，开展系列活动，效果才会突出。如一位班主任针对学生对解放军缺乏理解，常以"大兵"长、"大兵"短加以议论的现象，开展了"学英雄思想，走英雄道路"系列教育活动。他把活动分为四个阶段：①人人讲一两个英雄故事，使学生较多地了解英雄思想和事迹，受到情感熏陶。②人人写一封慰问信，让学生通过写慰问信，概括出英雄人物的英雄精神，并加以讴歌，使自己的情感进一步升华。③人人做一件袖珍纪念品，让学生通过这项活动强化对英雄的认识和爱慕之情。④人人介绍自己的收获和进步，以此推动学生从对客体的认识转入对自我的认识，增强自我教育的精神动力，从而树理想、求进步。这正是开展系列德育活动的归宿。经过认识英雄——理解、讴歌英雄——纪念和爱戴英雄——对照和学习英雄这一系列的教育活动，学生感受很深。

5. 趣味性

中小学生具有好玩的天性，而且他们不喜欢教师板着面孔进行政治说教，因此，系列德育活动必须丰富多彩、形式活泼，使学生喜闻乐见。即让学生在愉快有趣的活动中接受教育。对此，这里就不再举例说明了。

总之，系列德育活动首先要注意提高学生的道德认识，使其形成健康的道德情感，然后通过一系列活动，引导学生进行实践——认识——再实践——再认识，进而形成良好的道德品质和行为习惯。这种系列德育活动避免了只重动机忽视效果，或只注意效果而忽视过程的偏向。

三、如何组织纪念性班集体活动

（一）了解纪念日及其种类

纪念日是指历史传承下来的，基本固定在某一时间的，具有特定主题内涵的社会活动日，纪念日主要有以下四种类型：

1. 革命纪念日

革命纪念日既包括"二·七"大罢工、"二·二八"台湾人民起义、"三八"国际妇女节、"五一"国际劳动节、"五四"青年节、"七一"中国共产党诞生纪念日、"八一"中国人民解放军建军节、中国人民抗日战争胜利纪念日（9月3日）、"十一"中华人民共和国国庆节等历史上的伟大事件的纪念日，也包括像孙中山、毛泽东、周恩来和许多革命家诞辰纪念日，等等。

2. 建设纪念日

建设纪念日包括学雷锋纪念日（3月5日）、植树节（3月12日）、"儿童节"（6月1日）、"世界环境日"（6月5日）、"教师节"（9月10日）等等。

3. 民俗纪念日

春节（正月初一）、端午节（农历五月初五）、中秋节（农历八月十五）、清明节（农历四月初五）、重阳节（农历九月初九），等等。许多少数民族也都有自己的民俗纪念日。

4. 国耻日

主要是指那些我国近代史上遭受帝国主义列强欺辱、广大人民的心灵饱受伤痛的日子。如《马关条约》签订纪念日（4月17日）、"二十一条"签订纪念日（5月9日）、卢沟桥事变纪念日（7月7日）、《南京条约》签订纪念日（8月29日）、《辛丑条约》签订纪念日（9月7日）、"九·一八"事变纪念日、圆明园被焚纪念日（10月18日）、《北京条约》签订纪念日（10月24日）、台湾被割占纪念日（10月21日）、南京大屠杀纪念日（12月13日），等等。

这些纪念日都有一个形成的过程，都包含了丰富的历史背景和文化内涵，是对青少年进行爱国主义教育为核心的思想品德教育的有效途径之一，是组织开展纪念性班集体活动取之不尽、用之不竭的生动素材。

（二）掌握纪念性班集体活动及其特点

纪念性班集体活动是在某一纪念日当天或略提前几天，围绕该纪念日特殊的文化背景、文化内涵，配合时代要求，联系学生的思想实际，以班集体为单位组织的活动。纪念性班集体活动具有如下特点：

1. 活动素材的丰富性

这种源于历史的一个特定日期发生的历史事件，不仅有丰富的文化内涵和史料，而且也包含了这期间出现的许许多多的伟大人物的事迹。他们的革命经历，以及所反映出来的时代精神和代表先进思想的伟大而崇高的思想品德，就成为了组织纪念性班集体活动的非常有价值的素材。若能在组织活动时，将其与祖国的发展壮大与时代精神紧密结合，这些素材更会熠熠生辉，其教育效果也会更加明显。

2. 活动主题的深刻性

纪念日及其自身的来历和自身的主题，已经向班主任提供了组织纪念性班集体活动的深刻主题。因为那些革命纪念日、建设纪念日本身已经体现了伟大的革命精神和革命者的伟大情怀，如，"七一"党的生日、"八一"建军节、"十一"国庆节……哪一个纪念日不是一部伟大的革命史诗！哪一个纪念日不是革命英雄主义精神的写照！而许多革命志士、爱国英雄、杰出领袖和伟大科学家、艺术家的纪念日更是体现了他们的伟大功绩和崇高品德。即便是国耻纪念日也是时代的一面明镜，它可以激发我们发愤图强，建设繁荣富强的伟大祖国。

3. 活动目的的传承性

继承革命传统和弘扬爱国主义精神，本来就是设立纪念日的目的，也自然是组织班集体活动的重要任务之一，而纪念日的特定时间和与之相联系的特定主题，无疑是我们民族光辉革命传统的里程碑。班主任利用纪念日开展班集体活动，会使学生增强民族自豪感，会使他们认识到每个人的前途与国家的命运是紧紧联系在一起的，理应继承革命传统，发扬爱国主义精神，为四化大业奋斗不息。

（三）如何组织好纪念性班集体活动

纪念日是开展爱国主义教育、革命传统教育和思想道德教育的好素材，若能紧密联系学生的思想实际，找准开展纪念性班集体活动的切入点，一定会取得良好的教育效果。具体地讲，应当注意以下几点：

1. 充分利用纪念日的主题

每个纪念日都有特定的主题，它是对我们组织好班集体活动应达到的目标的昭示。但是纪念日主题本身的丰富性和深刻性，要求班主任必须抓住其中最能与学生思想实际相结合、最有教育意义的某一点，来确定本次纪念性班集体活动的主题，并围绕主题明确提出令人激动又发人深思的问题。如发扬民族精神这一主题，为了帮助全班同学了解建国前后发生的重大事件，激发他们对祖国和人民的高度责任感，使他们更加热爱祖国，一位班主任开展了《编写中华人民共和国成立纪念册》活动，发动学生每人至少搜集一件有关建国前后的重要事件的资料。资料先是在教室里布展，到"七一"那天的班会上，再由学生各自介绍资料的意义，最后装订成册。这个活动通过让学生动手、动口、动脑进行实践和体验，把爱国主义精神熔铸在了他们的精神世界中。

2. 深入了解纪念日的历史背景

了解纪念日的历史背景和事件的发展过程，对于深化纪念性班集体活动的主题具有重要作用。如某班主任组织一次纪念"五四"青年节活动。班主任发动学生深入了解为什么在 1919 年 5 月 4 日会爆发反帝、反封建的伟大革命运动，以及事件发展的过程。1919 年 5 月 4 日，北京几所高校青年学子们，冲破军警阻拦来到天安门前集会，高呼"外抗强权，内惩国贼"、"还我青岛"、"取消二十一条"、"拒绝和约签字"等口号，一致要求严惩卖国贼，会后举行浩浩荡荡的游行和罢课，然而却遭到了反动政府的野蛮镇压，此举又进一步激起了全国各界反动军阀的怒潮。上海、南京、天津等许多城市工人相继罢工、示威游行，商人罢市，纷纷声援学生运动……通过让学生们了解著名的"五四运动"的历史背景和整个过程，可以更有效地激发他们的爱国热情，培养他们的民族精神。

3. 适当联系与纪念日相关的人物

大多数纪念日与许多历史人物、革命先辈和广大人民浴血奋斗的英雄业绩分不开。在纪念性班集体活动中，适当联系这些人物，同样可以使爱国主义教育、民族精神培育的主题得到深化。记得，一位班主任在纪念"中国共产党诞生纪念日"时，为了丰富学生的党史知识，进行爱党、爱国教育，曾组织一次"我为革命前辈立传"的纪念性班集体活动。在活动中，该班主任发动全班同学搜集革命前辈的生平事迹，并要求每人写一篇革命前辈的传记。同学们积极性很高，他们深入图书馆；参观历史博物馆；上网查找资料；走访先烈家属……到"七一"那天，一篇篇抄写工整的先烈传记都被张贴在教室周围的墙壁上。在主题班会上，同学们以激动的心情介绍了各自写的有关先烈的事迹和自己的感悟。这位班主任抓住了一个很能调动学生积极性和进行自我教育的切入点，因而取得了较好的教育效果。

四、家长会效果不好怎么办

家长会是协调家庭与学校教育，沟通教师与学生家长思想的重要途径。长期以来，家长会只由班主任向学生家长汇报学生情况的做法一直无大改变。其内容单调，批评多于表扬，家长的意见得不到反映，学生恐惧心理日渐加深，班主任自己也不满意。提高家长会的效果，应从以下几方面努力做好：

（一）主题要突出

开好一次家长会，议题不能太多，要集中解决一两个重点问题。班主任要和家长研究的问题确实很多，但事先必须进行筛选，抓住主要矛盾。家长会的主题突出，问题讨论得深刻，解决问题的措施周密，教育效果才会好。家长会前，班主任要把会议的重点议题和对家长的要求通知给家长。如，针对学生中存在着只顾学习、忽视思想品德提高；只求高分、忽视能力训练的问题和重智轻德、重文轻体的思想；针对不少家长存在的"只要孩子学习好，纪律不出问题就是好学生"的认识，有的班主任召开了以"密切合作培养'四有'公民"为主题的家长会。会议中，教师和家长共同分析了当前片面追求升学率的影响和教育中存在的重智轻德、重文轻体的弊端，共同研讨了合格人才的标准和如何培养这样的人才，引导家长树立正确的人才观，明确了学习好不等于教育的成功。这样，不仅使家长对孩子的要求，从立足家庭到立足于社会，立足于未来；从只重智力发展到既重智力发展，更重思想品德成长，而且使家长和教师统一了思想，共同配合加强对学生进行情感、意志、毅力等非智力因素的培养，使学生朝着符合时代要求的"四有"公民的目标健康发展。

（二）内容要丰富

家长会要尽量避免老生常谈和班主任的泛泛说教，要做到内容丰富新颖、常讲常新。家长会上，班主任向学生家长汇报学生学习成绩、思想表现，表扬优秀，批评落后（应以表扬为主）是必要的。但是，必须结合学生思想、学习实际，结合家庭教育中存在的问题和影响学生进步的社会因素增加以下内容：讲解社会主义初级阶段"教育要三个面向"的精神和学生思想政治工作的新特点；介绍网络时代德育工作的新趋势；分析家庭教育存在的问题，介绍家庭教育的方法和经验，研究家庭教育怎样与学校教育相互配合，做到齐抓共管育人才；探讨培养学生爱国情操、劳动观点、勤俭作风、良好行为习惯的做法……每次家长会只需选择一两个重点。这样既能丰富家长会的内容，又能解决家长会上泛泛而谈的弊端，从而提高家长会的效果。

（三）形式要多样

家长会必须改变班主任唱独角戏的现象和形式单一、气氛沉闷的局面，做到针对不同内容，采取不同形式，做到形式多样、生动活泼。目前常用的形式有：

1. 汇报型家长会

这种形式常用于期中、期末考试之后，主要是向学生家长汇报学校的教育教学工作和学生全面发展的情况和存在的问题，可采取学校领导、教师汇报与学生自我汇报相结合的方式。

2. 指导型家长会

主要是针对家庭教育中存在的问题，指导家长学习有关的教育理论和教育经验，帮助家长树立正确的教育观念，掌握科学的教育方法；或针对不同年级不同阶段的重点工作，指导家长做好孩子的工作。如毕业班召开升学形势分析会，指导学生家长做好孩子升学前的思想工作。

3. 专题家长会

这是配合不同时期的中心工作召开的。如青春期教育家长会、法制教育家长会、新课程改革专题家长会、贯彻中小学"行为规范"家长会等等。

4. 小型家长会

这是根据学生在校内外德智体情况，按不同类型召开的，是为了研究解决部分学生的特殊问题。如，按学习成绩好、中、差分别召开家长会，召开男生家长会、女生的妈妈会、教师干部子女家长会、特殊家庭子女家长会……家长会也可以根据情况到校外去开，到一个学生家长比较集中的地方，这样可以方便家长出席会议。

5. 学生与家长联席会

这样的会主要是用于大面积的表扬，其目的是充分调动学生和家长的积极性，鼓励学生再接再厉，鼓励家长与教师密切合作，共同教育好学生。

另外，在探索家长会的改革过程中，可以把参加的范围，由全体家长参加变为全体参加与部分参加相结合；时间由集中改为集中与分散相结合；形式由会议型改为会议型和座谈型相结合。另外还可请家长参加学生的文艺联欢活动，欣赏学生的文艺作品，然后组织家长畅谈学生教育问题。这样的家长会生动活泼，效果好。

（四）调动学生家长的积极性

家长会是家长们相互取长补短，共同提高教育水平的好机会。因此，家长会一定要变班主任"一言堂"为学生家长的"群言堂"，充分发挥家长的积极作用。如请有素养、懂教育的家长介绍他们如何根据孩子的心理特点，掌握教育分寸，注意社会对孩子的影响，做好家庭教育的体会；请在科技部门的家长介绍鼓励学生爱科学、学科学，培养孩子创造能力的经验。请家长介绍自己在教育子女方面的经验教训，更有说服力。

总之，传统的家长会的内容要赋予新的形式，传统的家长会形式要赋予新的内容，使之成为学校教育教学工作中不可缺少的环节。

五、班级工作与团队工作发生冲突怎么办

班级工作与团队工作，在培养、教育学生的总任务、总目标上是一致

的，并不相悖，都是按照既定的素质教育的目标要求去做学生的思想工作和组织工作。但是班级工作与团队工作终究有区别，不能相互代替。这是由于二者的工作性质、特点，具体任务及组织系统等情况的不同决定的，因此，两者之间密不可分又有其独特性。它们之间的区别在于：其一，班级受学校行政的领导，班主任是班集体的领导者与组织者。团队组织则受学校党团组织的领导，班主任对团队组织及其工作只起指导作用，团队组织有相对的独立性。其二，它们各自的组织性质、工作对象、具体工作任务等也是有区别的。班级工作具有行政管理的性质，它是面对所有学生的，是通过日常的行政管理和教育活动完成促进全班学生的德智体美劳全面发展的教育任务，其工作的连续性明显；团队组织则是群众团体组织，面对的部分学生（小学的少先队则有所不同），并具有先进性，它的工作侧重于思想教育及组织，是以加强成员的组织性为目的的活动，工作的连续性相对较差。

但是，由于团队组织及其成员具有先进性，并且是班级工作、活动的积极支持者、参加者，因此，决定了他们在班集体和班级工作中的重要地位，他们是班级的核心力量。班级工作如果没有团队及其成员的积极参与和支持、配合，其结果是难以想象的。所以，班主任在工作中，必须充分依靠团队组织，以使自己的工作立于不败之地。

由于班级工作与团队工作终究有所区别，又有各自独立开展的工作和活动，因此，在工作上难免有"撞车"现象。"撞车"的原因，绝大部分是工作安排上的问题，也有少数是认识上的分歧。

那么，如何解决一时出现的"撞车"问题呢？

（一）通盘考虑

班主任对团队工作有指导的作用，那么，班主任在制订班级工作计划时，应尽可能将在同步的时间内的团队工作要求、内容与班级工作一起作通盘的考虑和安排，尽量达到协调、统一。为此，班主任要和团队主要干部以及他们的上级机关（校团委、大队部）联系，了解他们的设想和计划。一时摸不准情况，就要在制订班级工作计划时做到留有余地，以防"撞车"现象的发生。如团支部准备在期末开展"争当先进团员"的活动，那么，班主任在制订计划时就应与班内的"评优"活动紧密结合起来，并从时间上作统一的安排。若班级没有"评优"的安排，那么，在班级计划中，要给他们留出开展活动的时间。

（二）灵活机动

一旦发生"撞车"现象，班主任首先要冷静，不要指责、埋怨，要有正确的认识和理解，更应有把偶发事件产生的问题"化"到自己计划安排内的"善假于物"的头脑和本领。这样，既不打乱自己的工作计划，又能使日常的教育工作更加充实。如班主任原计划在周日组织全班学生参加校内义务劳动，因校团委组织团员开展其他活动而发生"撞车"，这时班主任就可采取组织部分学生（如争取入团的学生、个别需要加强教育的学生等）参加的办法，化大为小。活动的目的、规模等虽然有所变化，但计划并未打乱，反而为班主任做部分学生的教育工作提供了机会。

（三）局部调整

对有的"撞车"现象，则必须对具体工作安排进行局部调整，非此不能解决"撞车"问题，这也是正常的。如将原来安排的先后顺序、活动内容作一些适合新情况的调整、变动等，其目的是使班级工作与团队工作协调一致，更好地完成对学生的教育工作任务。如校团委在期中组织"一对红"活动，与班主任原来安排在期末组织"学习互助组"的的活动相似，那么，班主任可把"学习互助组"活动提前进行，使之与团队的有关活动相互促进，提高活动效果；对个别活动，若不影响大局，也可采取与相近的活动合并，甚至暂时取消的办法。在时间紧，工作、活动又不能随便改动时发生"撞车"，要及时采取补救措施，这也是一种必不可少的办法。如班委会因团员临时有任务不能按时在周六召开，而此会必开不可时，班主任可当机立断，占用一下晚上或周日的一点时间召开班委会，但应注意要适当。

班主任若能对班级工作与团队工作出现不可避免的"撞车"现象，有正确的认识和解决的办法，那么，因"撞车"而引起的危机就会化险为夷。同时，班主任能正确地处理，对学生干部工作能力的提高也有身教作用。

第四节　班级活动的经典案例

案例 1

班集体的礼物

　　金风送爽，又到了学校的体育节。每当这个时候，学生们都是兴奋的、躁动的。他们像小马驹一样生龙活虎、朝气蓬勃；像上足了劲的发条，那劲头看了都让人激动。

　　体育节第一项活动是篮球比赛。我心想：比什么不好，非要比篮球。看我班的男同学，个个都像大家闺秀似的，按体育老师的话说：

　　"咋整的，你怎么把你班男生教育得像大姑娘似的！长大了，还能成爷们儿吗？"

　　看来这场比赛肯定是凶多吉少，况且第一场是对四班。四班人高马大的，还有校队球员，实力相差太悬殊了，我更不抱多大希望了。于是我对队员们说：

　　"没问题，不要怕他们，我们能坚持下来就是胜利。注意安全！OK，上场吧！"

　　尽管我们班上场的都是精英：体委张某，各项活动都很积极顽强；杨某，体格棒，是篮下一员猛将；于某能远投；白某有不服输的劲头；数学科代表孙某聪明、机灵、多变。可我还是有些不忍心看！心里一直在唠叨着：管它输赢，只要他们打得尽心、高兴就行了。

　　上半场我们落后6分，我感觉已经很不错了。中场休息时，场外指导孙某开始布置下半场的战术，场上运动员和没有上场的同学们，出主意的、送水的、送毛巾的等，一群脑袋聚在一起，他们那认真劲不禁感染了我，也参与了进去。可我心里还是琢磨：输就输吧，没关系的，一定不要着急。

　　下半场开始，我们班的队员似乎十分的轻松，但每一个人的脸上都一幅拼命的样子。我和同学们一起专心地看比赛，一起呐喊、叫好。

　　杨某抢篮板球，传给小机灵孙英冬，最后都传给于某，他接连几个远投全部命中，临近结束前十分钟，我们居然追平了四班。我和全班同学都激动地大声叫好，看着孩子们头上的汗水直流，我不禁心疼地叫道：

"快暂停，我们喝口水。"

孙某制止到：

"不能暂停！我们得抓住时机，才能赢。"

场上争夺更激烈了，气氛很紧张，我都要窒息了。我们班的队员像有使不完的力气，满场跑，抢球、传球、投球，连平时投球准确率不是很高的白天任，今天发挥都超常了，投一个，中一个。简直不能相信，最后我们班竟以两分的优势取胜。

"我们赢了！我们赢了！"

我们班男女生围在我的周围，欢呼跳跃。我终于感受到体育的魅力了：即不可预见性及其带来的兴奋和快乐。我兴奋地命令道：

"英雄们回教室休息；我们打扫战场！"

当我迈着兴奋的步子走进教室时，教室里突然掌声雷动，吓我一跳。正在我疑惑时，杨某说：

"徐老师，今天我们班赢得了篮球比赛首场胜利，我们把它作为礼物送给您，祝老师节日快乐！"

暴风雨般的掌声再次响起，我才恍然大悟：今天是教师节——公元2004年的教师节。看着同学们那热情的目光，我深深地被打动了，几乎是含着眼泪说道：

"谢谢你们，谢谢孩子们！我从来没有收过如此具有回味性的礼物。我会永远记得并珍藏这份特别的礼物。我永远感谢你们！永远祝福你们！永远爱你们！"

【访谈录】

问：为什么说你班男生成不了"爷们儿"？

答：我自己也仔细地端详了他们。不过是真的，像郑某，白白净净，说话都脸红；王某，太文静、善良了；张某，好漂亮的男孩儿，本身就一幅女孩像；陈某，是否会跑还是个问题……哪还能抢着球呢？就连上场的这几个人，平时也是稳稳当当的，所以体育老师才这么说的。

问：你认为你们班这次胜利是个偶然吗？

答：我想不是偶然。我们班学生个子虽然比不上他们，身体素质也不一定有他们强，可我们班上场比赛的孩子，都有坚强的意志和拼搏精神，善于彼此合作，且情绪比较稳定，有比较强的耐力，行为沉着冷静。我想这也许是体育竞赛所必需的品质，是这次赢得比赛的关键。

问：你们班学生的这些良好的精神和表现一定与你平时的教育有关。

答：或许是吧！首先，我本人就是一个平时不大爱表现、比较沉静、容易合作、比较低调的一个人，但内心有股韧劲，说实话，很多学生的个性反映都有点像我。

其次，在教育过程中，我希望我的每一名学生将来都能成为乐于合作、善于合作、有一定生存能力的人，我也不断地为此而努力。

问：学生把篮球比赛的胜利作为教师节的礼物送给你，你因为头一次收到这样的"礼物"，才感觉它珍贵吗？

答：人一生当中有多种追求。有精神的，有物质的，这份礼物尽管只能回味、回忆，却很特殊，他饱含了孩子们的真情、热情和付出。

其实，孩子们在场上团结、执著、拼搏的精神，对我来说已经是一份厚礼；正是这份厚礼，才最终使他们赢得了比赛。因此，才成为我一生都难以忘怀的、最珍贵的礼物。

【案例分析】

从案例中可以看出，该班主任平时比较注意把管理建立在尊重学生、关心学生、爱护学生的基础上，使之有一分耕耘，得一分收获。正是班主任的精心培育，才使班集体具有了团结合作、积极向上、执著拼搏、不屈不挠的精神；正是这份执著和拼搏的精神，最终赢得了比赛的胜利，使班主任得到了一份永生难忘的、特殊的"厚礼"。值得班主任学习借鉴。

现代班主任对良好班集体的建设要注意几点：

1. 强化学生的学习力。教师反复告诫学生：学历时代已经过去，只有具备一定学习力的人，才能把握住将来。因此要真正理解"学习"的内涵，即懂得从任何一个细节、从所有人身上去领会和感悟才是"学"；达到举一反三才是"习"；将学到的东西吃透，并加以应用才是二者的有机"结合"，才能形成学习力。教师要让学生明白：学习是一种态度，只有谦逊的人，才能真正学到东西。"大海之所以成为大海，是因为它比所有的河流都低。"所以做学生要善于学习，谦虚谨慎，才是形成良好学风的前提。

2. 强化学生的行动力。教师要让学生明确一个道理：只有行动才会有结果。不要因为害怕犯错误，就什么都不做。错了不要紧，一定要善于总结，然后再做，一直到正确的结果出来为止。

3. 强化学生真诚地付出。告诉学生：要想杰出一定得先付出。"斤斤计较的人，一生只得两斤"。没有点奉献精神，是不可能创业的。所以，无论是教师还是学生，都要先用行动告诉别人：你有不同于他人的特殊价值，这样别人才会接受你，或许将来走向社会后，还会开出个"好价"。

4. 强化师生间、学生间的沟通。沟通无极限，这更是一种态度，而非一种技巧。一个好的团队当然要有共同的愿景，非一日可以得来。因此，师生间、学生间需要随时随地地、坦诚地进行沟通。从目标到细节等，都应该沟通，做到知己知彼，才能百战百胜，这才有利于形成班集体的团队精神。

5. 强化学生要树立不甘心的意识。有人说，21世纪，人类最大的危机是没有危机感，最大的陷阱是满足。所以，应强调学生们要学会用望远镜看世界，在顺境时要想着为自己找个退路，逆境时要懂得为自己找出路。要坚韧不拔，勇往直前。

案例 2

感激 11 班

初一第二学期，我接任第 11 班班主任。开学一周后，根据学生的要求，我开始重新排座。接近尾声的时候，班里王某拒绝和刘某一座，并说了刘某一顿难听的话，局势很僵。我设法和别人调换，想尽快平息这件事，不料谁都不乐意和刘某一座儿，令刘某十分难堪。我有些疑惑，当即宣布排座无效，心情十分复杂地回到办公室。

结果，班里同学一齐谴责王某，让他来给我赔礼道歉。我告诉他：

"其实你没有对不起我，而是对不起刘某同学，你不应该那样对待她，我认为你应该向她道歉才对"。

没有想到，王某却一幅不屑一顾的表情，嘴里咕噜着：

"谁给她道歉，我才不干呢！"

后来听说，那天陈某带领一群男生，把王某的新车踹断了一根辐条。我意识到事情比我想象的还要复杂。

我开始了解班级部分学生的情况，尤其是刘某、陈某等。陈某生活在单亲家庭，年龄相对偏大，个性比较成熟，富有正义感，在同学中威信较高，有一定的号召力，可以说是班级的核心人物。据说，他以前很维护班主任工作。但他脾气比较暴，大家都很怕他。我明白，要治理好11班，必须得先拉近与他的情感距离，得到他的信任，然后使他成为我的得力助手，利用他的自然影响力，协助我管理好班级。

他的数学比较差，我就找机会给他讲题，出些他力所能及的试题让他做，为此他很感激我；还常和他唠嗑，从他那儿了解班级学生的情况；并请他对班级管理提建议等。慢慢地，我们之间的谈话内容逐渐丰富起来。

一次，我和他谈起刘某的情况。我告诉他说：

"你知道吗？刘某也和你一样，生活在父母离异的家庭中，如今她父亲下岗，继母对她也不好，所以她心情很郁闷，平时也显得格外个性，很多同学对她都不太友好，我希望……"

没想到，陈某马上明白了我的意思，痛快地表示：

"老师您放心，我会和同学们讲，不许再欺负刘某。"

果然打这儿之后，再也没有人欺负刘某了，很多人和她的关系都改善了。王某也主动找我说：

"老师，你调座位吧，我答应和刘某一座。"

一个月后，班级进行新一轮班委会选举，陈某被推选为纪律班长。他工作十分认真、负责。他的管理范围也在逐渐扩大，从班级自习纪律到其它各方面。如学校大课间操，我们班改在后操场。由于场地小，有的学生站在小过道里做操。一次班里有几名同学没出操，他知道后，大发雷霆，跑回教室，把没上操的同学都骂了出去。可一查，还缺王某。听同学说他藏在厕所，正在气头上的陈某立即把他揪了出来。王某心中不满，做操也不认真，陈某当即就给了他一脚，王某摔倒在地，两个人马上就要动手了，被其他学生给拽开了。我得知情况后，严肃地批评了陈某，并和他分析了工作方法。他跟我保证绝对不会再出现类似的事。

当天在男厕里，陈某向王某道歉，并承认自己当时心情气愤，缺乏理智，请他谅解。当时王某傻了，他没有想到陈某会道歉，马上也承认自己的不是。而且那天所有留在教室的同学，中午都给他写了检讨书。陈某还在班级宣布：今后所有的体育活动，请假都必须找他。

尽管学校课间操活动11班学生无一人缺席。但我明白，这是因为大家害怕陈某的过激行为，并不是满意他的管理。看来，对他在管理上出现的急躁、粗暴等倾向，我必须找机会引导他改正，否则隐患无穷。

一天晚自习，他自己没有带语文习题册，就顺手拿了班里一个不爱学习的学生的用。人家要看，他不给，还说：

"谁说这是你的，这上面又没写你的名字，你问问全班同学，谁能证实这是你的？"

马上，班里一个很老实的男生徐某站了起来，说：

"我能证明，练习册不是你的，是他的。"

当时陈某就愣住了，徐某的做法也让全班同学都大吃一惊。我借此机会在班级表扬了徐某同学的正义行为，批评了陈某的霸气。随后，就单独找他谈话，开门见山地说：

"作为班干部，你不尊重同学，不体谅学生的感受，动不动就打人、骂人、吓唬人，你这样，同学只会怕你，但不会信任你、支持你。你要好好反思一下自己的所作所为，在以后的工作中讲求方法和艺术。你回去好好想想，看老师说的对不对？"

显然这件事对他触动很大。几天后，他向我和全班同学道歉：

"我很感激11班全体同学，是你们启发了我，教育了我，并给了我表现自我、改正自我的机会，所以我要向大家表示感谢！"

他向全班同学深深地鞠了一躬。接着说：

"对我前一段工作中不正确的做法，我请求大家原谅，对不起！如果同学们还给我为大家服务的机会，我会特别珍惜，会尊重每一位同学，会更加用心地学习和工作，请老师和同学们帮助我、监督我！"

在同学们热烈的掌声中，他再次向我和同学们行礼。

【访谈录】

问：在你接 11 班后，发生了一系列的事，给你留下怎样的印象？

答：我刚接 11 班时，就感觉到了这个班级的学生性格非常内向，情感内敛，对你是喜欢、还是讨厌，根本看不出来。以我的性格，最初的感觉就是压抑。

紧接着调位以及之后发生的一系列事，都表明这个班级很复杂，尽管看起来大家一致维护班主任，好像班风正、学生心齐、比较团结，但团结的方式不正确，是慑于非正式群体头子陈某的暴力。这让我感觉有许多问题难以解决。

问：你刚接手 11 班，就调换座位，你认为合理吗？

答：换位失败后，我反思过这件事，我做得的确不合理。没有真正了解班级的情况就操作，才引起学生之争。在这里提醒新班主任，不要犯类似的错误。

问：你为什么那么重视 11 班的陈某？

答：1. 因为他具有较强的自然影响力。从我调座的事可以看出，他是非正式群体的领袖，是自然威信很高的学生，对学生的影响很大。我想对我的工作，会有帮助。

2. 他有一定的工作能力。他比较自立、公正、讲义气，自觉性很高。据说对以前班主任的工作也是很维护的。

3. 团结陈某是我的工作需要。自己初来乍到，必须要团结班级同学，尤其是像他这样的核心人物。吸收他做我的骨干力量，借助他的力量管理班级，形成良好的班集体，再借助班集体的力量，圆满地完成教育教学工作任务。

　　问：你认为，作为班主任应该如何对待像陈某这样的非正式群体的头儿？

　　答：1. 班主任必须要想方设法把他拉到自己的身边，并吸收为骨干力量。发挥他非正式群体头儿的自然影响力和他自身的价值，协助班级工作。

　　2. 给他一定的责任，放手让他工作。比如像陈某这样，让他做纪律班长，明确他的职责，在发挥他作用的同时，也约束他的不良行为。而且，老师要明确"用人不疑，疑人不用"的原则，要充分地信任他、支持他，让他自主工作。

　　3. 班主任要正面纠正他在管理工作中出现的问题。比如对陈某在管理上的霸气，要抓住时机进行批评教育，不能听之任之。同时，引导他讲究管理的艺术，运用正确的工作方法。

　　4. 要引导他端正工作态度。告诉他工作要建立在尊重的基础上，即尊重每一名同学、热爱班集体，这样才能得到学生的理解、信任和支持。有尊重才能担负起更大的责任，才能更好地完成自己的工作。

【案例分析】

　　魏书生认为班主任要有一个工作原则，即"能让组长做的，一般干部不做；能让一般干部做的，班长不做；能让班长做的，班主任不做。"所以，班主任要合理地使用班干部，发挥学生的主体作用，让学生来自主管理班级。这样，师生之间的矛盾会相应减少，管理的效果更佳。

　　本案例中的班主任张某善于用人，合理使用班级非正式群体的领袖、有才干的学生担任班干部，发挥他的主体作用，在充分信任的基础上，放手让学生自我管理，既解放了教师，又锻炼了学生。

　　她能及时、科学地引导班干部。信任他，不等于不闻不问；支持他，不等于放任自流。班主任能正视学生干部出现的问题，有针对性地、不失时机地进行教育、引导，鼓励学生干部讲究科学管理的艺术，运用科学的管理方法，提高自己管理工作的质量。

　　引导班干部尊重学生，爱学生，爱班级，对班级进行人性化管理，在团结友爱的基础上进行工作，赢得学生的信任、理解和支持，促使班集体形成团结向上的氛围。

案例 3

登　山

2005 年 10 月 3 日，是个雨过天晴的好日子。我们班一行 67 人，由 67 辆自行车组成的车队（我骑的是电动自行车），向着 30 多里之外的"老帽儿山"浩浩荡荡地出发了。但我的心里忐忑不安，毕竟这是我们班第一次登山。

还好，一路顺风，我们轻松愉快地走过了一半儿路程。之后，问题出现了，前方柏油路出现一个大岭，有些女孩子渐渐开始感到吃力了。我的心立刻悬了起来，不禁暗暗叫苦：

"这才哪到哪儿啊！还没登山哪！回去可怎么办？"

我正担心的时候，班里的几个大个儿王鹏、姜帅、李小等负责压阵的男生，开始抢先，把自己的车子骑上岭后放那儿，回来帮女生推车。立刻，原本有些倦怠的队伍又活跃起来，我的心也越来越踏实了。我把自己的电瓶车速度放慢，嘱咐几个稳重的男生到前边控制车队的速度，自己要留下来压后阵。但运动员辛欣对我说：

"老师，您还是往前走吧，后边有我们照应，没事儿的！"

这个平时显得有些孤傲、天不怕地不怕的女生，此时是一脸的正经和成熟，让我欣慰。

终于下了马路，来到老帽儿山下。山下有一个很大的水库，在秋天的山野里，显得空明澄碧，波光闪闪。这让同学们欣喜若狂，赞叹不已，临水嬉戏，那场面让我激动不已。

大约 11 点钟，我们开始野餐。六个小组围成一个大圈，大家把各自带来的食品饮料等，放在一起，相互谦让着，俨然是一个大家庭，那种友情的表露真让我难忘。

吃完饭，生活委员刘婷婷喊着：

"同学们，这么好的环境，我们可不能把它污染了，一定要把各自的垃圾打扫干净。"

"对，我们也要保护环境。"

大家七嘴八舌地随声附和着，同时把剩下的食品袋、饮料瓶统统收起来，装在两个大方便袋里，压在湖边一块大石头下，还用红色塑料袋做了个记号，以便下山时带走。这可是我没有嘱咐到的啊！他们的行动让我的心里感到热乎乎的。

准备登山了，我给同学们简单交代了几个注意事项，班委会成员及几个大个儿男生又各自做了分工。同学们整装待发，跃跃欲试。由于腰疾问题，我心里有些发怵，于是对同学们说：

"我不上山了，把你们的包都放下，我看着。"

听我这么一说，有几个同学开始打退堂鼓了，要和我做伴，不登山了。杜鹏一听，急了，像下命令似的说：

"不行！一起来的就要一起上山，一个都不能落下！老师，您别怕，我们会拉着你上山的，保证没问题！"

为了不让大家扫兴，也为了不让学生们遗憾，我一咬牙答应道：

"好，一起上山！"

一路上，每到危险路段，王鹏等同学的手都会及时地伸向我；每当我瞻前顾后，都会发现，前边有王啸南，后边有张可，中间是王鹏、姜帅、李小。这几个高个儿的男生，早已经把我想说的话落实在了行动上，不时地嘱咐大家：要注意脚下，一定要拽紧手边的荆条。王鹏真是神了，明明记得他在这一个路段上把我和其他的同学逐一地护送过危险的区域，等到下一个危险处他还是出现在我们的前面。我明白了，这孩子把每一个路段都走了两遍！他的脚曾在运动会上扭伤过，可他似乎忘了脚痛，也忘记了劳累！李小汗水浸湿的头发，紧贴着头皮，身上横七竖八地挂满了女同学的各式背包。忽然听到几个女同学的呼喊声：

"我们到达顶峰啦！"

"我们胜利了！"

这是几个首先登上山顶的文弱女生的喊叫声，紧接着就是一片欢呼声，几乎是一齐呼喊。

"初二（3）班万岁！"

"征服者万岁！"

他们相互拥抱在一起，笑着、叫着……

【访谈录】

问：你们为什么要搞"登山"这样的活动呢？你认为这对班集体建设有什么作用吗？

答：一是想借登山活动调整学生的恶劣情绪。秋季运动会结束后，由于我们班成绩排在年级组倒数第二，同学们的情绪低落到了极点。在班会的总结中，无论我怎样去劝慰，同学们的脸色还是很难由阴转晴，尤其是班里几个运动员，如案例中提到的王鹏、姜帅、辛欣等，情绪非常大，很难平息。我的心里也同样难过。所以，我决定兑现他们曾企盼已久的一个愿望：骑车去郊游，登30多里外的"老帽儿山"，以此来调整学生的情绪，使之尽快恢复正常状态。

二是通过集体活动，锻炼学生坚强的意志力。从运动会的失败，我发现孩子们的情绪化非常严重，他们缺乏坚强的意志力和持之以恒的精神，耐挫能力差。我希望通过集体登山活动，能使他们得到各方面的锻炼。

三是在活动中，重新形成班集体的合力。我们班以前是凝聚力非常强的集体，同学间团结互助、相互合作，极有约束力。运动会后有点散，特别是那几个有问题的运动员，又有犯"老毛病"的倾向。所以，我想通过登山活动，帮他们找回自信，并找回班级的向心力。

问：对登山活动，你们是有准备的，为什么还有些忐忑不安呢？

答：一是担心孩子们的身体。因为这些孩子是在城里长大的，都是家中的宝贝，大部分是第一次骑车远游，第一次到离开家超过30多里的地方去登山。我怕他们体力不支。

二是担心安全问题。我也是第一次带着这么多学生外出，学校领导也非常担心，一遍遍地强调安全问题。我感觉责任重大。

三是肩负着家长的期望。家长在我征求意见的问卷中对我这次活动充满了信任，希望通过活动培养孩子的独立生存能力和坚强的意志力。我感觉肩上的担子很重，始终悬着一颗心。

问：在整个登山的过程中，我发现你有那么多次感动，为什么？

答：因为在活动中，我发现同学们之间团结、友爱、互助的气氛依然在，自立、责任感依然强，又让我对他们产生更强烈的爱。还使我对他们有了新的认识和发现，那就是他们对自然的爱和自觉地保护环境的意识，我为拥有这样的学生而自豪，并对他们的未来充满信心。

问：你认为带学生登山很有意义，但责任很大，你是否能提醒一下班主任：带学生登山时需要做哪些准备工作呢？

答：登山活动的确很有意义，不仅仅是登山的时候，准备登山的整个过程，对学生的教育意义都非常大，都是锻炼孩子成长很好的手段。比如：我们为登山这个活动特意召开了一个主题班会，题目就是"登山"。目的有两个：一是行动前动员，二是让同学们把方方面面要准备和注意的事项，总结并演习一遍。班会中的一切基本都是学生自己策划的，锻炼了中学生的生存能力、认真做事能力和合作能力。

至于准备工作，概括起来主要有：

1. 树立安全意识。生命的价值是无限的，教师必须首先把安全放在首位。仔细分析山（要登的山）的高度及特点，在心理上做好充分的准备。在学生的着装等方面也做了强调，尤其是鞋子的选择，一定是旅游鞋，底是胶皮的、纹路较深的，防滑。

2. 要教给学生一些登山的技能及技巧。我们班同学找来有关登山的资料片，放给学生们看，并对其中的重要技能和技巧，做了强调。

3. 注意所带食物要清淡，水要充足。强调学生不要带过多的食物；对饮用水也要注意节约使用，及时补充，保证体力充沛。

4. 调节好自己的情绪，做到始终如一。登山是考验学生意志力的活动，鼓励中学生要有目标意识，保证良好的心态和坚强的意志，善于自我调节，努力争取胜利。

5. 一定要和学校领导以及家长做好沟通工作，赢得家长的支持和信任。家长都比较关注自己的孩子，因此教师在做活动之前，先要争取学校领导和家长的意见，做好问卷调查。在必要时要亲自和家长沟通，一定要让学校领导和家长满意、放心才行。

【案例分析】

　　人类不论是亲情、友情、师生情还是同学情，都能给平淡的生活平添一份感动。在教育中，如果我们能用心去营造一种充满真情与关爱的氛围，良好的教育就有了最切实的保障。本案例中的班主任通过集体登山的实践活动，为学生营造了一种充满真情和关爱的氛围，对学生进行了一次良好的教育。学生通过活动锻炼了意志，增进了友谊，促进了相互理解、团结协作；激发了学生自我挑战意识；培养了学生自强不息、坚韧不拔的精神；强化了学生的义务感和责任心，很自然地体现了积极向上、奋发图强的良好风气，值得称赞。

案例 4

第一次

　　在接受新班级的第一天，我就将学校的规章制度和班级的"要求"告知全班，并要求同学们严格贯彻执行，并告诫他们：

　　"我们是一个班集体，同学之间必须荣辱与共。有荣誉是大家的，有责任必须大家承担。就是说一人违规，全班同学人人有责……"。

　　同学们听了，不禁暗暗地议论："新班主任好厉害"。

　　可没过几天，同学小夏就在一个下午的自习课上戴着耳机听 MP3，而且一副陶醉的样子，还不时地和同桌议论，递给同桌一只耳机，周边的"邻居们"都不时地伸过脑袋，叽叽喳喳地说笑着，闹得课堂乱七八糟。

　　小夏自上初中以来学习不认真，上课常溜号，作业完成也不是很好，可我没有想到她课堂上竟如此随便，不觉心中有些不悦。一看我进来，同学们立即坐好，都屏住了呼吸，教室里静得连掉下根针都能听到。我一直看着小夏，她脸腾的一下红了，一直红到脖子，赶紧摘掉耳机，站了起来，低着头嗫嚅着说：

　　"对不起老师，我错了。"

　　她的周边同学也都站了起来，说："老师，对不起，我们也有错。"

　　这时，外语老师来补上午耽误的课，我就没有多说什么，只是示意他们坐好，认真听课，便离开了教室。全班同学嘘了口气，显然是放下了一颗悬着的心。

　　放学后，小夏和她的"邻居们"主动来找我，他们都一付乖乖的样子，小夏首先开了口：

　　"老师，您别生气，今天都是我的错。MP3是我表姐昨天刚给我买的。昨晚给我下载了好听的歌，就忍不住听了一会儿，还主动和他们说，让他们听。我以后再也不犯这样的错误了，我保证以后不在课堂上听，求您原谅我！原谅他们！"

　　"邻居们"都帮她保证，自己也一个劲地认错，

　　"对不起老师，我们应该彼此监督，不应该纵容小夏听歌，所以我们也有责任。请您原谅我们。"

　　我发现办公室的窗外还晃动着几个脑袋。我明白：他们一方面是替犯错误的同学担心，另一方面更想看看我怎么处理这第一次发生的违规事件。

　　我点了点头说：

　　"同学们，看到你们敢于承担责任，我很欣慰。其实，同学们能在一个班学习、生活，也是一种缘分。你们应该彼此珍惜、相互学习、相互监督、相互帮助、相互协作才行。看在你们真诚的份上，这次就算了。"

　　他们脸上的肌肉马上松弛下来，露出了喜色。

　　"不过小夏，老师真挺为你着急的。我看过你的档案，小学老师都说你是个极为聪明的孩子，可你平时学习的劲头可不像今天听歌那样专注，老师说的对不对？"

　　小夏不好意思地点了点头，我拉过她的手说：

　　"你说你表姐给你买MP3，是不是希望你认真学习，做好每一件事？"

　　她诚恳地说："嗯，她还希望我将来也考她在读的北方交大呢！"

　　"那现在你这个状态能行吗？"

　　小夏的眼圈有点红，面露愧色，其他同学也都低头不语。

　　"好啦，念你们是初犯，这次就作罢。但你们要答应我，从现在开始，

要认真做好每一件事，尤其是上课，要注意听讲，不溜号；认真完成作业；期末考试各科都要争取好成绩。而且以后不但要不犯错误，还要为班级争光，能做到吗？"

他们一听，兴奋地喊道：

"能，请老师放心，我们绝不辜负您的希望，我们会努力的！"

同时，门外的学生打开了办公室的门，也快乐地叫着：

"老师，我们也会努力的！"

【访谈录】

问：你在开学的第一天就给同学们讲"要求"，其目的是什么？

答：首先，我想让学生明确班主任的希望。希望自己的班级是个具有凝聚力、团结向上的班集体，从而促使他们向这方面努力。

其次，没有规矩，不成方圆。要让学生学会遵守，养成习惯。从这个案例可以看出，学生们很通情达理。

再次，希望学生们能在这个集体中学会承担、学会生存、学会合作。中学生是比较冲动的，他们很讲义气。教师应该充分发挥和利用这一特点，使他们在理性的基础上，做得更好。

问：你的题目叫"第一次"，说明小夏听 MP3 是你接班后出现的第一例违规事件，当时你是怎么想的？为什么没有发火？

答：我认为发火会扩大教师的对立面，使师生距离疏远。在学生的眼里，我是个"厉害"的班主任，他们认为遇到这样的事，我必定会大发雷霆，没收小夏的 MP3，所以他们都在替小夏担心。尽管他们在静观其变，看我这班主任怎样对待第一次犯错误的同学，但他们内心已经开始准备建筑"防护墙"了。如果我真的发火了，他们的"防护墙"便会马上建成并变得更加牢固，致使他们加入到小夏的队伍中，使我的对立面放大，甚至有可能失去全班同学的心。所以我不能发火。

另外，中学生毕竟是孩子，他们正处在追求流行、追赶时尚的年龄，难免有经不住诱惑的时候，小夏的行为是可以理解的。我们做班主任的要学会宽容和尊重，更要学会艺术地处理类似的问题。

　　以我做班主任多年的经验看，学生的这种气氛反应也说明，他们是相互关心的，是个很讲义气的集体。我应该充分利用这个优势，也讲一把"义气"，来赢得学生的充分信任和好感，为培养一个相互理解、相互信任、互相合作的班集体打下良好基础。

　　问：看来你很重视对第一次违规事件的处理，你认为这对以后培养良好的班集体有什么意义？

　　答：我认为班主任处理好接班后的第一次事件很关键，因为这对班主任今后的工作、对培养良好班集体都有深远的意义。首先它是能否形成良好班集体的基本前提。第一次事件往往让师生间有了真正地相互了解，最容易给彼此留下深刻的印象。尤其是教师，问题处理得好，会赢得学生的认可、信任和支持，为今后工作的顺利开展打下良好的基础；否则会形成很难改变的障碍。

　　其次，它是形成良好班集体的有力保障。第一次解决问题一定要严格要求，贯彻班级的规章制度，实现班主任的承诺。比如我在开学时，讲了制度和要求，并强调"一人违规，人人有责"。小夏听 MP3，大家都有责任，并在处理事件的过程中，反复强调，使学生在实际中明确自己的责任，明确并验证班级的要求和制度。同时，会敬佩教师的言行一致，并铭记在心，为以后学生的认真贯彻执行打下良好基础。

　　总之，第一次事件是检验班主任工作能力和水平的最佳时机，一定不能忽视这一问题。

　　问：你认为良好班集体的建设需要注意些什么？

　　答：首先，教师要了解学生的心理特点，知道学生是怎么想的，了解他们的需要、希望是什么。

　　其次是抓住教育的契机，端正态度，讲究方法，坦诚相待。教师要在师生间彼此尊重的前提下，引导学生认识自己的不足，并给学生改过的机会。这样给足学生面子，在彼此平等的基础上达成一致，一定要赢得学生的心。我想，有时暴风骤雨，不如和风细雨更能滋润孩子的心田，也更能赢得同学们的心。

【案例分析】

苏格拉底认为：在一开始交谈时，立即就让对方说："是的，是的"，他们就会忘掉争执，并从心底乐意接受你的建议。这就是说，教师要抓住学生的特点，并把他们的心引向肯定的方向，达到双方思想、认识和情感上的融通，最终在行为上取得一致，获得整个班级同学的认可和支持。

本案例中的班主任面对小夏同学课堂上听 MP3 的行为，非常理智地控制了自己的情绪，显示出班主任的大度和对学生的尊重，既赢得了同学们的尊重，又给犯错误的学生以机会，令学生们感动和敬佩。并借用学生们向他道歉的机会，进行坦诚的说服教育，既明确了各自的责任，又提出了切实可行的学习目标。在彼此平等、合理的需要下，达成一致的意见，轻而易举地解决了问题，为班集体建设打下了坚实的基础。

第三章 教育学生

第一节 班主任与学生心理健康教育

现代教育是以培养个性充分发展的人为特征的。一个能够适应新世纪需要的人，不仅是继承了人类丰富的文化遗产，而且是会独立思考，有丰富的情感、坚强的意志、乐观的情怀，与人合作愉快，愿意又能够充分发挥出自己改造世界潜能的人。我们面对的中学生，正处于人生发展的重大变化时期。要能够成为这样的人，必须进行全面的学习，学习做一个健全的、完整的人。这种学习，需要有全面的指导，这个工作责无旁贷地落在了班主任的身上。

作为一个班主任，必须充分重视学生健康心理的培养，并把这项工作渗透到班级德育工作的一切环节中去，真正实现《中共中央关于进一步加强和改进学校德育工作的若干意见》中的要求："要积极开展青春期卫生教育，通过多种方式对不同年龄层次的学生进行心理健康教育和指导，帮助学生提高心理素质，健全人格，增强承受挫折、适应环境的能力。"

一、中学生心理健康的标准

心理健康是指人的一种持续的、良好的心理状态。人在这种心理状态下能对外界做出良好的适应，充分发挥其身心的潜能，创造性地学习和工作。

由于人的心理现象十分复杂，人们很难对心理健康的标准加以精确的界定。根据心理学家们的研究成果，一个心理健康的中学生主要应具备以下特点：

（一）智力正常，反应适度

能正确认识现实社会，基本适应学校生活和围围环境，并能做出良好的反应。有学习的自觉性，能不断追求新的学习目标。

（二）有与自己年龄阶段相符合的自我意识水平

对自己有足够的了解，有较客观的认识和正确的态度。如对自己的生理特征、健康状况、智力水平、兴趣、情感、能力、气质、性格等有较全面的认识，自知、自制、自强，既不骄傲自满，也不妄自菲薄，能直面人生，悦纳自己。

（三）情绪稳定，性格开朗

能承受欢乐与忧伤的情感体验，并理智地做出相应的反应。做情感的主人，能及时克服并调整由于各种不良的情绪体验，如过度紧张、焦虑、忧伤等引起的心理暂时失调的状态。心境始终乐观、豁达、稳定。

（四）乐于交往，具有人际关系的良好心理适应

能与围围人保持较和谐的、良好的人际关系，敬老尊贤，团结同学，自尊自爱。多体验积极的情感，如尊重、信任、诚恳、善良等，多抑制、克服消极的情绪体验，如仇恨、嫉妒、虚伪、怀疑、畏惧等，从而积极地、主动地适应社会环境。

二、中学生常见心理障碍的诊断与调适

心理障碍，又称心身疾病，它通常表现为一种内在的情绪或动机的冲突，通过心理影响生理的途径，有意识或无意识（更多的是无意识）地以身体各器官系统的病变表现出来，而不是以心理活动本身的异常来表现。

中学生常见的心理障碍主要有：

（一）神经衰弱

1. 一般表现

身体疲劳无力，头疼头晕，多汗心悸，易冲动发怒，注意力不集中，记忆力差，胆小，怕声、光，入睡困难，多梦易醒，学习成绩急剧下降。

此症多发生在少年期与青年初期，一般女生多于男生，高中生多于中学生。

2. 病因分析

总的来说是由心因性障碍引起的高级神经活动过程长期过度紧张，导致大脑皮质的兴奋与抑制功能失调，兴奋性和易疲劳性增加，产生一系列全身不适应的状况。

从影响因素看，主要有：

①学习负担过重，困难较大；

②用脑时间过长，缺乏必要的劳逸结合；

③精神负担重，心理压力大，情绪紧张。

3. 调适方法

①查明病因，对症下药。或者减轻学生学习负担，解除心理压力；或者妥善安排，做到劳逸结合，让精神得到松弛。

②制订合理的作息制度，注意用脑卫生。帮助学生建立起生活、学习的正常节奏，合理安排每天的学习、劳动、体育锻炼、课外活动和休息，一方面能保证学生养成良好的、有规律的生活习惯，另一方面又能让大脑在适当的、合理的休息中恢复正常的功能。

③帮助学生积极参加体育锻炼和劳动实践。丰富多彩的文体活动和社会实践能培养学生饱满的精神、愉快的心境、积极的情绪以及勇敢、坚毅、耐劳等良好性格。同时，这也是保持大脑活动效率的有效方式。

（二）强迫症

1. 一般表现

这是一种以强迫症状为突出特征的神经官能症，客观上没有人或事对患者施加压力，而他主观上却感到有某种不可抗拒或被迫无奈的观念、情绪、意向存在，不得不去从事某种行为。主要表现为：有强迫性愿望，如数窗户、砖块等，若数不清，则苦恼；有强迫性怀疑，如怀疑出门时灯未关、门未锁而多次往返检查；有强迫性仪式动作，如进门时须先立正，后迈步进入、出门时外套反复穿上，脱下，再穿上等；有对立性强迫思维，明知自己心理行为不正常，控制不住、摆脱不了，精神上感到莫名其妙的压抑与痛苦。

2. 病因分析

主要是由于环境的诱因，使患者产生一种情感的冲动，并强迫地侵入他的意识范围，表现出一种欲望的防卫机制。

同时，也与性格有关。大多数学生属于内向性格，平时胆小，被动，多疑，谨小慎微，不敢出头露面，生活、行为呆板僵化。

3. 调适方法

①帮助学生制订合理的学习目标，并考虑其个别差异，使之清除畏惧、紧张、失望等消极情绪，树立起生活和学习的自信心、进取心。

②科学、合理地安排学生的学习和生活，使他们多做有意义的事情而没有时间和精力去从事多余的、无意义的活动。

③帮助学生自觉地采用"意想转移法"。当患者出现强迫性念头时，自觉地立即在头脑里出现一个对立的想法来加以控制。这里特别需要加强学生的意志锻炼，培养坚强的自控力。

（三）躁狂抑郁性精神病

1. 一般表现

情绪极度高涨或低沉，有时两种状态交替出现。情绪高涨时，异常兴奋，思维加速，言语动作增多，睡眠很少，精力充沛不知疲劳，常有一种莫名其妙的幸福感。情绪低落时，对自己、世界和未来具有消极的信念，忧伤失望，丧失信心，自我压抑，落落寡欢，敏感孤独等。

2. 病因分析

此症发生的原因众说纷纭。人们一般认为或与遗传有关，或与人体的代谢异常有关，或与神经内分泌功能失调有关。中学生往往是由于心理创伤、躯体疾病或某些精神因素，如打架、挨批评、受惊吓、受刺激、学习负担过重等引起的过度紧张而诱发的。此外，胆汁质、抑郁质气质类型的人和青少年青春期情感的波动性也容易诱发此病。

3. 调适方法

①尊重和爱护学生，主动关心他们的生活和学习，及时了解学生的心理发展动态，动之以情，晓之以理，增进师生之间的了解和信任。

②针对青春期情感极不稳定的特点，引导学生正确对待和处理学习、

生活、准备就业、升学和文体活动等方面出现的问题，用理智战胜情感，用意志支配行动。

③培养学生良好的性格，补偿气质类型的不足和缺陷。如对胆汁质的人要注意培养忍耐、克制和涵养能力，对抑郁质的人，要及时予以表扬、鼓励，增强其自信心，减少他们发病的诱因。

（四）青春期精神分裂症

1. 一般表现

主要表现为认知、情感和意志行为等各部分心理活动的分裂，是心理活动和客观环境之间的分裂，并伴有性格的改变。具体表现为敏感多疑、孤僻、迟钝、被动、思维古怪离奇。在发病期间不能自控，言语不连贯，并做出一些常人难以理解的事情。

2. 病因分析

此症是大脑功能暂时紊乱的一种疾病，病因尚未完全明了。一般认为，生物遗传因素、体内生化代谢异常因素、病前特殊性格因素、精神刺激因素和环境因素都可能导致精神分裂症的产生。

3. 调适方法

①教师和家长一方面要尊重、爱护、信任学生，给他们提供一个民主、和睦、温暖的生活和学习环境；一方面又要严格要求学生。因为简单粗暴和姑息溺爱会导致学生自暴自弃和任性依赖的不良性格。这样的个性发展，在不当的刺激因素影响下，都有产生这种病症的可能。

②结合青春期心理卫生教育，引导学生正确认识自己身心的正常变化。因为，学生青春期的生理变化，尤其是性发育成熟，会引起某些心理缺陷，如果没有及时的教育，有可能导致精神分裂症的产生。

（五）应考综合症

1. 一般表现

在考试前心情焦急，超出正常范围，睡眠困难，有头晕、心慌现象。平时显得烦躁不安，无精打采，注意力难以集中。考试中过度紧张，心慌意乱，呼吸加快，手指颤抖，伴有冷汗或燥热，熟悉的内容无法回忆，会做的题目也解答不出，考试成绩低下。

2.病因分析

主要原因是心理压力过大，产生心理性适应障碍，大脑过度紧张，大脑皮层兴奋与抑制过程失去平衡，导致植物神经系统功能紊乱。

考试时心理压力过大的主要原因，与下列因素有关：

①自尊心过强，对自己期望值过高，经常达不到预定的目标。

②教师和家长的要求过于严格，教育方法简单粗暴，使学生过于追求分数和名次。

3.调适方法

最根本的是要解除学生的心理负担。

①教师和家长要配合，帮助学生调整心态，正确认识和评价自己，从实际出发确定适当的学习目标，正确对待学习和考试。

②面对学生的失败，要及时给予帮助、安慰和鼓励，激发其自尊心和自信心。

③帮助学生合理安排作息制度，劳逸结合，并配合适当的松弛疗法和自我暗示法，消除过度紧张心理。

三、心理健康教育的基本原则

心理健康教育是根据社会发展、教育改革的要求和年轻一代心理发展规律而提出的，它是素质教育内容的重要组成部分。心理健康教育具有一定的理论基础，是建立在发展心理学、教育心理学等多门学科基础之上，通过学校心理辅导、心理测量及心理咨询等多种活动进行的。确定班级心理健康教育的内容，应遵循一定的原则。这些原则主要有：

（一）目标性原则

心理健康教育的根本目标在于促进学生健康发展，提高学生的基本素质，培养学生的优良心理品质，提高学生的生存、适应能力，促进学生自主发展的潜能。围绕这些目标，心理健康教育的内容主要有人生观与价值观教育、人格培养、情绪情感训练、意志力的培养、自我觉察与认识、生存训练、潜能开发等。除此之外，还应包括与之相关的心理测验、咨询辅导、课程安排、活动训练等各项工作。

（二）现实性原则

班主任要从本校的实际情况、本人实际的教育能力、学生发展的实际水平和需要出发，有针对性地选择适合本班心理健康教育的内容。

（三）发展性原则

确定班级心理健康教育的内容，应面向全体、注重发展，选择具有普遍意义和有代表性的主题内容，从而有效地发挥心理健康教育的预防、促进功能。例如，中学应当把青春期教育作为核心内容来抓。

（四）差异性原则

在班级的心理健康教育中，学生的心理健康水平存在明显的差异，不仅有个体差异，还有年级差异。因此，确定心理健康教育内容时应当遵循差异性原则，以满足不同年级、不同学生的心理需要，这是保证学校获得心理健康教育效果的前提。如进行同伴关系的心理健康教育时，面对不同年级的学生，所讲的知识内容、所举的教育实例应有所不同，所设计的教育活动、训练内容及方式也应有所调整。对不同特点的学生应该进行分类指导，如对离异家庭的子女或有不同心理、行为问题的学生往往需要进行特殊的心理健康教育与活动。

（五）活动性原则

根据实践性与应用性的要求，在确定班级心理健康教育的内容时，应突出以活动为主的特点，把心理健康教育的内容渗透在灵活多样、富有情趣的活动中，发挥活动的优势，注重活动过程的教育作用。在班级心理健康教育的内容中，应创造性地设计各种丰富多彩的活动，如角色扮演、绘画、想象、辩论、演讲、表演等，让学生在活动中、在参与中、在亲身体验中获得成长与发展。

四、心理健康教育的基本内容

中学生心理卫生的宗旨，是以预防为主、治疗为辅。因此，要想使中学生身心素质得到提高，保持健康的心理状态，必须从心理健康教育入手。心理健康教育包括如下内容：

（一）教育学生树立正确的人生观

人生观是关于人生的目的、人生的态度和行为的根本看法，是学生精神生活的支柱，也是培养良好性格的基础。有了正确的人生观，就会有坚定的信念、崇高的理想、美好的追求，才会胸怀宽广。即使遇到挫折，也会正确对待，积极向上。反之，如果学生受到消极人生观的影响，就可能产生消极厌世的态度，经常对现实不满，对前途失去信心，甚至自绝人生。因此，教师要创造条件，帮助学生树立科学的人生观，使其精神境界达到较高水平。

（二）引导学生正确认识自己

中学生处于青春期，身体和心理的变化会引起他们一些行为变化。这时，必须使他们正确地认识自己、了解自己并能正确地评价自己，从而正确地对待现实，顺利地处理好各种人际关系，准确地制订好符合自己实际的奋斗目标，不去追逐超越现实的幻想，不勉强去做办不到的事情，从而在现实中发展自我，使自我健康地成长。

正确对待自己，首先，要使中学生认识自己的生理特点。中学生较小学生发生了很大变化，身体外形剧变，骨骼迅速生长，身体迅速长高，肌肉、体重明显增加；体内器官机能趋于成熟，肺活量增大，心脏机能增强，脑重量已达到成人水平，大脑的第一信号与第二信号系统的功能已经完善；性逐渐成熟，第二特征出现等。

其次，正确地认识自己的心理特点。处于这一时期的中学生，抽象思维开始形成并发展；情感体验强烈，渴望友情，注意异性对自己的态度，情绪易波动且波动幅度较大；兴趣广泛，但转移较快；道德意识和自我意识逐步发展并增强，产生个性成熟感等。

最后，引导学生正确地评价自己。由于心理的巨大变化，虽然中学生自我意识、自我评价、自我控制能力增强，却仍不能完全正确地认识自我，不能完全正确地对待自己的优点和缺点，这影响到其心理健康。所以，必须让他们正确地认识并评价自己，正确地对待自己。

（三）培养良好的情绪

良好的情绪状态，是心理健康的重要标志之一。青少年正处于精力旺盛，充满活力的时期，他们的情绪变化大多带有冲动性，难以保持稳定、深刻和持久，不善于用理智来控制自己的情感和情绪。他们可能因为偶然的成功而得意忘形，也可能因为偶然的失败而抑郁不乐。因此，教育他们学会控制和调节自己的情绪，理智地看待问题，培养他们纯洁高尚的情操，转移和宣泄消极情绪，对青少年学生心理健康有着重要的作用。

（四）指导学生树立正确的心理健康观

青少年阶段，在一些人身上出现这样或那样的心理健康问题是很难避免的。因此，班主任要指导学生正确对待心理健康问题，相信绝大多数青少年学生的心理是健康的，心理健康问题是可以预防的，偶尔表现出一点儿心理健康问题并不意味着心理不健康。要正确对待有心理问题的学生，并相信心理问题是可以解决的。

五、心理健康教育应注意的问题

在对中学生进行心理健康教育时，班主任应做好相关工作，注意调控学校环境，正确对待学生的情感发展及人际关系，科学地安排学生的学习，提高自身心理素质。

（一）改善学生心理环境

环境可以驱散不良情绪，治疗人们心理上的创伤；环境也可以增加人的心理压力，使本来抑郁不快的心理罩上更为浓重的阴影。社会的大环境，家庭、学校的小环境，如生活条件不够理想，学习任务繁重，都会引起心理上的刺激。对于社会的大环境，教育工作者较难直接干预，但对于学校的具体环境，教育工作者完全可以加以改善，以利于学生心理的健康发展。

（二）科学地安排学习生活节奏

学校生活节奏对学生的心理健康也很重要。长时间紧张学习，特别是片面追求升学率的压力，对学生心理是一个沉重的负担，容易导致学生的心理疲劳，降低他们的心理防御能力。许多学生的心理问题都与过分紧张的学习有关。学校生活的有节奏性和科学性，可以使学生的大脑皮质活动耗能少、效率高，使学生的大脑神经系统得到充分的休息。

（三）帮助学生建立和谐的人际关系

人际关系是重要的心理环境。和谐的人际关系是保持心理健康的重要条件。如果一个人的人际关系紧张或者恶化，他的心理健康就失去了一个重要保证。调查表明，与正常的学生相比，有心理健康问题的学生，其人际关系往往较为紧张，轻者自身有焦虑、恐惧、孤独之感；重者对人有怀疑、嫉妒、敌对之举。

（四）正确对待学生的情感发展

随着青春期的到来，异性之间接触的增加，异性友谊已成为一种客观存在。班主任应做好学生的青春期教育和异性交友教育，指导学生正确认识男女性别差异及相关差异，正确对待学生之间的友谊与感情倾向，避免使用"早恋"这种字眼。以丰富多彩的活动来充实学生的生活，把他们的兴趣和爱好引导到学习中去。

（五）正确对待有心理障碍的学生

要教育学生正确对待有心理障碍问题的学生。心理健康有问题的学生，怕人家说他有病，因而不愿主动向别人倾诉心中的积郁、烦恼、苦闷，容易对别人怀有戒备、怀疑、恐惧心理，往往加重心理失常。心理正常的人对心理失常的人往往因怕惹麻烦或"羞与为伍"而远远避开，结果使心理失常的人格外自卑，不利于心理健康的正常化。心理健康失常不仅是个人的不幸，也是社会、家庭、学校的不幸，使社会、家庭、学校失去一份力量。所以，对有心理健康问题的同学，不应歧视、疏远，而应多接近他们，关心他们，谅解他们，体贴他们，向他们伸出温暖的手，帮助他们恢复心理健康。

（六）提高班主任心理健康水平

好的班主任对学生的成长具有强烈的责任感，能以建设和营造有利于学生心理健康的环境为己任，注意自己的言行并承担相应的责任；能利用心理学的原理对学生进行恰当的奖励和惩罚，因材施教；能接纳学生的行为，尊重学生的人格，乐于帮助学生；还能进入学生的内心世界，分享学生情感体验，能理解学生……要做到这一切，首先自己必须是一个心理健康的人。班主任要重视自己的心理健康，有意识地改善自己的心理健康状况。

第二节 班主任与学生的道德、法制教育

班级德育工作是班级教育工作的核心与关键，它直接决定了班级教育工作的方向，并影响其深化与升华。班主任作为班级的直接组织者、领导者、教育者，在班级德育过程中承担着首要的任务。

一、中学生的思想品德教育

思想品德是人们在社会生活中，通过处理与自身、与他人、与集体、与国家和社会的关系，而逐渐培养起来的做人做事的稳定的思维方式和行为习惯。中学生一般都是 13～15 岁的孩子，是思想品德形成的关键时期，也是学做人的关键时期。因此，必须紧紧围绕他们成长过程中遇到的思想品德问题进行教育。

（一）思想品德教育的内容

思想品德教育是社会主义精神文明建设的奠基工程，也是保证青少年儿童沿着正确方向健康成长的必由之路。中学生思想品德教育的基本内容有：

1. 热爱祖国、热爱人民、热爱中国共产党、热爱社会主义的教育；
2. 热爱劳动、艰苦奋斗教育；
3. 文明礼貌、公民道德教育；
4. 遵纪守法、民主与法制教育；
5. 良好行为习惯、良好心理品质形成的教育；
6. 努力学习、热爱科学的教育；
7. 辩证唯物主义的启蒙教育与基本观点形成的教育。

（二）思想品德教育的原则

1. 面向全体学生的原则

就是教育要面向全班所有的学生，不丢掉任何一个学生，尤其是后进生。越是后进生，班主任就越要多给一份关怀和教育。这是由社会主义教育的性质和人民教师的职业道德决定的。

2. 热爱学生的原则

爱是教育的基础，没有爱就没有教育。教师对学生的爱不是在某个特定环境中的即兴抒情，而是在长期的、艰苦的、细致的思想教育过程中所形成的一种稳定的心理品质。这种优秀心理品质发源于对祖国及人民的热爱，表现为在漫长的教育实践中，无论处在任何情境，都能做到关怀和体贴学生，能够把炽热的情感传递到学生的心灵中去。这不是简单的外部形态，而是一个人民教师复杂的、深刻的、持久的内部特征。

3. 正面教育原则

正面教育，即坚持说服、说理教育，实行启发、诱导、引导，调动学生头脑里的积极因素克服其头脑里的消极因素。坚持正面教育原则，就要坚持以鼓励、表扬、奖励为主，以批评、惩罚为辅，切忌讽刺、挖苦、体罚和变相体罚。正面教育原则是依据教育的客观规律提出的，即自尊心、上进心、好强心在每一名学生的心理品质中居主导地位，既可因教育者的教育得法而成为一种强大的内驱力使受教育者幡然改进，也可因教育者的教不得法而使这种强大的内驱力泯灭，甚至形成一种反作用力与教育者抗衡，从而使教育产生负效应。"逆反心理"的作用，就是这种教育负效应的典型反映。

4. 从实际出发的原则

从实际出发，一是说对学生存在的问题，特别是对后进生的缺点、错误，有一说一，有二说二，不夸大，不缩小，即论"过"的实事求是；二是说教育方法的选择上，从受教育的年龄、心理特点出发，既注意针对性，又注意可接受性，即教育方法的实事求是。论"过"不实事求是，不从实际出发，必引发其逆反心理；教育方法不实事求是，不从实际出发，必失去教育的针对性，欲教而不成。实现"从实际出发"，要坚持深入细致的调查研究，既摸清后进生所存在的缺点、错误的事实真相、实质及其产生的真正原因，又要摸清后进生产生缺点、错误时的心理活动及心理、性格特点与接受教育的实际水平，从而实现最后的有针对性的、可接受的教育方法的选择。

5. 集体教育的原则

集体教育原则，即通过教育集体从而使集体成为一种教育的力量去教育集体中每一个成员的原则。实行集体教育，即努力创造心理"教育场"，既尊重、爱护、保护后进生的自尊心，又为后进生的幡然改进创设良好的集体舆论、心理环境。坚持集体教育原则不是取消个别教育，而是强调集体教育原则下的集体教育与个别教育相结合，对其个别教育则应十分注意教育方法的选择。

6. 以情导行原则

知、情、意、行，既是教育过程的反映，也是实现教育的客观规律。无"知"则无"情"（情感），无"情"则无"意"、无"行"。决定"行"（克服缺点、改正错误的行动）的主要是"情"，即"知"之后的欲克服缺点、改正错误的心理需要。坚持这条原则要求班主任千方百计地保护、激发后进生的自尊心、自信心，千方百计地帮助后进生用自尊、自信战胜自卑、自弃，千方百计地为后进生创造战胜旧我、超越自我、创造新我的心理环境。

7. 以身作则原则

这条原则的提出，既是由教育规律（青少年儿童长于模仿、教育者的非权力影响力等）决定的，也是由人民教师的师德决定的。人们称身教为"无声教育"、"身教重于言教"，可见，坚持以身作则原则的重要。实现以身作则，班主任教师就要严于律己，要求学生做到的自己要首先做到，没要求学生做到而应该做到的自己也要做到。教师之谓"人师"者，不仅是言教，更重要的是身教。因为我们每一位教师都清楚，我们教育学生的最终目的是要他们身体力行。

（三）实施思想品德教育的途径

1. 配合思想政治课教育

思想政治课是向学生系统进行社会主义思想品德和政治教育的一门课程，在各种教育途径中占有特殊重要地位。班主任积极配合该学科，要做到：

（1）主动关心政治课学科情况，主动帮助学科教师克服困难，与其保持密切而和谐的关系。

（2）经常教育学生积极主动地学好思想政治课，做耐心细致的思想工作。

（3）对学生的政治学科成绩要了解得具体、详实，及时同学科教师共同研究如何帮教后进生。

（4）注重实践，教育学生学以致用，理论联系实际。

2. 寓教育于各学科教学之中

各学科教学内容都具有相当的思想教育的因素。班主任除重点配合政治学科教学外，还要配合各学科教学对学生进行潜移默化的教育和熏陶，如文科教学对学生进行语言美、形式美、意境美的熏陶，进行爱国主义教育和理想情操教育等；理科教学培养学生辩证思想、实事求是、勇于探索的精神等；艺术课程要努力培养学生正确的审美观点等。

3. 支持、配合团、队、学生会工作

团、队、学生会是学生自己的组织，也是学校德育工作中一支最有生气的力量。班主任要大力支持和配合团、队、学生会的工作，协调相互的关系，经常过问班级的团、队、学生会的干部工作情况，及时给予指导。及时向团、队、学生会组织推荐全面发展的优秀学生班干部。调动全班同学的热情，积极靠近团组织，为自己能早日成为一名光荣的共青团员而努力学习和工作等。

4. 劳动和社会实践教育

劳动和社会实践是培养全面发展的一代新人，提高民族素质不可缺少的重要途径。学生的劳动观念、劳动习惯和热爱劳动人民的思想感情，只有在劳动实践中才能逐步形成。班主任要教育学生学会自我服务性劳动和必要的家务劳动；要组织学生参加一定的生产和公益劳动。在劳动过程中培养学生珍惜劳动成果的思想品德和行为习惯，进一步发扬艰苦奋斗的作风。

班主任还应积极组织学生进行社会实践活动。如参观、访问、社会调查、社会服务、军训等，使学生开阔眼界、了解社会、熟悉工农、增长才干，逐渐形成自我教育能力。

5. 活动课教育

活动课是促进学生全面发展的重要途径。在学校统一的领导下，班主任要直接组织和参与学生的活动课。如组织学生开展丰富多彩的科技、文娱、体育等活动，组织兴趣小组，进行多种竞赛等。通过活动课，扩展学生的知识视野，发展学生的个性特长，培养学生良好的素质。

6. 配合家庭教育

家庭对学生思想品德和心理素质的形成有着直接的重要影响。家庭教育是贯彻教育方针和德育要求的重要渠道。班主任要积极配合家庭教育，通过家访、信访、家长会等多种渠道和家长建立联系，共同商量教育手段和措施。

7. 配合社区教育

充分发挥社区环境中的积极教育作用，对学生身心健康的成长有着重要的意义。在学校及社会有关部门的配合下，班主任要充分利用社区各种教育力量来完善对学生的思想品德教育。例如，与有关社区委员会、工厂、部队机关等建立固定联系，初步建立学校与社会相互协作的教育形式；聘请各行业的先进模范人物担任校外辅导员，形成社会教育网络等。

班主任要重视社会各种信息对学生的影响。要过问学生的业余生活，帮助学生选择有益于身心健康的书刊、影视、音像等；大力争取社会团体和各方面力量对教育的支持，共同树立全社会都关心下一代健康成长的新风尚。

（四）思想品德教育的基本方法

1. 说服教育法

通过摆事实、讲道理和启发引导，充分调动学生头脑中的积极因素，并及时捕捉"醒悟"的契机，对学生进行正面教育，使受教育者发自内心地接受或改变某种观点或错误信念，并建立崭新的行为规范。这是一种直接的正面教育法。班主任在与学生谈话时，要收到"随风潜入夜，润物细无声"的实效，应努力做到：

（1）真情。"感人心者莫先乎情"，情深出良言，良言一句三冬暖。同犯过错误的学生谈话，要和风细雨，情理兼通，实事求是地分析其错误，及时发现并表扬其优点，使其感到亲切温暖。

（2）真诚。精诚所至，金石为开。情是前提，诚是基点。以诚求诚，才能心心相通。谈话时要诚恳、耐心、尊重，用朴实的语言引导他们以优点克服缺点，达到"心诚则灵"的目的。

（3）深入。谈话要深入学生的心，重要的是使对方听清（解决"是什么"）、听懂（解决"为什么"）。因此，分析问题要合情入理，循循善诱，引导学生把自己摆进去，使之有所知、所感、所说，达到入心入脑。

（4）风趣。谈话时，或委婉幽默，扣人心弦，耐人寻味；或妙语连珠，饶有风趣；或因事论喻，借题发挥，能使学生易于接受。

2. 榜样示范法

当思想认识转变为个体的道德需要时，优良的品德和行为才可能产生。榜样的力量在于影响个体产生道德需要和自我教育的意识。

班主任在选择榜样发挥其作用时，要注意两个问题。一是要善于选择与本班学生年龄相仿的社会地位大体相同的榜样，作为学生个体某种信念的体现者。这种榜样对学生的影响力最大。当然，宣传时代英模，也是发挥榜样力量的手段。二是注意发挥教师自身的榜样示范作用。学生好奇心强，又喜欢模仿。所以教师特别是班主任要时时事事注意为人师表，用自己的模范行为去影响和感化学生，这又叫做无声教育，是对学生思想品德教育的特殊方式。

3. 实践参与法

注重与实践相联系，坚持理论联系实际的原则，能够增强思想品德教育的吸引力和针对性，也可以加强和巩固思想品德教育的成果。教师可以通过多种途径增强思想品德的实践性。

（1）以遵守《中学生守则》和《中学生日常行为规范》为突破口，从身边的点滴做起；从日常行为的养成做起；从具体的小事做起。这些常规必须常抓不懈，在点滴中见精神，使习惯成自然。

（2）在教育教学过程中参与。班主任要创设让学生参与的条件和情境。让学生自导自演，参与体验其中，主动去尝试、探究、思索和抉择，发挥他们的创造潜能。如情景剧、模拟法庭、辩论赛等；班级管理中可搞轮流管理包干负责制，可设"师生民主对话日"，可指导学生创办"班级日报"，设"征答信箱"等。

（3）指导社会实践，走向社会。包括校内外劳动、公益奉献、调查走访等。实践参与法，实质上是在班主任指导下的学生自我教育、自我管理的培养教育活动。

二、网络道德教育

现代社会，网络已经成为人们生活中不可缺少的一个组成部分，上网人数成几何级数在飞速增长。其中，青年学生也是上网大军中一个庞大的群体。有资料显示，中学生没有网上聊天 QQ 号的只占 24.3％，有一个 QQ 号的占 49.9％，更有 27.4％的人拥有 2 个以上的 QQ 号。网上的内容复杂，有健康、科学、进步的信息，同时也有黄色、反动、迷信的内容，影响学生正确的人生观、价值观、世界观的形成。作为班主任，要对网络的危害性有充分的认识，加强对学生的网络道德教育，提高学生的网络道德意识。

（一）正视互联网对中学生的影响

作为班主任，首先要正视网络对学生的影响，并深刻认识互联网对学生的多方面影响。

首先，网络对中学生心理发展的影响。中学生正处在情感体验的高峰阶段，他们需要有自我情感与表露的机会与场所。但在现实生活中，中学生的情感并不能自由地暴露，总是受到社会和他人的匡正，而在网络世界里的他们就可以少有拘束地放纵自己的情感，高谈阔论，挥洒自如。长此以往，中学生会逐渐形成对网络的依赖心理。

其次，对中学生行为方式的影响。在互联网时代，中学生聚集在网络空间，逐渐地创造出一种全新的生活方式。如有的同学热衷于网上交友，忽视了身边的同学关系，不愿意与同学交往，在日常的学习生活中变得越来越孤僻。有的同学受互联网不良信息和西方一些不健康的生活方式的影响，渐渐地抛弃原有的价值观和积极向上的价值取向，在现实生活中盲目模仿、追求，导致种种畸形行为方式的形成。

再次，对中学生价值观念的影响。互联网让中学生产生注重效率、平等意识、全球眼光和多元知识等观点。这些意识与观点对青少年养成良好的行为习惯，从小培养正确的世界观以及顺利地进行知识的更新和调整自身知识结构都大有好处。但另一方面，互联网也容易造成青少年人生观、价值观的冲突。由于青少年的人生观、价值观尚未成熟，因而容易受到相异思想的冲击。以部分发达国家为核心的全球传播体系使青少年接触到大量西方的宣传论调和文化思想，与他们头脑中的中国传统文化观念形成冲突，容易导致价值观的倾斜。

（二）班主任应采取的具体措施

1. 加强理论教育

一是教育学生了解网络。作为走在时代前沿的中学生，不应该对网络陌生，应通过查找资料等途径，让学生了解网络，揭开网络的神秘面纱。二是教育学生认清网络。网络有"秀才不出门，告之天下事、遥谈天下事、完成天下事"的功能。但是，网络经济被称为"眼球经济"，网上竞争的本质是对"注意力资源"的争夺。谁掌握了用户，谁就掌握了经验利益的优势地位和舆论导向的主动权。"点击率"就是生命。因此，一些网站，为了吸引用户的注意力，提高网站的"点击率"，不惜传播一些不健康的内容（如色情、暴力信息等），有的出于商业目的，甚至传播一些虚假信息。所以，中学生在复杂的网络社会中探索的同时，教师要引导学生提高自身素养。三是教育学生利用网络。中学生应该正确利用网络：浏览一些诸如学习方法辅导、心理咨询、智力开发训练等网站；利用网络中的声音、动画等多媒体技术，创造设计现实生活中还不存在的东西。这样，网络不仅是娱乐的工具，还是充实他们头脑的武器，更是培养创新精神和综合素质的重要手段。只要掌握好尺度，安排好作息时间，网络将会成为学生学习的帮手，而不是绊脚石。

2. 重视实践活动

一是开好走进网络主题班会。通过班会活动，一方面培养学生的社会责任感，使他们意识到个人的利益包含在集体的利益之中，集体的利益是个人利益的集中反映。人的社会属性决定了个人的生存和发展都必须依靠社会提供的条件和手段才能得以实现，因而，个人就承担着对社会集体的责任，并受社会集体的制约。片面追求自我，极端个人主义是错误的、有害的。另一方面要培养学生的社会公德意识。有一部分中学生缺乏网络道德，利用网络世界的虚拟性，大肆漫骂、攻击，这就是缺乏社会公德的具体表现，反映出其极端自利的道德本质。通过教育，要使中学生明白，社会公德代表全社会的共同利益，代表全体社会成员对生活的共同要求。只要在有公共生活的地方，不管何人都必须遵守社会所公认的公共生活秩序和准则，破坏社会公德就会受到广大群众的反对和社会舆论的谴责。因而，我们要着力塑造中学生的社会公德意识，让诚实守信、礼貌待人、严以律己、宽以待人、遵纪守信、维护秩序等社会公德深入人心。

二是举行告别网吧签名仪式。有一项调查表明，学生上网时，约有28%的时间用在了网上游戏，35%的时间用于聊天。每个网吧都有大量的游戏盘，迎合了很多中学生的好胜心理。另外，虚拟的网络可以让人尽情地倾诉、宣泄心中的小秘密，可以在网上交友，释放、缓解自身的压抑情感。但网上的"江湖骗子"常常会冒充中学生骗取学生的钱财和诱骗女生，导致意外事件的发生，网上的"黄色垃圾"对中学生的身心健康正造成一定的影响。通过告别网吧签名仪式，可以提高学生自律意识，自觉加强网络道德，用健康的方式，把握未来，迎接挑战。

三、中学生的生命道德教育

生命对于每个人来说只能有一次，如何善待生命，让人生更有价值，这是一个永恒的话题。从 2003 年起，世界卫生组织决定把每年的 9 月 10 日定为"世界预防自杀日"。自杀是一种极端的做法，与珍爱生命是背道而驰的。对于现代社会的中学生来说，这个话题显得有些遥远而沉重，但我国青少年自杀现象却又是一个非常现实和不容忽视的问题，时有某某学生自杀的事情见于报端，看后让人触目惊心。作为班主任，应该加强对学生的生命道德教育。

（一）关注中学生不稳定、易变、易受干扰的心理特征

对于青少年而言，生命就像花朵一样，既娇艳又脆弱，因为他们无论是生理还是心理都处于未成熟阶段，尤其是在 14—16 岁，这是正确生命观形成的最为关键的阶段。正确生命观的形成是一个复杂的过程，既有个性心理和内在需要的内驱动力，也有社会文化和突发事件等外驱动力。对于一个处于青春发育期的中学生而言，其内在的心理发育尤其值得关注。

从心理学的角度看，人脑的发育是缓慢而渐进的，青少年的脑正在不

断发育健全，因此自我意识也还很不稳定。青少年在青春期最普遍的意识莫过于要求独立，开始不愿意事事处处受到家长和老师的控制和约束。这种意识也是一把双刃剑，如果青少年能正确地认识自己，认识自己和客观世界的关系，让自己的感知动作、行为方式、动机兴趣、情感意志、能力性格、理想信念和世界观等与自己和集体和谐发展，那么这种独立意识是有益的，也是积极的。如果青少年的兴趣、能力、性格、情感、意志和道德行为有悖社会和集体，那就是一种无益的无效心理，甚至有害青少年成长。所以，青少年虽然自我意识趋于成熟，世界观也初步形成，但其可塑性大，稳定性低，意识具有片面性、情绪性和波动性。而且，青少年对于周围人给予的评价非常敏感和关注，哪怕一句随便的评价，都会引起内心很大的情绪波动和应激反应，以致对自我评价发生动摇。特别是具有强烈的独立意识，经常对成人进行反抗和抵触，同时，在心理上闭锁倾向加强，不愿意向别人倾诉。因此，班主任对学生正确生命观的培养必须关注中学生此时的不稳定、易变、易受干扰的心理特征。

（二）班级日常管理中要重视对学生的生命安全教育

作为班主任，要加强对学生的生命安全教育，培养学生"珍爱生命，远离危险"意识。对中学生进行生命安全教育的内容有很多，如校园安全教育、网络安全教育、交通安全教育、毒品安全教育等。

1. 珍爱生命教育

生命教育不应该只是出现在生死抉择的当口，而是应该与青少年的心灵成长伴行；教师不应该只是传授预定的生命教义，而应该用自己的生命关怀和生命智慧来回答青少年成长历程中遇到的每一个心灵困惑！"心灵中的黑暗必须用知识来驱除。"我们的班主任应该承担起观察学生心灵困惑的责任，帮助学生认识生命、珍爱生命、尊重生命，从而敬畏生命之宝贵。

据教育部发布的一份安全调查报告显示，校园安全最危险的时段是体育课和运动会；最危险地点是楼梯，而"校门口200米内"紧随其后，排名第二。因此，班主任要加强班级安全教育，使同学们认识到美丽的校园是健康快乐成长的地方。如使用运动器械时，要严格按照体育教师所指导的去做，减少危险事故的发生；要爱护学校安全设施，如消防箱、灭火器等，不随手乱动；不要挥舞剪刀、裁纸刀等用具，不要在楼梯及过道处洒水，消除一切安全隐患。同时，班级也要制订相应的安全规章制度，要求同学们遵守执行。如课间在走廊不打闹、不追逐；上下楼梯做到靠右行走、文明礼让；不允许带水果刀等利器上学等。

另外，班主任要对中学生进行死亡教育。现在，一些卡通动画片、网络游戏让有些学生对死产生了误解，以为不管怎样都死不了，把生命当成游戏一样。凶杀武打片中血淋淋的场面也让孩子不把生死当回事。死亡教育在国外已开展了很长时间，美国波士顿儿童博物馆里有一个死亡教育馆，专门教导孩子死亡的观念。而在我国，家长忌讳"死"这个字眼，如爷爷去世了，家长总是想办法不让孩子参加遗体告别活动，告诉孩子爷爷去了。孩子对死亡没有一个正确的认识，致使一些青少年学生遇到一点挫折、打击，有时甚至是一个玩笑，就使自己轻易地放弃了生命。他们不珍视生命的存在，不懂得生命的意义和价值。

2. 交通安全教育

近几年，重特大恶性交通事故有所减少，但中学生交通安全问题仍然是严峻的社会问题。以 2004 年为例，全国交通事故死亡的人数达 10.6 万余人，在这些惨死车轮下的亡魂中，中小学生占到了 20%。每日数次往返于家庭、学校之间，以步行、自行车为基本交通方式的中学生，由于好奇心强、敢于冒险的特点，使他们什么都敢接触，什么都想试试，易于产生盲目的冲动和冒险行为。

有这样一个场面：一个看上去刚上中学的男孩儿骑自行车带着他的同学。两个人在车上还嬉笑厮打着，好像是要坐在后座上的同学下来，那个还不肯下，结果车子一扭拐向左侧马路中心，后面紧接着就是一声刹车声，一辆黑色轿车紧急停在了他们的身后，也就两米的距离。骑车的那个孩子见后座的同学掉下车去，可能是想趁机不让他再上来，猛然向左打把直冲出去，根本就没有看到从对面高速开过来的另一辆轿车！一声凄厉的刹车声，两道长长的黑色胎印……还好，那同学刚好冲过去了！他的同学向他笑道："你差点被撞死。"他扔下一句："这就是车技！"扬长而去。

这不能不让人震惊，震惊他们的没头脑和对自己生命的漠视！也许是他们还太小了根本就不知道什么是死亡，或许是他们根本就不把生命当回事。学生的出行安全，不仅关系到自己的生命和安全，同时也关系到一个家庭的完整与幸福。"关爱生命，安全出行"八个字应在班主任的脑海里显得更加突出。

首先，加强《交通法》的教育，提高学生的法律意识。

中学生在基础教育阶段，知识面相对狭窄，加上注意文化知识课的学习，缺乏对交通法规和交通安全知识的系统学习和了解，不懂得机动车辆的行驶特点；不明确行人的行走规则；不知道自己违反交通法规将会导致怎样的后果，对违法的危险性没有足够的预料。学生由于法律观念和交通安全意识淡薄，在交通活动中，往往充满幼稚的自信，想跑就跑、想走就走、想穿过马路就立即横穿，甚至还有穿越隔离栏、与车辆赛跑、追车扒车、骑车追逐嬉戏等行为，从而诱发交通事故。因而，班主任要加强对学生进行《交通法》的教育，使学生意识到违法应当承担的法律责任和后果，从而提高他们的法律意识，自觉落实在日常的行为中。

其次，通过开展各种安全教育活动，提高学生的守法意识。

（1）开好安全教育的主题班会。以"关爱生命，安全出行"为主题，以"安全乘车、安全骑车、安全走路"的养成教育为主线，教育学生在日常的行为中要学会"关爱生命，安全出行，从我做起，从现在做起"。使学生们深刻认识到"人的生命只有一次"，行走时的一次走神；横过马路时的一次侥幸，飞旋的车轮都会无情地吞噬掉行人的生命，都会使一个生命转瞬即逝。

（2）组织交通安全知识讲座。请交警同志对交通安全法等有关交通法律法规方面的知识进行讲解，使学生深入地了解什么是交通、什么是交通安全、怎样识别道路交通标志，以及中学生交通行为基本规则、如何走路、面对问题如何处理等交通安全法律的基本知识。

（3）举行"交通安全"教育手抄报比赛。通过查找资料，使学生从中学到交通安全知识，受到教育，提高认识，增强出行安全意识和守法意识。

另外，还可以在班级开展"讲述我身边的安全事故"征文比赛、演讲比赛等有计划、有组织的活动，广泛教育学生自觉遵守交通法规；不闯红灯；不占道；不横穿马路；不在道路上打闹；不翻越护栏；不骑英雄车；骑车不带人；文明乘车不拥挤；确保行路安全。

总之，通过各种活动，使学生认识到：作为一名普通的中学生，遵守交通法规，维护交通秩序是应该具备的社会公德。文明行走，构筑和谐，每个公民只有从自身做起，从小事做起，"平安大道"才能更加畅通无阻！

3. 毒品安全教育

毒品是指鸦片、大麻、吗啡、可卡因、海洛因，以及其他能使人吸食成瘾的国家规定管制使用的麻醉药品和精神药品。吸毒具有严重的社会危害性，带来的后果是极其严重的：一是严重摧残身体；二是使人精神颓废、意志衰退，严重影响生活、学习、生产、工作；三是使人道德沦丧，六亲不认；四是诱发多种刑事犯罪，严重危害社会治安。

近年来，青少年的毒品犯罪率呈上升趋势。青少年之所以是容易受到毒品侵害的"高危人群"，其主要原因有：

（1）受好奇心理所驱使。在戒毒所里问吸毒的青少年开始为什么要吸毒，他们中绝大多数这样回答："我是因为好奇才吸毒的。"我国学者在近千名青少年吸毒者中分两次做了问卷调查，结果表明：因好奇而染上毒瘾的第一次占62.3％，第二次占52.7％。

（2）自控能力差。从生理上说，正处于青春发育阶段的青少年，神经和内分泌系统变化剧烈，心理状态不稳定，自控能力差，容易受到外界不良因素的影响。与成年人相比，他们的社会经验相对较少，缺乏辨别能力，因而易于上当受骗。

（3）缺乏对毒品危害性的认识。毒品是死亡之索，吸毒严重损害人的身心健康，毒品使人道德沦丧，人性泯灭。吸毒者人格变异，六亲不认，甚至骨肉相残，杀人害命。而缺乏对毒品危害性的认识乃是导致青少年成为瘾君子的一个很重要的原因。

（4）盲目从众，近毒者"黑"。往往看到同伴吸毒，自己也跟着吸，以此保持与群体的一致。一个15岁的中学生对医生说："哥们聚在一起时，你看人家吸，人家也像让烟一样免不了拿给你吸，不吸就是不给面子。"吸上瘾后又组成团伙去偷，去抢。此外，父母吸毒极易殃及孩子，贻害孩子终身。

为了在中学生中开展禁毒教育，提高中学生远离毒品、学会自护的意识，深刻认识毒品对青少年的危害，班主任要做好以下几方面的工作：

首先，教育学生认识毒品的危害性。了解毒品的危害，是远离毒品的首要问题。好奇是青少年的心理特点，对任何事物都存在强烈的好奇心和探索欲望。有资料表明，在青少年吸毒者中，80%以上是在不知道毒品危害的情况下吸毒成瘾的。教师一定要告知学生：在毒品面前放任自己的好奇心，就好比在悬崖边抬脚试崖底有多深一样危险。任何人沾染毒品都不可能逃脱它对人的终身危害。班主任要经常给学生介绍一些有关毒品及其危害的书籍资料，带领学生看一些有关禁毒的电影（如《死亡快车》）、电视节目和图片展览，让学生从吸毒者的现身说法中，把毒品对人的危害性深深地印刻在自己的心里。

其次，教育学生抵制他人的不良影响。由于贩毒、卖毒可以捞取巨大的利润，一些不法之徒就利用青少年的年幼无知和轻信，往往设下花言巧语，请客吃饭，诱骗服用掺有毒品的食物、饮料等一些陷阱，拉人下水，变换各种花招诱骗青少年吸毒。有不少青少年是在不知情的情况下被毒贩诱骗而吸毒的。教师要教育学生增强自我保护能力，防止他人利用各种借口和伎俩诱骗吸毒；教育学生要谨慎交友，不与有不良习性的青少年玩，不与那些素有劣迹的青少年厮混。

再次，锻炼学生面对挫折的耐受性。学生虽然未走上社会，但他们在生活和学习中也不可避免地会遇到各种挫折，如学习压力大、师生关系紧张等不顺心的事引起精神苦闷、情绪低落，又没有及时得到家长和朋友的开导及帮助。意志薄弱的孩子极容易被不法分子钻空子而染上毒品，贻误了青春和生命，走上了吸毒的不归路。班主任要教育学生正确对待在学习、生活中遇到不尽如人意的事情或困难，多和父母、老师、同伴沟通，或者听听自己喜欢的音乐，参加自己喜欢的体育活动等，分散注意力，排解烦恼，绝对不要用毒品来麻醉自己，逃避现实，回避困难。当别人用毒品来引诱、安慰时，一定要意志坚定，坚决拒绝，构筑拒绝毒品的心理防线。

最后，要保持与家长的经常性联系。禁毒工作是一项社会系统工程，需要学校、家庭、社会三方面的通力协作和密切配合。班主任要及时与家长进行沟通交流，介绍学生在学校的表现，了解学生在家里的状况，要注重学校、家庭、社会三结合教育，让学生远离毒海。

四、中学生的法制教育

有这样一则案例：2006 年 3 月 29 日早上 7 时多，广东茂名电白县黄岭中学的部分学生在学校饭堂吃早餐后，出现了头晕、恶心、呕吐等食物中毒症状，其中 7 人即刻被送往医院救治。直至 4 月 11 日，该校先后有 117 名学生因疑中毒送院治疗。

茂名警方接到报案后立即展开侦查，初查认定这是一宗故意投毒案，使用的是含有毒鼠强成分的鼠药。经排查，投毒案作案者竟是本校学生胡某（男，17 岁，电白县黄岭中学初二学生）。法院查明，胡某因成绩差厌学而起意在校投毒，搞大影响，将 4 瓶鼠药藏在裤袋带至该校二号学生饭堂，将 3 瓶鼠药投至已盛好白粥的盆中，并用勺搅拌。连投数盆后，胡某将空瓶及剩下的 1 瓶带回宿舍卫生间冲走。

法院认为，胡某因对学校产生不满心理，故意投放危险物质，致 1 人重伤、5 人轻伤，已构成投放危险物质罪。由于其尚未成年，又是初犯，胡获得了从轻处罚，判处有期徒刑 15 年。

由于中学生的年龄特点，决定了其在行为中往往表现出不成熟、好冲动、意气用事。违法犯法行为时有发生，最终造成害人害己、令人扼腕的后果。

（一）班主任要不断提升对"法制教育"重要意义的认识

20 世纪以来，青少年犯罪是各国共同面临的一个突出的社会问题。据有关部门统计，我国青少年犯罪占全国刑事立案的比例一直较高，约为 65%。特别值得注意的是，近年来，14—18 岁的少年发案率上升较快，成为违法犯罪的高发年龄阶段。究其青少年犯罪的原因，既有主观因素又有客观因素，更是主、客观因素相互作用所致。

1. 青少年身心发展的不平衡

青少年时期，是人生中至为关键的一个时期，是人从幼稚儿童期向青年期的过渡阶段。处于这一特殊时期的人，无论从生理上还是心理上，都经历着一场巨变，主要表现为：求知欲增强；交往需要增加；有虚荣心；喜欢刺激；富于幻想；易接受暗示；模仿力强；有好胜心；易于冲动；爱感情用事；有较强的独立意向；希望根据自己的想法、兴趣去行事；认识问题直观、片面；缺乏成年人具备的分析判断、辨别能力。这种身心发展的不平衡，使青少年抵抗外部世界的干扰能力显得相当脆弱，一旦遇到外界不良因素的刺激，很容易做出越轨的举动，实施违法犯罪。

2. 青少年不良的个性倾向性

个性倾向包括人的需要和动机、兴趣、信仰、观念体系等，它决定着人对现实的态度，决定着人的认识和活动的趋向与选择。不良个性倾向性是大多数青少年实施犯罪行为的主观心理因素。青少年的不良个性倾向在需要方面主要表现为具有强烈的物质欲、权力欲、报复欲。在观念体系上，主要表现为以自我为中心，只想索取、不愿奉献的极端利己的价值观；过分追求金钱、享乐、实惠的人生观；善恶、美丑、荣辱、爱憎、是非完全颠倒的道德观；哥们义气高于一切的封建帮派式的友谊观；放荡不羁，崇尚低级感官刺激的性爱观等。正是在这些强烈、畸形的欲望驱使和错误观念的支配下，一些青少年走上了犯罪的道路。

3. 家庭因素的影响

家庭是青少年个体生活、成长的第一空间，是青少年最早接触的小社会。家庭在青少年心目中的位置，应是最为重要的。调查与研究表明，青少年的身心在家庭这一环境中能否健康发展，与家长对家庭的责任感、态度，对子女的教育引导，与其自身性格和言行举止有着密切的联系。若父母对家庭具有强烈的社会责任感；对子女的态度适当；教育、引导得法；自身性格、言行举止良好；家庭的内聚力、亲和力增强；正面影响加大，子女实施不道德行为、违法犯罪的可能性就很小。反之，若父母对子女亲情过剩；疏于管教；家庭暴力，或者是单亲家庭、不轨家庭等，学生受到的负面影响就大，实施违法犯罪行为的可能性就大，甚至直接导致犯罪。

（二）对学生进行法制教育的基本内容

列宁曾说过："在一个法盲充斥的国家里，是建不成社会主义的。"作为新世纪的中学生，首先应该掌握最基本的法律知识，深入了解有关社会主义市场经济的法律法规。比如，要掌握与中学生生活密切相关的《宪法》、《刑法》、《教育法》、《义务教育法》、《未成年人保护法》、《预防未成年人犯罪法》、《消费者权益保护法》、《道路交通安全法》、《禁毒法》、《卫生法》、《治安管理处罚条例》等，不至于使自己成为法盲。中学生只有掌握了一些法律知识，才是一个合格的中学生和守法的好公民。

（三）对学生开展法制教育的主要做法

1. 新生入学后，首先对学生进行常规教育，利用班会、晨会等形式学习《中学生守则》、《中学生日常行为规范》和学校制订的有关制度，让学生明白，怎样才能做一名合格的中学生。

2. 日常管理中要组织开展法制教育专项活动。如在活动中，通过作一次国旗下讲话、听一次法制教育报告、上一次法制教育主题班会、看一次法制教育影视图片资料、出一期道德法制教育的黑板报专刊、写一篇学习心得或征文、开展一次"法在我心中"的演讲比赛活动等，帮助和引导学生明道理、知要求、辨是非、见行动，在系统活动中学法、知法、守法，增强法制观念和道德意识。

3. 采用"走出去、请进来"的办法，使学生在实践中接受法制教育。班主任可以聘请政法部门的有关工作人员担任法制教育课外辅导员，定期邀请他们来校向学生作专题法制讲座。也可以组织学生参加少年庭庭审旁听；去监狱或少教所听在押人员现身说法；到社会德育教育基地开展社会实践活动等等，使学生在现场感受遵纪守法的重要性，了解违法犯罪的严重后果，自觉地做一个守法的人。

4. 加强环境建设，充分发挥环境育人的功能。在班级的宣传板报上，定期出刊《法制教育》专栏，宣传有关遵纪守法的内容，以加强经常性的宣传教育。

5. 注重对有"不良行为"学生的个别教育。每次谈话认真作好记录，及时掌握学生思想变化动态，促进学生的逐渐转化。

（四）对学生开展法制教育应注意的问题

1. 要重视构建学校、家庭、社会三结合的教育网络

在抓好学校主阵地的同时，要帮助和引导家长树立法治意识，增强法制观念，提高对未成年子女的监护管理和法制教育能力。特别是要为单亲家庭、困难家庭、流动人口家庭等提供家庭法制教育的指导与帮助。

作为学校，可以经常性地召开一些家长座谈会，请一些优秀家长作家庭教育经验介绍。班主任可以向家长介绍有关法律法规知识，宣传如何指导子女过一个平安、健康、有益的假日生活等。另一方面，要加强社区开展对未成年人的法制教育，切实占领校外法制教育阵地。

2. 要关注弱势学生的心理健康成长

弱势学生包括有不良行为的学生、学习有困难的学生、单亲家庭或孤儿、外来流动人口子女等，这些学生最易受外界影响而走上违法的道路。作为班主任，要特别地关注他们，帮助他们克服自卑心理，修补残缺心理，真正树立"转化一个后进生比培养一个优生的功劳还要大"的思想观念，使每一名学生都合格地毕业，不出"次品"和"危险品"。

青少年是祖国的未来，是 21 世纪社会主义现代化建设的生力军。抓好在校学生的法制教育，使他们知法、守法、用法，是班主任义不容辞的职责，也是努力实践"三个代表"重要思想的实际行动。因此，对学生进行普法教育要按照科教兴国、依法治国的要求，坚持持之以恒，坚持校内外结合，坚持课内外结合，努力把他们培养成为有理想、有道德、有文化、有纪律的社会主义建设合格人才。

第三节 教育学生的难点及其对策

一、学生法制观念淡薄怎么办

中学生法制观念淡薄的现象比较突出，加上对外开放政策实施以来，一些资产阶级生活方式和腐朽文化也无孔不入地传入我国，潜移默化地毒害着一些缺乏辨别能力和抵制能力的中学生，造成青少年犯罪时有发生。

因此，根据全国人大常委会做出的《关于加强法制教育，维护安定团结的决定》的精神，开展法制教育，不仅是维护安定团结的需要，也是搞好两个文明建设、培养"四有"人才的需要。教育中学生知法、懂法、守法、用法、护法确实具有现实意义和长远的历史意义。对学生进行法制教育，班主任要做好以下几项工作：

（一）法制教育与道德教育相结合

中学阶段的法制教育，主要是进行法制观念的启蒙教育，使学生初步了解一些与日常生活密切相关的通俗易懂的法律常识，逐步树立遵纪守法的观念。

中学生年龄小，好奇心强，模仿能力强，但辨别是非的能力差，所以进行法制教育要以正面事例为主，要展开生动、具体、形象的教育，避免概念化、条文化的法制教育。班主任要在本班认真贯彻《中（小）学生日常行为规范》，并围绕增强法制观念和公民意识进行道德教育。小学重在思想品德教育和行为习惯的训练；初中重在普及法律常识，认清德与法的关系，提高学生的道德水准和自觉遵纪守法的观念；高中重在理论与实际结合，进行德与法的辨析，并初步学一点法学原理。实践证明，以道德教育为基础，逐步引导学生从道德认识上升到法制观念的做法是行之有效的。因为，有了正确的法制观念才能遵纪守法。

（二）寓法制教育于各项活动中

班主任要根据本班学生的年龄特点和接受能力，采取相应的形式，生动活泼地开展法制教育活动。

1. 寓法制教育于故事之中。对于学生，可根据他们的特点，采取他们乐于接受的表演、故事讲述，使他们从中受到教育。

2. 组织观影和影评活动。组织学生观看法制内容的影片和录像并座谈，开展影评活动，可以促使他们自觉提高法制观念。

3. 请进来，走出去。可以请司法部门、交管部门和知法守法的模范人物作报告。报告要有充分准备，要联系学生实际；也可以组织学生到社会上宣传法律常识，在宣传中提高自己的法制观念。

4. 充分利用班会、队会、团会来开展法制教育活动。

5. 在法制宣传下，举办"模拟法庭"，开展"我当小法官"活动或法律知识竞赛……

在这些活动中，班主任要善于适时地进行有关案例分析，引导学生明辨是非，吸取教训，并指导他们防范。同时，还应帮助学生磨砺手中的法律武器，学会用法律保护自己和他人的合法权益。在选择案例时，不可追求情节，尤其不能向他们讲述犯罪作案的具体细节，以及那些残忍、恐怖、荒诞、淫秽的东西。要开展学生喜闻乐见的活动，把法制教育同学生实际的思想和行为有机地结合起来是行之有效的方法。

可以根据《宪法》中关于公民必须爱护公共财物、遵守公共秩序、遵守社会公德的内容和《治安管理处罚法》中的有关规定，帮助学生认清违法和犯罪的关系，要让学生懂得两者之间虽有区别，却没有不可逾越的鸿沟，如果轻微违法不改，发展下去就会走上犯罪道路。

（三）在法制教育中应注意的问题

1. 坚持正面教育的原则

中学生思想单纯，必须以正面教育为主。要多选择一些正面教育材料，不要随意用法律威吓学生。学生犯了错误或有违法犯罪行为也不要让他们当众检讨。选择案例时，要防止犯罪案例的消极影响，要注意发现遵纪守法的好典型，引导学生向他们学习，要用崇高的思想美德陶冶学生的心灵。要热情鼓励和表扬知错就改的典型，促进后进生的转化。对有轻微违法犯罪的学生要立足于"拉"，抓住苗头及时开展"生活上关心，思想上帮教"的活动。可通过介绍"浪子回头"及"防微杜渐"的事例，耐心启发诱导学生，或通过谈心、家访进行教育。坚持正面教育的同时也要注意发挥反面教材的警戒作用，要把严肃处理同教育挽救有机地结合起来。

2. 坚持理论联系实际的原则

思想政治教育最忌讳空洞说教，法制教育不能只让学生背诵法律条文，而应当联系实际，使他们懂得什么是违法行为，什么是守法行为。要让学生明白坏思想、坏行为都是由小到大，由轻到重发展的。只有从小遵纪守法，长大才能守法、护法。但是，联系实际切不可给学生扣帽子，不能歧视他们，相反，更应该亲近他们，关心他们，热情教育他们。

除了上述两点外，在法制教育中，班主任还必须做守法、护法的模范，充分发挥榜样的示范作用。同时，一定要千方百计地帮助学生克服周围不良因素和环境的影响，对学生开展持之以恒的法制教育。

有些班主任特别重视组织学生参加义务劳动，在劳动中让学生懂得什么是无私奉献，为什么无私奉献的精神最崇高；还经常开展参观访问活动，让学生了解周围的人们怎样为他人服务，从而激发责任感。这些也是培养学生责任感的有效方法。

当然，培养学生的责任感，靠班主任单枪匹马是不行的，还必须依靠广大任课教师和学生家长的共同努力，以及社会各界的广泛支持，唯有这样才能为学生创造一个良好的家庭和社会环境。

二、遇到"品德不良的学生"怎么办

有调查材料表明，经常违反《中（小）学生日常行为规范》或犯有较严重道德过错、有一定犯罪行为或达到犯罪边缘的学生人数，占被调查学生总数的3%。教育不好这些学生，不仅不利于他们个人的健康成长，也必然影响整个教育的质量。应当如何教育品德不良的学生呢？

（一）以情激情，消除对立情绪

有些班主任对品德不良的学生爱不起来，甚至采用讽刺挖苦和体罚的方法，而品德不良的学生对教师或同学也往往存有戒心或敌意，使师生间形成了一道情感的鸿沟。因此，要教育转化品德不良的学生，班主任应从情感入手，千方百计地消除师生间的对立情绪。教师首先要相信品德不良的学生是可以变好的，要用自己对他们的爱和尊重，获取他们对班主任的崇敬和信赖。实践早已证明，只要教师不歧视他们，多和他们交朋友，用教师春风化雨般的爱滋润他们的心田，就会消除他们的对立情绪。另外，班主任要着力培养他们的羞愧心、上进心和自信心，激发他们自我教育的欲望，促使他们用自身的积极因素克服消极因素。在这方面，我国古代教育家十分重视"自省"、"自反"。"自省"才能"自愧"，"自反"才能自我改正。

（二）融情于理，提高辨别是非的能力

消除了品德不良学生的对立情绪后，当务之急是提高他们的思想觉悟和辨别是非的能力。可以通过是与非、善与恶、美与丑、正义与非正义、诚实与虚伪、公与私的道德标准教育，提高学生的自我意识、自我认识水平和自我评价的能力。进行这种教育，就需要讲道理，讲道理必须做到融情于理。讲道理时，讲的内容既要有闪光的思想，又要有亲切活泼、含笑讲道理的风度。在这方面毛泽东同志为我们树立了榜样。如他用鸡蛋和石头比喻，把哲学中内因和外因的关系阐述得十分透彻；他用《愚公移山》这则寓言，有力而有效地呼唤全党、全国人民去推翻三座大山！听了这样的道理真是如坐春风。班主任在给品德不良学生讲道理时一定要谦和、宽厚、平等待人，力争把道理讲得诙谐有趣、有情有理、有理有据、深入人心。这就要求我们必须知识面宽。一位知名教师曾说："班主任的头脑应当是一个知识宝库，至少储存 100 个正反面的形象；200 条古今中外的名言；300 个生动活泼的故事。"这样，讲起道理来才会深刻感人。如我们曾通过列举大量事实，使一位品德不良学生懂得了"浪子回头金不换"，明白了犯有错误并不可怕，可怕的是讳疾忌医、拒不改正的态度。为了使一位因"哥们儿义气"而犯错误的学生，懂得"哥们儿义气"是一种错误观念，我们一方面引导他们历史地分析和认识这个问题，一方面利用鲁迅先生择友的例子，以及讲解孔子说的"益者三友，损者三友，友直、友谅、友多闻，益矣；友便辟、友善柔、友便佞，损矣"这段话，使他们明白了择友的意义和标准（重人品、重知识），不能掉以轻心，并引导他从自己犯错误的过程中，认识到"哥们儿义气"的危害。道理清楚了，他便自觉地与坏哥们儿断绝了来往。

（三）以情促行，培养良好的行为习惯

青少年的不良品德和行为是在内外因相互作用的影响下形成的。我们要根据其不良品德行为形成的主客观原因，努力抓好知行统一、言行一致的养成教育，使他们养成自我要求、自我控制的能力和习惯。品德行为教育的基本问题就是使学生的道德意识、道德情感转化为道德行为。因此，提高他们的认识；激发其感情，以情促行，是对品德不良的学生进行品德教育的重要步骤。

培养学生的良好行为习惯，可以采取正面诱导的方法为他们树立学习的榜样。不仅要组织他们学习英雄模范人物的先进思想和优良品德，开展向英雄模范学习的主题班（队）会活动，而且还要引导他们学习身边的优秀同学，特别是树立他们中间进步较大的学生为榜样，这样更便于他们学习。同时，还要为他们创造养成良好行为习惯的环境，让他们参加集体活动，为集体做好事。在他们取得进步时，要促使他们坚信有志者事竟成的道理，帮助他们用这种思想指导自己的行为，争取在德智体美劳各方面都取得进步。

培养良好的行为习惯，还可以采取行为矫正法，指导品德不良学生遵守道德行为规范。我们应当认真贯彻《中（小）学生日常行为规范》，结合学校各方面的常规要求，加强检查和督促落实。如有的学生不诚实、爱说谎，班主任没有简单地训斥他们，而是从研究他们的心理特点出发，分析其说谎的原因后，对他们加以纠正。通过召开"从假话国里走出来"、"我们来到了真话国"的主题班（队）会，引导他们认识假话的危害，明白诚实是美德，从而矫正他们说谎的不良行为。

社会大气候的不良因素对学生的品德影响很大，我们应当分析学生产生不良品德的原因，区别其性质，有针对性地予以教育。我们必须调动家庭、社会的积极力量，做到三位一体，共育良才。

总之，学生政治观点、道德观念的形成并非一朝一夕所能解决的。班主任应该多了解学生的思想状况和产生根源，多动脑子想办法，在爱生的前提下，理直气壮地辩证地去讲能使学生信服的"大道理"。当然讲道理也应针对学生实际，留有余地。

三、不知怎样运用榜样教育学生怎么办

榜样示范是以他人的先进思想和模范行为教育影响学生的好方法，在中小学德育工作中发挥着重要作用。一个人的健康成长离不开榜样。剧作家沙叶新（《陈毅市长》的作者）在加入中国共产党时曾说："在雷锋、焦裕禄面前，我明白了怎样做人的道理，产生了一个非常强的信念——人活着就要为人民服务。"老山前线流传着"吃亏不要紧，只要主义真，亏了我一个，幸福十亿人"的豪言壮语，夏明翰这样的道德榜样越过了几代人

的界限，产生了无穷的力量。可见"榜样的力量是无穷的"。因此，很多班主任都比较重视运用榜样对学生进行正面教育。然而，为什么榜样具有如此的神力，怎样发挥榜样的示范作用，班主任却不是十分清楚。这样，在实施榜样教育时，难免具有盲目性，缺乏持久性。要善于发挥榜样的作用，必须做到以下几点：

（一）充分认识榜样的作用

充分认识榜样的作用，是班主任运用榜样教育学生的关键。榜样是无声的号召，它比有声的语言更有吸引力、说服力和感染力，不仅可以影响学生的思想认识，具体告诉他们应该怎样做，而且还可以熏陶他们的感情，使他们的内心产生巨大的力量，推动他们下定决心去做，形成良好的思想品德和行为习惯。

当今的青少年虽然具有善于独立思考、不盲从、不喜欢空洞说教的特点，但他们却缺乏正确的立场、观点和方法；他们虽然喜欢模仿，但又不善于分辨真善美与假恶丑。因此，班主任要善于运用榜样把抽象的政治道理具体化，用其完美的形象和崇高的品德引起学生的内心体验，激励学生去追求美好的道德思想，培养他们的优良品质。大量的事实说明，榜样具有一种调节功能，突出表现为四方面的作用：一是启动作用，即激励、启发、推动学生向榜样学习；二是控制作用，即以榜样为标准，自觉控制自己不正确的思想和行为；三是调整作用，即借助榜样的力量，排除各种障碍；四是矫正作用，即以榜样为标准，改正自己的缺点，规范自己的行为。

（二）引导学生虚心向榜样学习

榜样是否充分发挥作用，取得良好的教育效果，首先在于榜样是否具有先进性、权威性和生动性；是否使学生觉得榜样是亲切感人、令人钦佩的，除此之外，则有赖于学生自身的心理状态。因此，班主任运用榜样教育学生时，要实事求是地宣传榜样的思想和事迹，要使榜样真正成为学生的奋斗目标，从而让学生虚心地向榜样学习，并能以实事求是的态度分析自己与榜样相比的主客观条件，明确向榜样学什么、怎样学，进一步变道德愿望为实际行动。

在帮助落后学生全面分析先进同学时，不能要求过高，不能因他们的某些缺点就否定他们的成绩。对学生中讽刺、打击先进的不良现象，要进行严肃的批评教育，要树立"见榜样就学、见落后就帮"的好班风。

（三）树立榜样应注意多样性、层次性

在道德教育中，发挥道德榜样的作用，是我们的优良传统。青少年认识能力虽然在逐步提高，但是，由于他们阅历浅，对周围事物的理解凭感情多于凭理智。他们期望从前辈那里学习做人的榜样，但又不同于儿童时期盲目地接受和重复别人的行为。他们对榜样有了一定的选择性。根据青少年这些心理发展的特点和差异，班主任要尽可能多地为学生提供学习模仿的榜样，让他们在众多的英雄模范中寻找自己理想的形象。同时，要设法适应他们多层次、多方面的需要，树立榜样的类型要多样，既要宣传老一辈革命家、英雄模范人物的事迹，又要表扬学生身边有突出表现的好人好事（对学生中的榜样，由于他们尚未成年，正处在学习、进步的过程中，班主任有责任帮助他们把受表扬作为新的进步起点）。特别是对那些"向昨天告别"，有显著进步的后进生更应及时加以肯定和扶植，以满足不同层次的学生选择榜样的需要。

（四）充分发挥班主任以身示教的作用

作为班主任必须清楚自己肩负着教书育人的双重任务，既要向学生传授知识，又要塑造他们的心灵，不但要做"经师"，更应成为"人师"。因此，班主任的思想觉悟、道德风貌、文化修养、意志品质、情感情操，甚至言谈举止无不深刻地影响着学生。仅以情感方面为例，教师热爱祖国；对工作的责任感；对学生的热情诚挚；对真善美的歌颂、追求；对假恶丑的鞭挞、鄙弃等情感，都会强烈地影响学生，唤起学生积极向上的情感。"以情感人、以情动人、以情育人"，这正是广大教师在情感教育方面的成功经验，而它的成功就在于教师的情感示范。

早在两千多年前，孔子就强调榜样的作用，提出"其身正，不令则行。其身不正，虽令不从"。夸美纽斯说得好："教师的急务是用自己的榜样诱导学生。"实践证明，教师好的行为，是鼓舞学生前进的旗帜和方向，它能点燃学生理想的火种，会给学生前进的动力、信心和力量。因此，班主任必须严于律己，以身示教。要培养学生德智体全面发展，自己要先做出表率，即要严格修养自己的共产主义思想，做一个品德高尚的人；要树立学而不厌的精神，成为治学、治教严谨的人；要和学生共甘苦、共生活、共创校风、共守校规，成为言行无愧、为人师表的人，使自己真正成为学生的榜样。

四、不知如何培养学生的健康情感怎么办

培养学生健康情感的重要性，已经引起广大班主任的高度重视。诚如列宁所说："没有'人的情感'，就从来没有也不可能有人对真理的追求。"情感是人在各种活动中，对客观事物所持的态度和体验。情感具有积极和消极的两极性，这在中小学生身上表现得尤为突出。中小学生情感变化大、情绪不稳定，一旦生活、学习遇到困难容易消沉，同学间出现不团结，也极易产生无益激情。因此，班主任有责任教育引导学生消除不健康情感，培养积极情感。

（一）根据情感特性，为其创造良好情境

情感受认识和觉悟高低的影响，俗话说"有所知才能有所感"，这就是情感的理解性。认识是情感的基础和依据，培养学生健康情感的关键是提高他们对问题的认识和思想觉悟。同时，班主任必须依据情感的情境性，通过客观情境判断学生的情感，同时"要培养人们良好的情绪和情感，就应当创设熔炉般的情境。造成尊重、谅解、友谊、关心、体贴、互助、诚恳、真挚、信任、愉快、振奋、向上等良好的气氛，这样才能以境育情"（《思想教育心理学》）。班主任要根据学生的"合理而又现实的需要"，创设具体、生动、形象的情境，使之具有巨大的感染力，从而使自己的道理更有说服力。如爱国主义情感中，包括对自己祖国的自豪和热爱的情感，也包含对敌人憎恨的情感。要提高这种崇高的情感，一要使学生明确个人理想和祖国强盛是分不开的，通过教师讲道理提高这种"一致性"的认识，是培养爱国主义情感的基础。同时，还要通过开展诸如调查家乡英烈、建造烈士丰碑、编写家乡烈士英雄谱、"英雄鼓舞我前进"主题班会、家乡新貌展览、热爱祖国诗歌朗诵会等活动，创设情境，促使学生产生情感体验，使其受到情感感染，激发其爱家乡、爱祖国的情感和为

祖国"四化"大业奋发学习的热情。

（二）引导学生控制无益激情，锻炼其坚强意志

激情是情感的基本形态之一，它包括有益的激情和无益激情。无益激情即不符合《中（小）学生日常行为规范》以及道德准则的粗暴行为，是极为有害的。班主任有责任帮助学生控制无益激情。为此，要帮助学生树立完备的理智感，帮助学生认清无益激情产生的原因、特点和危害，提高其自我控制无益激情的能力。这就要求班主任要具有完备的理智感，能从自己和学生的思想行为中和主客观的种种现象中，寻求相互的关系和联系，对学生做出中肯的评价。还要能调动学校、家庭、社会的一切积极因素，引导学生体验、感受、理解现实世界的美与丑、善与恶、正确与错误，以及培养学生完备的理智感，引导他们利用正确的道德标准分析客观世界，并与美好的理想同丑恶的现象作斗争。

（三）发挥教师的感染作用，处理好三个关系

情感具有强烈的感染性。德育工作是知、情、意、行四要素组成的动态系统。四要素是相互联系、相互制约、互为补充的有机整体。其中情感渗透了德育工作的一切领域，如高能催化剂一样产生情感效应。因此，班主任应该用自己的积极情感去感染学生，引导他们进行积极的情感体验，培养他们积极的情感。班主任充沛的热情、深沉的爱定会激起学生相应的积极情感体验，能让学生更好地接受教师的教育和传授的知识。相反，如果教师情感冷漠、态度生硬，就不会唤起学生接受教育的主动性和热情，这会增大师生间的情感距离，妨碍教育教学效果。为了发挥教师积极情感的教育效应，班主任在培养学生积极情感时，要处理好以下三个关系：

1. 严与爱的关系

教育中的"严"与"爱"是统一的，"爱"寓于严格教育之中，严格教育是爱的体现。我们所说的"严"指的是学风严谨、纪律严明、制度严密、管理严格，狠抓班风建设，严格各项规章制度。当然，"严"绝非严酷和粗暴，而应以"爱"为基础，这样才能"严"得有情、有理。反过来，"爱"又以"严"为前提，两者恰如其分地结合，才能"爱"得有度、有方。"爱"而不"严"，学生不能成才，"严"而不"爱"，只能伤害幼嫩

的心灵。一位优秀教师说得好："一分严格之水，要掺上九分感情之蜜，才能成为教育的甘露。"

2. 情与理的关系

教育最大的特点之一是以理服人、以情感人。它体现了"理"制约"情"、"情"服从"理"的辩证关系。长期以来，我们比较重视以理服人，忽视以情感人，习惯于开会、作报告。进行说理，应从学生心理特点出发，循循善诱。这样，学生才不会产生逆反心理。

情感是道理能够发挥作用的基础和前提，师生关系融洽，讲道理即便尖锐些，也能使学生接受；相反，师生关系不好，道理多么透彻，学生也可能听不进去。要培养学生的积极情感，教师特别是班主任首先要具有崇高的情感，这样才能达到"情"通"理"达、"理"直"情"正的境界。

3. 爱学生与教学生爱的关系

爱是人类的一种美好情感。严格教育体现出的师爱，既不同于溺爱，也不同于粗暴的爱。苏霍姆林斯基称溺爱是"母鸡的爱"，母鸡翅膀下是教育不出小鹰的；而粗暴的爱则是摧残学生的感情的鞭子。这两种"病态"的爱只能培养出病态的学生。教师的爱应当是含蓄而深沉、真挚而理智的。爱学生的最终目的是教育学生学会爱，使他们从小在爱的环境中，学会爱父母、爱师长、爱人民、爱集体、爱祖国、爱学习、爱事业。要使学生具有这种健康的情感，除教师要以身作则，为学生树立光辉榜样外，还要向他们提出爱的要求，为他们创造适当的时机和方式表达这种爱。

五、不知怎样进行时事政治教育怎么办

为贯彻小平同志"教育要面向现代化，面向世界，面向未来"的要求，特别是在改革、开放、搞活的新形势下，学生思想活跃、社会信息灵通，如何正确及时地引导学生了解国内外大事，联系实际领会党和国家的方针政策，培养学生眼中有世界、心中有祖国的高尚情操，具有深远的意义。目前，时事政治教育虽然在一些学校里已经有所开展，但是不少班主任尚不清楚如何进行时事政治教育。为此，我们综合一些教师的经验，谈两点粗浅意见，希望能对班主任有所启发。

（一）时事政治教育应做到"四性"

1. 内容的系统性

欲达此目的，我们可以引导学生坚持每日读报，听新闻联播或上网查询，并做好记录，定期对收集的大量社会信息进行系统加工整理。具体做法是按时间顺序编排时政内容，或采取分类编排的办法。后者是把时事政治的内容分为党和国家重要会议和主要内容、国际重要时事、重大科研成果和经济成果、领导人的重要讲话和出访、党和国家的重要方针政策等专题，指导学生按类编排。

2. 教育安排的计划性

时事教育没有固定教材，谁来担任这项工作也不明确，只有教毕业班的政治课教师，为了升学考试的需要，才会临时突击一下这方面的内容。因此，平时的教育具有很大的随意性，常常被其他内容挤掉。因此，班主任有责任把时事政治教育纳入自己的德育工作计划，并与政治教师的教学工作、学校的德育活动紧密结合，做到对学生有明确的要求，检查落实的措施要具体、持之以恒。

3. 联系实际要有针对性

脱离学生思想实际进行时事政治教育，效果是不会好的。只有引入能够引起学生情绪冲动的社会议论的中心课题，帮助他们澄清模糊认识，才能增强他们辨别是非的能力。如针对高校毕业生分配制度的改革，一些学生认为上大学没什么意思，万一大学毕业找不到工作，就更得不偿失了。教师可以引导学生明确这项制度改革的目的是为了把竞争机制引进学校，这对学生的要求更高了——只有德智体美劳全面发展的学生才能适应社会需要，从而激励学生全面发展自己。

4. 教育形式的多样性

教师应从学生和班集体的实际出发，创造条件，采取多种形式进行教育。如在要求学生广泛搜集社会信息的基础上，定期召开"新闻发布会"、举办时事政治报告会（可由年级或全校组织）；利用黑板报进行时事政治宣传；举办时事政治知识竞赛（一学期一次为宜）；组织学生开展社会调查……这些活动形式要综合运用。

（二）定期开展时事政治讲评活动

前边我们提了几种教育形式，这里我们特别强调一下，在时事政治教育中要特别重视对时事政治的讲评。讲评能升华教育的主题，是提高教育效果的有效方式。

时事政治讲评主要是引导学生运用思想政治课上所学的马列主义观点和原理，站在党和人民利益的高度，对时事政策进行分析、评述。具体来讲可采用一般性讲评与专题性讲评相结合、学生讲评与教师讲评相结合的方法。专题讲评要提前布置，要求学生搜集资料，做好准备。教师讲评是在指导学生自评的基础上，补充学生的疏漏，阐明自己的观点，抓住学生认识不清之处，帮助学生提高认识。

六、不会利用社会信息教育学生怎么办

中小学生获取社会信息具有面宽、量大、速度快的特点。他们所获取的信息中，虽然积极有益的居多，但是现实生活中不健康的信息源常常混杂在"改革"、"引进"的行列中，并以"新鲜"、"有趣"投青少年之所好，不声不响地毒害着青少年。对此，我们不能不引起高度重视。然而，有的班主任对社会信息特别是网络信息的认识还不够深刻，进行信息教育的方法还不够得力，因此，有进一步探讨的必要。

（一）应高度认识社会信息教育的重要性

班主任能否广泛获取、及时分析和处理社会信息，从而利用健康的社会信息教育学生，并引导学生抵制不健康信息的影响，是完成教书育人任务的关键。

众所周知，社会信息的传播，有利于学校与社会协调发展，有利于学生突破自己的小天地，以社会主义祖国为基点看到世界，展望未来发展和现代化的图景。要为祖国"四化"大业培养创造型的人才，就要给学生创造一种环境，使他们扩大接收社会信息的源流，看到未来世界现代化的形象，激励他们为实现祖国的社会主义现代化而奋发努力。这是实现邓小平同志提出的教育要"三个面向"的需要。

社会信息的传播有利于培养创造型人才。社会信息对青少年思想观念

的变革和心理发展有着巨大影响。它促进学生对某一事物的崇尚追求以达到身心等方面的满足，并在心理上产生一系列的变化。除了这种心理变化外，越来越多的青少年认识到人的价值将和他对社会的贡献成正比，其参与意识明显增强，创造意识和做集体、国家主人的思想越来越强烈。虽然这种观念变革的表现形式不同，但他们的多数都产生了求新（追求新知、求奇）、求实（追求真理、诚实和实惠）、求异（标新立异、不盲从、不迷信）、求我（要求自由、少约束）的思想和行为。这种观念变革的原因固然很多，但社会信息的影响作用是不可低估的。对此，班主任应当给予正确的引导，发扬其创造性的一面，引导他们真正成为"敢探未发明的新理"、"敢入未开化的边疆"（陶行知语）的人才。

（二）要积极探索社会信息教育的新途径

利用社会信息对学生进行教育，没有现成的经验可供借鉴，根据我们的实践探索，觉得以下几点十分重要。

1. 班主任广泛获取和及时处理社会信息是信息教育的前提

受时间和精力的限制，一个班主任获取的信息量一般不大可能超过自己的学生。但是，为了对学生进行有效的信息教育，班主任必须加强政治理论学习，广泛阅读报刊书籍，有效运用网络媒体，积极参与各种社会活动，了解社会动态，经常去访问学生家庭，摸清学生的第二信息源；关心影视节目，分析其对学生的不同影响，使自己尽可能多地获取社会信息，以缩小与学生占有社会信息量的差距。另外，班主任要充分发挥自己处理社会信息的优势，利用自己政治的敏感性和科学知识丰富、分析鉴别能力强的特点，在众多信息中把国内外的形势、国家的重大政策法令作为首要的信息加以了解和把握，还要尽量接触学生能够接触到的社会信息源和传播渠道，特别是网络媒体；要了解学生对各种信息的态度及对他们的影响，针对具体情况及时加以引导，对有积极影响的健康信息要及时传播，对不健康的信息要引导学生正确认识。可见，班主任获取和处理信息是开展信息教育的前提。

2. 提高学生对社会信息的鉴别能力是信息教育的关键

在学生获取的大量社会信息中，既有健康有益的，也有腐朽龌龊的，如资产阶级腐朽的生活方式，黄色书刊、光盘录像、网络上的黄、赌、毒信息的传播等。在这种社会信息良莠混杂，传播方式和渠道难以把握的情况下，班主任应当千方百计地提高学生分辨是非、鉴别良莠的能力，帮助学生掌握正确的观点和方法，坚持对学生进行理想教育、道德教育、法制教育、集体主义教育和爱国主义教育，使学生坚定正确的政治方向。这样，他们才能自觉地接受健康的社会信息，识别和抵制有害的社会信息。

探索利用社会信息教育学生的方法是增强教育效果的保证，近年来的实践证明下列方法是行之有效的：

（1）每周召开一次信息发布讲评会。由每位学生有准备地将自己一周内获取的政治信息、科技信息、社会情况信息、国际与外交信息、文学、艺术、教育、法律信息进行整理，在全班宣讲，并简要说明自己从哪些信息中受到教育，某些信息为什么是不健康的，教师最后加以综合。引导学生对所获得信息进行交流、分析、鉴别、筛选，扩大健康社会信息的教育作用，使学生增长知识，开阔视野，提高分辨美丑善恶的能力。

（2）组织学生学习"网络文明"规范和网络技术，交流正确使用网络获取信息、防止网络负面影响的经验。

第四节　教育学生的经典案例

案例 1

音乐课上的风波

"简老师，正找你！"气势汹汹的连老师直冲我过来。

连老师接着气愤地说："今天，你那班的课根本上不下去——全班起哄，让人试唱打分，居然有人拒唱；说了他们几句，更是起哄，下课时还踢门。太不像话！无法无天！"

"一定要狠狠教训！"连老师向我和围拢过来的老师诉说。

"太过分了！"、"太狂了！"、"不管怎么行！"办公室里的老师们议论开了。

我冲出了办公室，急步来到教室外，这时捣蛋鬼们正安静地在上课。哼！我替他们受气，他们倒若无其事！

刚回办公室，连老师也进来了，冲着我说："我现在就要求解决！"

我稳定一下情绪说："学生正在上课。请让我课后解决，好吗？"

办公室里其他老师好奇地追问，连老师又开始了刚才的"控诉"。我如坐针毡，铃一响就跳起来去把那几个"罪魁祸首"拎到了办公室，劈头盖脸先狠狠训了一通。

再问："认不认错？"

一片寂静。我火冒了上来——啊，还死不认错？一转眼，门外有几个小脑袋一晃不见了，嘿，还有人侦察情况。

"柳明，你上课为什么私自换座位？"我抓重点，连珠炮般"轰炸"过去。

"方向，你是班委，唱不出来还顶撞老师！"

"陈强，你一贯自由散漫，这次又带头起哄！"

连老师也过来连连喝问。再看学生，他们却个个昂首挺胸，满不在乎地直视我，就是不吭声。我尴尬极了。辛亏上课铃响了，我才发令："全都回教室！"

我拉住走在最后的方向，问道：

"怎么回事，方向？你一向自尊自爱、蛮懂事的，今天怎么这样不懂事？"

刚才还不服气的方向，这时眼泪哗地流了下来。她断断续续地说："音乐课上的纪律是不好，老师讲了还是乱哄哄的，老师就骂了我们；有人还顶嘴，老师大为恼火，并且骂了难听的粗话。同学们感到受了侮辱，心中极其反感，结果全班一致和老师作对。"

噢，原来是这么回事……

走进教室，我平静地说："我想先了解一下音乐课上详细的经过。"

几乎全班学生都举起了手，我特地挑了几个不同类型的学生来讲，他们个个激动、委屈加愤怒，各人语气不同，但说的内容大体相同。

我这才说："这件事的经过我知道了，我相信你们不是故意捣乱的学生，但你们有没有错？"

"有！"声音低，但很清晰。

"那么，错在哪里？"

"带头起哄！"、"私换座位！"、"破坏公物！"大家七嘴八舌地讲。

"你们认为连老师错在哪？"我又问。

"老师怎么能骂粗话？"、"老师不尊重我们。"

我点点头，又问："连老师管你们对不对？是不是为你们好？请你们好好想一想。今天就讨论到这儿。后天班会，我有一个安排。"

大家困惑地盯着我，他们一定在想：简老师怎么转话题了。当我宣布是准备请一位心理学专家来给大家做一次"青春期心理知识讲座"后，同学们开始兴奋地小声议论开了。

周末班会上，同学们听得很专注。放学前，我布置了写周记，要求结合"音乐课事件"写听讲座后的感想。

星期一，周记本交上来了。我就一本本仔细地看，并摘抄部分内容。我还发现七八本周记本里都夹了检查书。下午放学了，全班居然都留在教室里，班长来请我去，我知道他们等我去继续处理音乐课的事。我快步来到教室，就一段段地读他们的周记，全体同学静静地听着。最后用陈强的周记来总结：

"正如心理学专家林教授讲的，我们的逆反心理太强，又冒失又莽撞，其实连老师是为我们好。林教授说：'要想别人尊重自己，首先要自己尊重别人。'音乐课事件说明我们还没有真正学会尊重别人。不过，我希望老师也能尊重我们。我们犯错误，老师应该批评教育，但请不要用辱骂的方式。"

我说："我真高兴，你们能够认识到自己的错误，能够冷静全面地思考问题，谢谢你们！"

全班报以热烈的掌声，并一致表示要向连老师当面道歉。

班长站了起来说："我代表全班去写检查。我认为上好每堂音乐课，是对连老师最好的道歉，也是我们改正错误的实际行动。"

全班鼓掌赞成："我们要少犯错，少惹麻烦，给简老师争气！"

我心头一热，对学生说："我也会去和连老师谈谈，我要为我开始的态度向你们道歉。但我想告诉你们，做老师真难，老师不是神，是人，也有缺点，也会做出处理不当的事来，也请你们谅解！"

好多学生笑了，一个学生大叫："老师，做学生也不容易！"

我说："那以后遇事，我们都要换个位置，为对方想想，好吗？"

热烈的掌声让我再次感动，几乎要哭出来。

又上音乐课了，我悄悄站在门外。班长交给连老师一叠检查，又代表全班作了保证。连老师似乎挺高兴的。在响亮的歌声中我悄悄离去。

又快到上音乐课的时候了，一直想和连老师谈谈，可我总犹豫着，不知如何开口。

不料连老师却来找我了，第一句话就是："简老师，谢谢你，也谢谢你的学生。"

我不知所措地问："那这两次课……"

"蛮好！蛮好！孩子们都蛮懂事、蛮可爱的！"我还没问完，连老师就抢着说："上次也怪我不冷静，只一心想管教他们，却没注意方法。我们当老师的要多研究研究心理学，要使冲动的学生冷静下来，老师更要冷静。"

我连连点头称是。

几天后，我正在备课，班长和方向冲进来，兴奋异常地说："简老师，简老师，音乐课上连老师向我们道歉了！"

【访谈录】

问：当连老师向你告状时，你是怎么想的？

答：听了连老师的一番话，我没有说什么，心里想，这班学生不至于如此可恶吧，肯定事出有因。我和这班学生是同时跨进这所学校的，第一次教学，也是第一次做班主任工作。我平时忙于教学，班主任工作抓得不紧，一直怕任课老师来告状。越怕就越有麻烦找上门，而且是很大的麻烦！所以我又委屈又羞愧，觉得班主任难做，而且我心中的疑问渐渐被愤怒代替——冲到教室，把这帮小鬼头狠狠地教训一番！

问：你为什么不找连老师谈谈，反而训斥学生呢？

答：说实话，我有些打怵。人家是老教师，可以说有丰富的经验，而我初来乍到，生怕别人不理解，引来其他老师的误会。另外，也不知如何开口，所以我训了学生。当时，我很后悔自己发火了，也意识到，单纯靠批评和责骂是解决不了问题的，可我又无法向连老师交代。好在我的学生们帮了我的忙，连老师也及时反思，解了我的围。

问：在走进教室以前，你已经了解了事件发生的过程，为什么还要向同学们了解情况呢？

答：在走进教室的一刹那，我感受到一种委屈和不满的氛围，我知道我们班的"小侦察员"已带回了情况，同学们对我也产生了不满情绪。如果不先排除他们的对立情绪，我是无法处理好这件事的。所以，我要平静地让他们诉说，发泄一下心中的不平才行。

问：通过音乐课事件的处理，你有何感想？

答：教师和学生应该是平等的，过去总强调学生要尊敬师长是正确的，这次风波的处理使我真正懂得老师也要尊重学生，"来而不往非礼也"，更何况他们是孩子。要有尊重的前提，才能换来孩子的真诚与感动。

通过这件事的处理，让我感觉学生们更加可爱。换言之，这件事也让我爱上了教师这个职业。

【案例分析】

有人说："最通情达理的是儿童，最讲道理的是孩子。"别看青少年单纯、热情，在有关自尊、面子问题上具有一种非常执著和坚定的态度，但一旦明白是自己"错了"，他们又能虚心接受、勇于承担、承认错误、改正错误，他们是最具有"虚怀若谷、从善如流"的情怀的。

从本案例中可以看出，青少年的逆反心理表现得很普遍、很突出，并形成"心结"，但也很容易被化解，关键就看成年人的态度和方法。简老师开始简单的批评于事无补，随即及时向学生道歉。然后通过心理知识讲座，根据青少年心理特点开展工作，让学生自我反思，并通过周记的形式，说明情况，结果不仅"大事化小，小事化了"，而且还增进了师生之间的相互尊重和感情，"不亦乐乎"！

案例 2

"你是好孩子!"

初一开学第一天,我就利用下午的自习课召开了班会。班会上,我发给每个同学一页白纸,然后对大家说:"我们每个人都在用自己的行动,书写自己的历史,就像是在这页白纸上作画。我们都喜欢选择热情的红色、晴朗的蓝色、宁静的绿色,但我相信,不会有人喜欢用昏暗的灰色或是代表阴暗的黑色。今天是一个新的开始,过去的一切,无论是辉煌还是悔恨,都已经翻过去了,接下来我们要好好想想:如何谱写这新的一页历史呢?"

说话时,我特别看看小 A,发现他的眼神由怀疑到渴望,又转为沮丧。看来他不是没有触动,只是对自己没有信心。在接下来的几天里,我从方方面面观察他,从各种渠道了解他、接近他。

恰巧他与同学玩闹中把衣服扯坏了,我把他叫到办公室。他一脸的戒备,可能以为我要批评他。我让他坐下,让他把扯破的衣服脱下来,我拿出针线,边帮他补衣服,边和他谈心。

"听说你在小学的时候很'厉害',别人都不敢惹你,连老师的话你也不听,是吗?可我没看出来,我看你挺好的,一点也不像打架大王。"

我抬头笑着看看他,他正在发愣地看着我。我又说:"过去的,我不再问,但我希望你从现在开始,能和其他同学一样,严格要求自己,好吗?"

他半信半疑地答应了我一句。

可第二天,第一节课都上了一半了,他才在操场上出现。当他站在教室门口犹豫是否进去时,我把他叫到我办公室,并把办公桌上的小闹钟送给了他,告诉他说:"一个能够守时、守信的人,才值得让人尊重、让人爱。"

他感觉很意外,又有些感动,对着我憋了半天,才说了句"谢谢老师!"之后,再也不知道说什么好了,只是用双手紧紧地握着小闹钟。我让他坐下说说话,迟疑了好一会儿,他才告诉我他家的情况和今天迟到的原因。

原来他小时候母亲就去世了,爸爸工作很忙,脾气也很坏,因此家里没有人照顾他。那时，他长得又瘦又小，常被人欺负。后来开始反抗，再后来到欺负别人，于是就成了现在这个样子。昨天晚上，父亲值班不在家，早上没有人叫他，他就睡过了头。

"噢，原来是这样啊！那以后就让小闹钟叫你吧，不过你可得保证下不为例哟！"

他高兴地答应了。果然再也没有迟到过。但作业却经常不完成，上课还乱讲话、气老师。那天又把一个科任老师气哭了。我非常生气，把他叫到校园的小花园，带着怒火大声问："你这孩子是怎么回事，是不是就不想好了？"

他瞪着眼死盯着我，大声说："我本来就不是什么好孩子，就是笨，就是这样，谁让你管了？"

我心里一怔，火气冲天，抬手打了他一个耳光。同时，对他喊道："别人可以看不起你，你自己怎么能看不起自己呢？"

说着自己再也控制不住情绪，眼泪也随之流了下来。孩子的眼泪也流了下来，我们一起大哭起来。过了一会儿，我恢复了理智，扶着他的双肩，恳切地说道："对不起，老师不该跟你发火，更不该打你，请你原谅我！但你要记住：自己必须有自尊和自信，要始终相信自己是一个好孩子，绝不能看不起自己。而且老师也相信你一定是个好孩子。"

孩子带着哭腔说："老师，没有事，老师，我知道您是真心地为我好。还从来没有老师跟我这么说过话，我相信您！"

从那以后，他变了……

【访谈录】

问：你在班会上，为什么特别注意小 A 同学？

答：我班学生 A 是一个让人头疼的孩子，在初一接班了解学生档案的时候，我就不禁皱起眉头：小学毕业成绩低得可怜，骂人、打架是家常便饭，还因打架而受过处分。面对这种情况，我没有马上对他进行重点"监控"，而是利用了这次班会了解他的反映。

问：你怎么理解"好孩子"这个概念？为什么说小 A 是"好孩子"？

答：我们以往的理解就是：好孩子一定要听大人的话。所以有人把我们的教育称为"听话教育"。其实这是不正确的观点。我理解"好孩子"应该是富于个性，自尊、自爱、自信、自强，积极、乐观，对生活充满期望，富于创新精神与创造能力的孩子。

我之所以说小 A 是"好孩子"，是因为和他过去相比，他已经变了，懂得自尊、自重，并对自己有了自信，这对一个问题百出的学生来说，已经很难能可贵了。当然，这或许不符合专家的标准，但我已经很满足了，而且我会让他更好。

问：你怎么看待像小 A 这样的问题学生？

答：学生是一个整体，但又是由一个个千差万别的个体组成。其中，不乏有一些让人"头疼"的学生，比如小 A。

我们每一个老师都可能遇到一些所谓不太听话、不好教育的学生，他们存在的问题及表现形式可能各不相同，但大都与老师有抵触情绪、不易教育、思想偏激等共性。面对这些学生，有的老师容易产生焦躁的心理，甚至产生放弃的想法。

我记得苏霍姆林斯基曾感叹过："从我手里经过的学生成千上万，奇怪的是，留给我印象最深的并不是无可挑剔的模范生，而是别具特点、与众不同的孩子。"我认为，如果每一名学生都那么无可挑剔，那也就不需要我们这些做思想工作的老师了。正是这些"问题学生"给我们的工作提出了问题，也提出了一种挑战。同时，使我们对教育有了更深刻的理解——老师不仅是"教书"，更要"育人"。或许由于小 A 他们的存在，会促使我们成为不凡的教育家呢！

问：A 和学生打闹，你不仅没有批评他，还给他缝衣服，目的是什么？

答：1. 是适应青春期孩子的教育特点。A 是个百受批评和责难的孩子，在他内心深处已经建起了一道牢不可破的防护大墙，对他的行为反应，我应该理解，况且他们是些孩子，是多动时期，同学间打打闹闹也是常有的。批评他不一定是最好的办法。

2. 希望能用真诚感动他。我一直都在找机会，想方设法地接近他，真诚地感化、关心和爱护他，逐渐地拆除他内心的那道防护墙。他衣服破了，给我提供了为他服务、靠近他的机会，我必须抓住。后来，我才知道他没有母亲，或许正是这一举动，让他深切体会到母爱的存在，也是打动他最主要的原因。

3. 尊重学生、热爱学生。他们有自尊心、有爱的需求，教师应该尊重和热爱他们每一个人，包括问题学生。学生有困难，教师应该帮助解决。无论在什么情况下，这都是义不容辞的责任。

问：在小 A 把你气哭后，你打了他一巴掌，你认为打学生应该吗？

答：打学生是绝对错误的。我是看他自暴自弃，自己看不起自己，一时难以控制自己的情绪，出手打了他。但无论什么理由，都不应该打学生。这一点我以后一定会注意。

不过我个人认为，关爱学生，只是教育的一种手段。光爱学生、赏识学生是不行的，要赏罚并重。当然，罚也不应该打学生。

问：你向学生道歉是出于什么考虑？

答：1. 问题学生的自尊心很强。他们的心灵是极为脆弱的，经不起一点风雨。正是我发火了，才刺激 A，觉得我没有给他面子，干脆破罐子破摔，认为自己就坏，看你能怎么样。而我又错上加错，打了他，所以在恢复理智后，十分后悔。为挽回孩子的心，必须马上道歉。

2. 问题学生缺乏自信心。他们往往具有敏感、自卑等特点。因此我对自己的过激言语表示道歉，以打消他的自卑感。同时，认为"他是好孩子"，鼓励他树立自信心，给他向上的勇气。

3. 问题学生不容易信任人。问题学生对老师和同学有多虑、多疑的反应，他们很难相信别人。如我给 A 缝衣服，他后来对我说："我虽然很感动，但我也很吃惊，又有点怀疑，不停地想：你是否有什么阴谋。"正是他这种怀疑、戒备的心理，成为我走近他的最大障碍，我用了很长时间才感动他。所以，教师做错了事，要尽快地反思自我，给学生以真心诚意的道歉，增强学生对自己的信任感。

问：你认为老师对学生的鼓励、赏识和关爱，真的有如此大的作用吗？

答：我相信，"人非草木，孰能无情"，"精诚所至，金石为开"。曾有位班主任说过，班主任工作是船，耐力是帆。我认为这船上还要增加两个：诚心是舵，爱心是动力。只要班主任在工作中不懈追求，辛勤耕作，无私奉献，真诚面对，就会得到学生同样的爱。

实践证明，A同学在我的鼓励、赏识和关爱下，和过去简直是判若两人，确实成了好孩子。

【案例分析】

"你的教鞭下有瓦特，你的冷眼里有牛顿，你的讥笑中有爱迪生"，这是著名教育家陶行知告诫一些对学生滥施惩罚的教师说过的一句名言。问题学生是每一个班主任都面临的一个重要问题，也是一个永恒的教育话题。而许多老师面对问题学生的做法令人费解：常会说为了学生好，却总说学生坏；为了学生聪明，却总说学生笨；为了学生快，却总说学生慢；为了学生守纪律，却总说学生调皮捣蛋……总之，就是揪着学生的缺点不放，小题大做，无限夸张，让负面情绪恶性循环，让学生在"我不行"、"我是坏学生"的心态中归于失败。结果，造成学生的自我观念不良发展，对自己没有价值感，对事物产生"那有什么用"的自暴自弃的态度。问题学生成天得到的是抱怨，变成了表扬与赞美的饥饿者，使之自卑过多，形成自卑情结，导致多方面失败。

而本案例中的班主任相信自己眼中无差生，为了学生好、为了学生守纪律、为了赢得问题学生的信任，她努力地观察、了解学生，用赏识的目光看待问题学生；用宽容、体贴的母爱对待学生；不遗余力的帮助、关怀学生；用自己的热情和关爱抚慰着学生的心灵，从而成功地转化了问题学生，使之重新找回了自尊、自信和自爱，成为好孩子。当然，班主任教育也有失误，但她能以平常的心态去认识自己的错误，改正自己的错误，也很值得我们学习。

案例 3

"秋后结出的果子"

在入学不久的一天，英语老师气呼呼地找到我：

"你们班于文龙太烦人，上课无理取闹，挑我的毛病，竟然说我发音不准，像没长门牙似的，气死我了"。

听了之后，我的第一反应是"吃惊"：刚入学没几天，竟然和老师这么过不去，真是有点过分了。于是，我把他叫到了办公室。上下打量着他，看上去似乎挺内向的，不像是爱惹是生非的人。然而，他的举动给我的第一印象就是——"差生"。结果，谈了半天，他就是不说一句话。

第一次月考结束，学校要求召开家长会，来参加家长会的是他爸爸。临走时，他爸爸丢给我这样一句话：

"老师，孩子亲妈死得早，你就可怜可怜他，多关照关照吧！"

我一愣，由于当时人多，也没多问。

此后，我给他家打了几次电话，都是他爷爷接的。他爷爷告诉我很多关于他的情况：他妈妈因病久治无效，几乎花光了家中所有的积蓄。他妈妈死后不久，爸爸就给他娶了继母。他爸爸经常出差不在家，他继母也去海边打工，并在那里寄宿，家里只剩下他和爷爷两个人。我想这是我和他亲密接触、打开他心灵之门的好机会。于是接下来的几天，我几乎每天晚上都往他家里打一次电话，问他吃饭了没有、现在做什么等，有时还到他家里去看他。听说他的生日到了，我组织几个同学一起给他买了生日蛋糕，还亲自下厨给他们做了顿丰盛的晚饭，煮了鸡蛋，和他们爷俩一起过生日。这件事对他的触动非常大。尽管他没有说出来，但从他的眼神里看得出：他真的把我当成他最亲近的人。没有几天，他就和我说心里话了，而且变得活泼、开朗了，学习的劲头也足了。在随后的期中测试中，他的成绩特别优异，是全班第 11 名，年级组第 46 名。在这次家长会上，他爸爸的脸不再阴沉，而是充满了感激；他的爷爷也打电话给我，表示感谢，还约我去他家吃饭。

可是不久，我发现这个孩子又变了：眼神中充满了光亮，穿衣打扮也很讲究，对走廊里的镜子也非常的感兴趣，常会站在那儿照上一会儿。我暗地里向同学打听，有同学告诉我，他和某班的某个女生来往密切。我大吃一惊。说实话，我最怕学生出现这种事情了。我想了想，便给同学们讲了一个故事：

"小时候，我家周围有大片的果树园，寒来暑往，春华秋实。有一年秋末冬初，我惊奇地发现，有些就要落叶的果树上，竟然又开出一簇簇小小的果花。不久，花谢了，居然也结出了山楂般大小的果子。可惜没过几天，霜冻就来了，叶子落尽了，小果实也烂掉了。后来，我才明白：不该开花的时候开花了，不该结果的时候结果了，是会受到自然规律惩罚的。今天，同学们中的一些事情同样引起了我的思索。你们都还是处在青春期的孩子，有些同学的所作所为，是否也像这秋后结出的果子呢？同学们，好好地想一想吧！"

我特别注意了于文龙的表情，他把头低下去了，显然有些不好意思。事后，他主动和我谈了他和那个女生之间交往的情况，我给他分析了此中的利害关系，告诉他：

"男女生交往无可厚非，对某个异性有好感也很正常，但绝不能沉迷于其中，因为你是学生，不能因此荒废学业，否则你将来会后悔一生的。"

他保证说："我会处理好这件事的，请老师放心。"

我深深地点了点头，"好的，我相信你。"

【访谈录】

问：你怎么会想起"秋后结出的果子"这个故事？

答：现代学生成熟较早，校园中男女学生间"早恋"倾向特别多。光靠老师口头的说教，效果并不明显，有时挑明来说，会引起学生反感。另外，我当时对于文龙"早恋"一事只是听学生的一面之词，可以说证据不足，不应该在全班同学面前把话挑明，否则会让他陷入难堪而重新产生与我的对抗情绪。所以，就想起大自然中的这一现象，就当做故事，说给学生听，这样既尊重了学生，又有针对性地让学生明白一定的道理，是一箭双雕的好办法。

问：当你得知于文龙的家庭情况后，给他家打电话，还去看他，你认为他能接受吗？

答：我想他会接受，而且还很乐意。因为一个失去母爱的孩子，最需要别人的关心和呵护。尤其作为他的班主任老师，更应多给他一些关爱，去抚慰他那孤独而稚嫩的心灵，无论他乐意与否，我都应该这么做。

问：你怎么样看待像于文龙这样行为反复无常的学生？

答：我觉得像于文龙这样的学生，行为出现反复，是完全正常的。原因是：

1. 受过去坏习惯的影响。学生习惯的形成是经过很长一段过程的，一旦形成后，应该说是根深蒂固。坏习惯常让学生有了很多放松的机会和自由的体验，使学生从思想意识到行动变得懒惰，想改掉这些学生"喜欢"的东西，不是一朝一夕的事，就像有人抽烟有瘾一样，想戒就难了。

2. 受青春期的影响。青春期的孩子认识肤浅、情感脆弱、意志不坚定、个性不稳定、自尊心很强……总之各方面都处于多变状态，心理比较躁动，有时也像南方梅雨季节的天，说变就变；也像煮夹生的饭，不生也不烂。生理上趋于成熟，对异性开始有好感，这就是青春期的特点。于文龙也一样，出现"早恋"现象是正常的，但也带来一系列的行为变化和不良后果，如学习不专注、成绩下降等。

3. 好习惯的形成不是一朝一夕的事。教育小孩子养成习惯容易，但要让中学生改正过去的坏习惯，再重新培养良好的习惯，不说比登天还难，也差不多。好习惯往往需要学生自己的努力和付出，并且要有约束、控制，常使有坏习惯的学生认为很累、很烦，因此，难以持之以恒。我感觉于文龙已经相当不错了，是个比较好教育的学生，我对他很满意，也充满信心。

问：你对于文龙的下一步工作有打算吗？如果有，能说说你的具体想法吗？

答：可以。

1. 继续给予他情感上的关怀。像于文龙这样的孩子缺少的就是爱。我会和以前一样，在学习、生活上问寒问暖，用我真诚的情感去感化他、激励他。用我和班级学生的情感共同去感动他的父亲，感动他的爷爷，让他们和我们一起，继续关心他、鼓励他，铸就他对学习、对生活的热爱。

2. 继续关注他的行为反映。我会时刻关注他的一举一动，并不断地给予引导和纠正，逐渐地促使他形成良好的行为习惯。

3. 继续忍耐、继续等待。我已准备好足够的耐心，应对他的一切变化；也准备给他足够的时间和机会，等待他的改变。无论他反复多少次，我都会充满自信，永不放弃。

4. 继续进行不懈的努力。我说过，我对他充满信心。我会调动周围一切可以调动的力量，一齐去帮助他。我相信，精诚所至，金石为开。

问：看来你很乐观，很爱你的工作？

答：是的。不记得哪位名人曾说过："从来好事天生俭，自古瓜儿苦后甜。"我认为想教育别人、影响别人的人，自己一定先要具备必要的条件，如自信、乐观、积极、向上、智慧、理智等。尽管这会很辛苦，但只有这样才能实现自己所要实现的一切，才会尝到苦后的甘甜。

【案例分析】

具有理性的人，一定是尊重少数、个别、弱势的人；是尊重不同意见、捍卫人的各种权益的人；是宽容的人；是有一定立场、观点和趣味的人；是勤于自我反思和审视、防止过分的以我为中心和自我膨胀的人。编者认为本案例中的班主任就是具有理性的人，她怀着一颗平常心对待学生，尊重、理解、热爱、信任问题学生，适度地要求学生；能俯下身子倾听学生的心声，与他进行朋友般的沟通；能宽容地谅解学生，不断地调整自我；能保持持之以恒的精神，以乐观的心态影响家长及学生，永不放弃，相信自己会完美地完成对于文龙的教育工作。希望我们的班主任都能成为具有理性的人。

第四章　自我修养

第一节　思想道德素质修养

踏着运动员进行曲，周老师又一次站在市优秀教师的领奖台上。算起来，这是周老师从教12年来第6次站在这里了。周老师是全市物理教学改革带头人，连续带了八届初三毕业班，每一届学生的中考成绩都在全市名列前茅。他爱学生，经常义务为学生补课，别人看来升学无望的学生在他手上却变成了一个个小天才。他的从师原则是"公正对待每一位学生，不收受学生的一分钱"。

站在主席台上，周老师此时的心情与前几次大相径庭，他甚至觉得这次他没有资格站在这里。半年前，他的表哥把一位朋友的孩子张亮带到他家，求周老师把孩子调到他的班里，多加指导以备中考。碍于面子，周老师同意了，课下多次帮助张亮补习功课。张亮的成绩还真的提上来了，最终中考成绩达到了市重点的自费分数线。张亮的家长在孩子入高中的第一天，亲自到周老师家致谢，临走塞给周老师2000元钱。偏巧当时周老师的女儿得了急性肺炎，一时筹不到钱。但周老师还是执意不收，张亮的家长见状，婉言要求把钱借给周老师，周老师只好收下了。

事后，周老师一直在做思想斗争：虽说自己也在张亮身上下了不少工夫，但辅导学生是教师的职责，况且不收受学生的财物是自己多年的从师原则，怎么能因为这2000元钱改变自己在学生、家长、同事和领导心中的形象呢？照说张亮家长送钱这事发生在自己的家里，如果自己不说没人知道。可一想起这件事儿，他的心里就像有个疙瘩，再去教育学生总觉得没有说服力……周老师想着想着，眼睛突然被金灿灿的东西晃了一下，原来是市长亲自为他颁奖来了。周老师一怔，接过市长手中的奖杯，深情地和市长握了握手，暗自下定决心，会后一定把钱还给张亮的家长。

实际上，在日常的教学生活中，班主任经常会被这样或那样的道德冲突所困扰。有的班主任会像周老师这样做出正确的选择，而有的班主任则在利益面前丧失教师的尊严，甚至误入歧途。如果教师品行不良，言行不一，他在学生面前将很容易丧失教育的力量。可见，良好的思想道德素质对于班主任全面、正确地发展起着定向和导航的作用，它既影响着学校教育目标的实现，也制约着学生群体和个人的发展。

一、中学班主任思想道德素质的内容

教师是塑造人类灵魂的工程师。与学生朝夕相处的班主任是所在班的学生教育管理的总设计师。班主任的素质和水平直接影响学生的素质和水平，班主任的形象是影响学生健康成长的楷模。合格的班主任应主要具有以下思想道德素质。

第一，必须具备正确的世界观、人生观和价值观。

"如果教师的人生观不正确，那是很严重的事。既然我们终归要与人打交道，这就在有意无意中必定互相产生某些感化作用。我们或起善化作用，或起恶化作用，二者必居其一。希望世上的教师能深刻认识这一点！要时时启迪自己，必须努力使自己尽可能成为深刻而扎实的人。"素质教育的基本要义是教育学生学会生存，学会做人。做什么人，怎么做人，就是人生观的核心所在。要教育学生做一个对社会有贡献的人，自己必须有所作为；要教育学生关心他人，自己必须热爱学生；要教育学生热爱党、热爱社会主义，自己必须真切地感受到中国共产党领导我们建设中国特色的社会主义确实取得了举世瞩目的伟大成就，只有社会主义才能救中国，只有跟着共产党，才有进步，才有出息。共产主义的信仰、社会主义的信念、改革开放的信心不是挂在嘴上的点缀，而是发自内心的肺腑之言和教育学生的基本出发点和落脚点。

第二，要忠诚并献身于人民的教育事业。

无私奉献于人民的教育事业，是教师在社会主义道德观和为人民服务人生观的指导下，采取的利他主义的价值取向，代表了教师在处理个人与教育事业发展关系上的最高境界。这就是人们一直推崇的"人梯精神"和"蜡烛精神"。班主任是教育战线上忠诚的园丁。百年大计，教育为本；教育大计，教师为本，班主任是最优秀的教师代表，不安心教育的教师是当不了班主任的。众所周知，班主任的工作十分辛苦，起早摸黑，工作量大，学生层次不同，教育责任重。随着科教兴国战略的不断实施，教育的地位不断提高，随着人民生活水平的改善，教育消费观念的增强，人们对教师的尊重也在凸现。越是如此，我们班主任的责任心和使命感越要加强，才能无愧于社会，无愧于人民。但是，我们有的班主任对当教师本来就是并非情愿，对当班主任更是出于无奈，因而工作不负责，得过且过，甚至把心里的"苦水"泼在学生身上，这是缺乏道德的表现，也是对社会的犯罪。

第三，要热爱学生，全心全意为学生服务。

刚踏上讲台的李老师，信奉这一句名言：严师出高徒。而后，又有同行忠告：现在的学生，越来越调皮，你若不给他们点颜色看看，以后的场面将会难以收拾。这位教师更加坚定了自己"以严治班"的策略。开学第一周，便制订了十多条班级规章制度：上学不准迟到；上课不准说话；作业不准迟交……若有违犯，轻则罚写作业、书面检查，重则请家长到学校解决问题。十几周过去了，班上倒也相安无事，可李老师隐隐觉得班上的同学似乎不大愿意与其亲近，上课的气氛也沉闷，即使找学生们谈话，也是半天不吭声。课堂纪律有所好转，但整体成绩却下降了，而且师生关系疏远。平时，学生见了老师，不是低头而过，就是绕道而行……为此，李老师也很苦恼：严格要求也有错吗？为什么自己的一片苦心，就不能被他们所理解呢？

常言道："亲其师，信其道。"热爱学生既是教育学生的基本条件，也是一股强烈的教育力量。爱，是启动班主任自身内部力量的智慧能源；是通向学生心灵深处的道路；是创建优化的教育环境的瑰宝。爱，也是建立在对社会负责和对学生未来负责一致性之上的具体表现。这种真挚、热烈而有理智的爱表现在教师的一言一行之中。但作为班主任，更应该懂得，学生是有思想、有感情、有意志的活生生的人。他们渴望得到教师，特别是班主任的爱护、关心和尊重。班主任在教育、教学过程中，只有对学生抱有诚挚的友善之情，才能引起学生对教师的尊敬、信任和亲近。

因此，要尊重、理解、信任学生，把学生看成自己的亲人，对学生有亲切感，要像爱护自己眼睛一样爱护学生的人格和自尊，要热爱全班每一名学生，把爱的甘露洒向每名学生的心田，不能以自己的好恶要求学生，不得以貌取人。班主任要特别照顾好后进生的发展和生长，不能因为他们学习成绩差、思想表现不好而放弃对他们的教育，相反，更应用温暖的双手扶他们一把，让他们不停步地追赶先进同学，尽可能使他们全面发展。

第四，要精诚团结，维护集体利益。

苏联教育家马卡连柯曾经说过："如果有五个能力较弱的教师团结在一个集体里，受着一种思想、一个原则、一种作风的鼓舞，能够齐心协力地工作，那他就比十个各随己愿的单独行动的优良教师要好得多。"良好的教师集体，会产生强大的内聚力和向心力，这是保证学校完成教育教学任务的必要条件，也是每位教师充分发挥聪明才智的保证。集体的荣誉、集体的气氛构成了这个集体的基本特征，它可以提高或减弱集体中个体的积极性。教师在工作时，往往是由一位教师专任一门课的教学，表面上看，每个人是在独立发挥作用，其实一个良好的教师集体，是每位教师智慧和力量的源泉。当一个疑难问题弄不通时，需要从集体中得到启迪和解决；当自己的教育力量单薄时，需要从集体中得到支持和协助；当一位教师在生活上遇到困难时，需要集体的关怀与照顾。作为中学班主任，要协调与其他教师之间的关系，在教师之间互相帮助，团结协作，为增强每位教师的业务能力和提高集体的教育教学水平做出贡献。

第五，要严格自律，树立良好的自我形象。

中学生正处于长身体、长知识的时期，他们对真假是非、善恶美丑的辨别能力还不很强，需要教师正面引导和教育。班主任作为施教者，享有崇高的道德威信，在学生心目中，是"德行的指导者"、"行为、价值判断规范的榜样"。学生希望在自己崇敬的教师身上看到应该做、学到如何做的问题。在帮助学生认识世界、社会和人生的时候，折射一定社会政治、道德观点的班主任个人形象也必然作为范例出现在学生面前，被学生所认识、模仿。如果一位教师在课堂上讲助人为乐，自己却自私自利；在课堂上讲文明礼貌，自己却随地吐痰，出言不逊，粗暴惩罚学生；在课堂上讲遵守纪律校规，自己却自由散漫，不遵纪守法等，讲一套大道理，自己又做一套，言行不一，不能以身作则，学生就会把课堂上讲的道理、传授的知识，打上问号，化为乌有。

所以，班主任必须严于律己，为人师表。要以自己的先进思想、高尚品德、优美情操去感染学生。班主任良好的自我形象，会起到一种表率的作用，好比一丝丝春雨，"随风潜入夜，润物细无声"。这种榜样的力量是无穷的，会通过学生的眼睛在心灵的底片上留下印象，对他们的精神世界起着无声无息的作用。美国教育家布鲁纳在《教育过程》一书中说："教师不仅是知识的传播者，而且是模范。"在他看来，"教师是学生最直接的有象征意义的人物"。

当然，班主任不可能是一个十全十美的完人，也会常常显露自己的缺点。但是，如果能够做到坦诚相见，不怕在学生面前承认自己的不足，最终能赢得学生的原谅和尊敬，在学生面前能知错就改正是为人师表的可贵之处。

二、中学班主任良好思想道德素质的培养

良好的思想道德素质的培养是一个十分复杂的过程，作为班主任，要达到提高自身思想道德素质的目的，必须掌握正确的方法。

第一，要努力学习理论，加强思想武装。

马列主义、毛泽东思想、邓小平理论和"三个代表"重要思想是一脉相承的统一的科学体系，是科学的世界观和方法论。既为我们的思想道德素质提高指明了方向，又为我们提供了科学的方法。当前，学习马列主义、毛泽东思想的中心内容是学好邓小平理论、学好江泽民的"三个代表"的重要思想。马克思主义不是僵化的教条，而是活的知识宝库。班主

任通过马克思主义的再学习，有助于加深原有的理论认识，进一步把马克思主义理论自觉地应用到丰富的生活实践中去。在中学阶段的教育中，班主任要有计划地安排政治理论学习，进一步提高理论水平，加深认识，从而形成更坚定的政治方向和立场，以及形成高尚的道德情操。

第二，投身实践活动，培养高尚情操。

思想道德素质不仅是在知识积累过程中形成的，而且是在实践活动中形成和发展的。知识是以静态的形式出现的，而知识能否指导实践，还要在实践中加以验证。教学、管理以及课外交流与沟通都是具体的实践活动，在这一过程中班主任的思想道德素质更要显现出来，得到实践的验证。因此，在日常的教育、教学等实践活动中，班主任要有意识地培养自己具有良好的思想道德素质，不断提高思想道德情操。

第三，借鉴修身传统，努力学习榜样。

中华民族是最富理想、最讲修身的民族，如孔子主张"德之不修，学之不讲，闻义不能徙，不善不能改，是吾忧也"；荀子认为，人若放弃了道德修养，纵性情、任私欲、图财利，只能是鄙夫、小人；孟子推崇"富贵不能淫，贫贱不能移，威武不能屈"。这些都是我们提高自我思想道德素质应当学习和借鉴的。另外，"榜样的力量是无穷的"。在广大的教师队伍中，有很多优秀的人，他们不计个人得失，心中只有学生，终身奉献在教育事业上，呕心沥血，鞠躬尽瘁。这样的先进事迹给人以鼓励，促使人奋进，他们特有的人格力量会鞭策班主任努力工作。班主任向他们学习，就是在自觉地提高自己。

第二节　科学文化素质修养

科学文化素质是班主任胜任教学工作的基本条件。中学班主任很少有专职的，他们大都担任一两门课程的教学，而且通常是主干课，所以班主任首先是一位教师。教师的任务是向学生传授系统的文化科学知识和各种基本技能，发展智力、体力，形成良好品德。因此，基本的知识素养应是每一位以教师为业的人所必须具备的，是他们"传道、授业、解惑"的基础与前提。科学文化素质是班主任管理班级、促进全班学生健康成长的重要因素。在科学技术日益发展的今天，中学生的新问题、新情况会不断出现，传统的经验型管理模式已很不适应班级的管理。而要科学管理中学班级，管理那些心理上正处于"朦胧期"的中学生，使他们健康成长，班主任则要比一般任课教师掌握更多方面的知识和技术。科学文化素质是班主任增强教育力量，提高教育威信的有效手段。正如马卡连柯所说："假如你的工作、学问和威信都非常出色，那么你尽管放心，他们全站在你这一边，绝不会背弃你。……相反，不论你多么亲切，你的话说得多么动听，态度多么和蔼，不论你在日常生活中和休息的时候是多么可爱，但假如你的工作总是一事无成，总是失败，假如处处都可看出你不通业务，假如你做出来的成绩是废品和一场空，——那么除了蔑视之外，你永远不会得到什么。"、"学生可以原谅教师的严厉、刻板甚至吹毛求疵，但不能原谅他的不学无术。"

一、中学班主任科学文化素质的内容

一位好教师是这样的人，他精通他所教的科目据以建立的那门科学，热爱那门科学，并了解它的发展情况、正在进行的研究以及最近取得的成果。一位好教师应具备比中学教学大纲的规定多许多倍的知识。教学科目对他来说只是科学的基础知识。深湛的知识、广阔的视野以及对科学问题的浓厚兴趣，这一切都是教师用以引起学生对知识、学科、学习过程的兴趣的必备条件。教师的知识越深湛，视野越宽广，各方面的知识越宽厚，他就在更大程度上不仅是一位教师，而且是一名教育者。

作为肩负教书育人、管理班级双重任务的班主任，合理的知识结构主要包括：

（一）较高的马克思主义政治理论水平

以"教书育人"为己任的班主任，为全班学生的德、智、体全面发展而工作。他的政治观点、政治觉悟和政治眼光也将通过他的一言一行在有意或无意地影响着学生。因此，班主任应具有较高的马克思主义理论修养，能自觉地运用马克思主义、毛泽东思想、邓小平理论和"三个代表"

思想指导自己的行为。这不仅有助于思想觉悟的提高、科学世界观的巩固，而且有助于在教书育人的过程中坚定立场，把握大方向，树立起学生崇高的理想；有助于运用辩证唯物主义的方法，科学地认识自然、认识社会，树立正确的人生观、世界观。

（二）精深的专业理论知识

精深的专业理论知识是班主任教书育人、管理班级的立足之本。有人认为中学各学科只是一些浅显的基础知识，中学教师只要把书本上这点知识掌握了就足够应付教学了。这是一种错误的认识。教师要想搞好本学科的教学，没有本学科丰富的知识贮备是不可能的。正如苏霍姆林斯基所说的："应当在你所教的那门科学领域里，使学校教科书里包含的那点科学基础知识，对你来说只不过是入门的常识。在科学知识的大海里，你所教给学生的教科书里的那些基础知识应当只是沧海之一粟。"

"资之深，则取之左右逢其源"，班主任对所教学科若无完整的科学体系，只见树木不见森林，停留在课本的表面，那么，他在教学中就无法做到居高临下，深入浅出，而他的学生们从他那里也只能得到一鳞半爪、支离破碎的东西，不利于知识的迁移，做不到举一反三，触类旁通。因此，既达不到应有的教学效果，也很难赢得学生的尊重。

一般说来，中学班主任具有的专业理论知识应该包括以下几个方面：第一，是切实把握本学科的结构、理论框架；第二，是透彻理解本学科的概念、定义、定理、法则、规律公式等基本理论知识；第三，是熟悉本学科的重点与难点；第四，是了解并掌握本学科的发展简史、科学家的基本情况；第五，是密切关注本学科发展的新动向、新成果，边教边学，边学边教。

在全面系统地研究掌握本专业的知识时，要做到三个字：（1）"实"。即在专业知识上要有扎实的内功，在治学态度上要有实实在在的笃实精神。（2）"深"。对教材及相关知识，不仅要广泛涉猎，而且要深入研究。不仅要知其然，而且要知其所以然。只有"深入"，才能把握科学知识的内在体系和必然规律，才能将深奥抽象的知识通俗形象地教给学生，将驾驭知识的技能教给学生。（3）"活"。只有真正理解、消化了知识，才能成为教师自己的知识储备，在课堂上才能得心应手，左右逢源。

（三）广博的文化科学知识

随着教育体制改革的不断深入，整个社会由"应试教育"向素质教育转变，使教师教书的内涵有了全新的内容。从外延上说，它不再仅仅是传统意义的"授业"和"解惑"，而是包括了课堂教学、课外活动、社会实践等校内外教育、家庭教育、社会教育等广阔范围的教育教学实践活动。从内涵上说，它不再是指单纯传授科学文化知识，而是包括了德、智、体、美、劳诸方面的知识，培养学生实践能力和创新精神等众多的内容。

为了促进学生素质的全面发展，要求班主任要具备广博的文化科学知识，具有广泛的文化素养和兴趣爱好。现在的中学生，信息通畅，思维活跃，求知欲强，接受新事物快。班主任若能学贯中西，知古知今，旁征博引，挥洒自如，在专业以外的其他方面给他们以指导、影响或鼓励、支持，便可做到厚积薄发，容易激发起学生的求知欲，营造良好的师生关系，就更能沟通彼此之间的心灵，赢得学生的信赖和尊重，同时将促进素质教育的发展。

另外，当今信息社会，科学发展日新月异，知识更新速度越来越快，科学技术分支越来越细，综合性也越来越强，一门学科往往包含其他相关学科的基础知识。这就要求教师不仅要具有精深的专业知识，还要不断地、广泛地涉猎其他相关学科的知识，才可能在教学中突出重点，突破难点，做到深入浅出，把所教学科讲通、讲透。也只有这样，才能满足广大学生旺盛的求知欲望，并为学生所喜爱，进而增强教师的威信，提高教学质量。

（四）系统的教育科学理论知识

教育科学知识主要包括教育学、心理学、学科教学法等方面的知识。马卡连柯曾深有体会地告诉我们，"我非常尊重教育理论，离开教育理论，我是不能工作的"。班主任工作是科学与艺术的结合。因此，能否掌握教育理论和技巧，将决定班主任整个工作的成败。班主任只有认真学习了教育科学的知识，系统掌握了教育科学理论，切实了解了教育教学过程中的规律，才能科学地选择教育教学的方法和手段。不仅要懂得"怎样教"，而且要懂得"为什么应该这样教"。这样，既知其然又知其所以然，便能在教育实践中减少盲目性，增强主动性和自觉性。正如赞科夫所指出的："如果我们对教师要掌握教育学和心理学知识这一点估计不足，那也是错误的。有了这方面的知识，教师才有可能把教材变为学生的真正财富。"另一方面，中学阶段的教育对象身心特征变化很大，教育活动随时代发展日益复杂，社会要求班主任在教育教学以及管理学生时的科学性越来越高。这就决定了班主任工作已不能像以前那样仅凭个人的经验，而必须以现代先进的教育科学理论为指导。班主任要真正无愧于"人类灵魂工程师"的称号，就必须掌握系统的心理学知识，善于走进学生的心灵之中，以便有针对性地进行教育，减少教育中的失误。除此之外，中学班主任工作头绪多、事情杂、压力大，教育理论知识的学习掌握不仅可以减轻工作的压力，而且还可以帮助班主任掌握学习自修的科学方法，不断提高职业修养；还可以主动自觉地调控情绪，调整心理状态，协调与领导、同事及学生家长的关系，增进自己的身心健康。

现代教育理论已形成了一个分支繁多的庞大家族，对指导教育活动产生积极的影响。掌握教育学知识可以比较系统地了解教育目的、教育原则、教育过程和方法，自觉地利用教育规律和现代化教学手段来争取最佳教育效果；教育管理学的知识能使班主任驾驭教学气氛，调动学生的情绪，争取管理出效益；心理学知识向班主任揭示学生的心理特点和发展规律，指导班主任找到有效的教育方法。总之，教育科学知识是创新教育思想、开启教育方法的金钥匙。

（五）优良的教育创新意识

创新是民族进步的灵魂，是国家兴旺发达的持久动力。培养具有创新精神和创新能力的社会主义事业建设者和接班人是对 21 世纪教师的基本要求。在一定意义上说，只有创新型的教师才能实施创新教育，才能培养出创新的学生。教师只有自身具备较强的创新意识和较强的创新能力，才能从自己的创新实践中发现创新能力，形成发展的规律，为创新教育提供最直接、最深刻的体验，并在教育教学过程中，自觉地将已有思想、已有知识的传授和创造性思维相结合，挖掘学生的创新潜能，捕捉学生的创新思维火花，多方面、多层次、多角度地培养学生的创新精神和创新能力。

中学生思维灵活，想象丰富，但如不积极开发挖掘，很容易扼杀"人才"，埋没"奇迹"。班主任在教育、教学活动中，一要积极创设思考的氛围，启发学生积极思维。二要开展科学幻想活动，培养学生创造性思维。三要给学生创造机会，给一定压力，培养开发创新的实践能力。四要联系情景，进行趣味引导，挖掘创新潜力等。在对学生的创新教育过程中，班主任要以自身的创新意识、创新思维以及创新能力等因素去引导、示范、感染和带动学生创新意识、创新能力的形成和发展。要鼓励其敢说、敢想、敢问、敢做，不断启发他们的"变"的能力，使学生思变、思新，多角度、多方位分析问题，解决问题。班主任要根据具体的教育教学情境和学生思想品德、知识、技能形成的客观规律，适时地运用各种新颖、有效的教育、教学手段，促进学生的发展。

二、中学班主任科学文化素质的培养

面对时代的要求，班主任要努力提高自己的文化素质，加强文化修养，主动地塑造完善自己，以适应社会发展的需要。从班主任本身来看，加强科学文化素质的培养须从以下几个方面努力。

首先，要树立终身学习的观念。提高增强知识素养的自觉性，强化班主任必备合理的知识结构、良好的文化素养的意识，树立"活到老，学到老"，不断学习、"不断充实"、不断提高的观念，使"不断增强知识素养"成为一种自觉意识、自觉行动。充分认识只有不断学习，补充新知识，才能保持自己与学生之间的知识"落差"，才能做到"问渠那得清如许，为有源头活水来"，以大量新鲜、准确、生动的知识和信息去撞击学生的心灵，保持长久而强烈的知识魅力。

其次，要在实际工作中不断积累知识。班主任在教育教学、管理班级的过程中，可以通过以下几个途径有意识、有目的、有计划地增长自身的知识、才干。

（一）自修。班主任可根据自己的工作需要、知识结构、兴趣爱好等各方面的特点，大致制订长期及近期的自修计划，包括科目的选择、内容的取舍、预期目标及时间安排等，拟定切实可行的计划，这样日积月累，便可聚沙成塔。

（二）进修。自修虽然具有自主灵活的特点，但自己学习难度大、效率低、系统性差。所以，中学班主任每工作一段时间后，学校应考虑并支持其以脱产或参加短训班等形式出去进修，也可在职参加函授、电大、夜大的学习。校方应采用相应的激励措施，为好学上进的班主任加油、鼓励、开绿灯。

（三）交流。学校应该注意营造浓厚的教师群体交流学习气氛，使教师之间的交流学习、取长补短，形成制度化。既可在同学科、同年级、同学校内交流，也可走出校门与外校、外市甚至外省的同行进行交流磋商，可以采用座谈、报告、参观、访问、观摩、咨询等形式进行。

（四）研究。班主任可以就实践中提出的某一具体有学术价值或实际意义的问题进行深入研究。在研究的过程中要查阅大量的资料，钻研相关的理论，进行深入的思考，有时还要进行实地考察和实验。由于是"带着问题学"，所以这个过程往往是人们知识迅速积累的过程，可以使班主任在较短的时间里较为牢固地掌握许多方面的知识。例如，对于中学生的早恋问题，班主任想对这个问题进行系统研究，找到疏导的办法，就必须要接触生理学、心理学、社会学等方面的知识。

另外，班主任在实践中还可以做有心人，向学生学习；通过家访，向家长学习；通过报刊、电影、电视、旅游等，向社会学习；在学校里也可开展教师群体的知识竞赛、作品展览等活动，以促进班主任从多方面学习知识。

第三节　身心素质和综合能力素质修养

一、身心素质修养

有这样一位班主任，她的婚姻生活很不幸福，家里总是"硝烟弥漫"，她的心情也总是处于一种消极状态。她又很好面子，家里的事不愿让学校的同事知道，平时在办公室与教师们相处总是和颜悦色，但由于心中的烦恼无处发泄，有时便不由自主地拿学生撒气。在教室里经常板着脸，学生回答问题时要是出了错，便借机发火，连训斥带挖苦，用词刻薄。她也知道这样做是不对的，可就是控制不住自己……

生活不如意、教学任务重、升学压力大、工作超负荷等，均可使班主任精神负担加重，身心疾病增加。喜怒哀乐是情感的表达，本无可非议，但由于职业的要求，班主任必须学会在教育情境中如何表达自己的情感。是否善于调节自己的情绪，对于班主任来说，可能是比从事其他职业的人更为重要的影响身心健康的因素。

（一）健康的体魄是建功立业之本

班主任的工作是艰苦繁重的。这项工作空间广泛、内容繁杂，且没有上下班的严格界限。早自习需要检查，晚自习也需要督促，学校的各种活动很多时候也都需要亲自组织参加，工作时间一般远远超过 8 小时，加之多数学校仍按"升学率"、"优生率"来考核教师，并以此决定教师的评优晋级和奖金发放，班主任的思想情绪容易经常处于紧张状态。只有具有健康的身体，才能承受艰苦繁重劳动的负荷。"身体是革命的本钱"，没有健康的体魄，也就没有人的全面发展。

健康的身体主要包括以下几点：

1. 神经系统发育正常，在分析和处理问题时能达到同龄人相近专业的平均水平或接近平均水平，不会因神经组织的原因而使问题梗阻。当然，由于心理原因调动了神经系统的活性而出现的暂时阻塞现象除外，因为心理疾病更多是由于学习、工作和生活环境引起的心理原因所导致。

2. 身高、体重方面，符合教委和体委联合下发的教师职业上的数字要求。身高、体型主要受遗传因素的影响，而体重则与生活环境有很大关系。近年来，由于生活条件普遍改善，教师体重较以前在平均水平上有所增加。身高与体重有着密切关系，健康与否往往采用两者之间的数字指标来衡量。

3. 在身体的活动特征上，主要以灵活性、柔韧性和耐力来衡量。灵活性是指反映的快慢，以单位时间内的工作量之间关系来体现；柔韧性则是指身体的活动弹性，不致因稍加剧烈的运动而使关节、韧带发生损伤；耐力是指工作的时间长短，表现在对于艰巨任务的持久性上。

要想拥有一个健康的身体，首先必须要加强体育锻炼。中学班主任既要管理好班级，又要上好课；既要对学生课堂负责，又要对学生课余负责；既要担负起工作的重任，又要扮演家庭生活的角色。这些使班主任的工作和生活都比较复杂和繁忙，因此有良好的身体是一位有活力的班主任所必需的。早晨锻炼和下午运动是增强体质的良好方式，至于时间长短、内容多少，可以根据情况自行安排，不必统一要求。其次，要消除不良习惯。由于社会大环境的影响，许多教师喜欢抽烟、喝酒，部分教师有赌博的陋习，这不仅损害了一位教师的良好形象，而且对教师自己而言，也损伤了身体，不利于身体的健康发展，所以，作为教师群体中的一员，班主任应加强自律，逐渐减少不良习惯，直至根除它们。而对于某些班主任熬夜批改作业、备课以及吃饭没有规律这些现象，往往被人所忽视，它们仍属于不良习惯的范畴，班主任必须加以注意。

（二）班主任健康心理的基本表现

班主任心理素养体现在处理问题前的认知状况、处理问题过程中的心理状态和处理问题后的反应。具体来说，主要包括以下几个方面。

1. 丰富高尚的情感

情感是促进班主任工作的动力因素，同时也是调动管理对象的积极性、促使其自觉发展的动力因素。"教育"一词从其词源来看，本身就含有通过启发、诱导使人向善的方向发展之意，而启发、诱导不能没有感情投入，否则就会把循循善诱、耐心说服放在一边。班级管理活动也是教育活动，班主任要有情感的投入，用爱去管理班级。

2. 坚强果敢的意志

意志是人自觉地确定目的并支配其行动以实现预定目的的心理过程。人在行动前要有一定的选择方向即预定目的，而目的总是以观念形态存在的主观东西，在付诸实施的时候需要克服运行过程中的各种困难，突破障碍。实现既定目标，意志品质在人的行动过程中发挥着重要作用。中学班级管理本身具有复杂性、多样性的特征，主观和客观的困难是很多的，班主任在管理时仅有耐心和爱心还不够，还必须有顽强的意志力、坚强的毅力和持之以恒的精神，决策时要坚定果断而不优柔寡断，遇到困难时要有坚忍不拔、百折不挠的勇气。一方面它可以使班主任在管理活动中坚持不懈、不间断地去思考问题，解决问题；另一方面班主任身上存在的坚强意志品质可以使学生的意志品质获得发展，从而以榜样的力量影响学生。

3. 豁达开朗的襟怀

班主任具有豁达开朗的襟怀和乐观向上的生活态度，对创设良好的教育情境和保持积极的进取精神都有积极意义。一方面，这种情绪可以使班主任保持轻松愉快的心境，克服心理障碍，最大限度地发挥身心潜能；另一方面，这种情绪又能促进师生的情感交流，使学生得到愉悦的情感体验，产生积极向上的心理气氛，从而优化教育的心理环境。在教育工作中，学生的行为表现往往会把班主任带进复杂多变的情感领域，这里有欢乐也有烦恼，有激情也有伤感。只有具有开朗和乐观的精神，才能感受到学生内心世界及其复杂情绪，燃起对学生的责任感，并使学生受到感染，得到鼓励。

4. 平静幽默的情绪

平静是智慧的摇篮，能使人保持清晰的头脑、敏捷的思维；幽默是创造性思维的润滑剂，能强化教育影响力，以提高教育效果。在与学生的交往中，班主任平静幽默的情绪能使学生感到愉快，消除心理距离，产生安全感，使之更愿意与班主任接近，同时，也利于消除学生的紧张和疲劳，增添集体活动的凝聚力和欢快气氛，以提高学习效率和活动效果。此外，用幽默的态度看待生活，能帮助班主任消除郁积的紧张和压力，甚至克服较大的困难。

5. 善良稳定的性格

作为中学班主任首先自己应有一颗善良的心，如严父慈母一样关心学生、爱护学生，伸出温暖的双手去帮助身处困境的学生，鼓励他们闯过难关，治愈他们受到的创伤。另外，由于中学生精力旺盛，自制力差，不可预料的偶发事件时有发生，常常出现一些行为问题，这就要求班主任在这些行为发生时应静下心来，冷静思考，及时妥善处理。这是对班主任的理智感、敏锐力、责任感、教育艺术的检验，也是关系到班主任能否在学生中树立威信的重要因素。

二、综合能力素质修养

《中国教育报》曾讲过这样一件事：一位青年教师讲秦牧的散文《土地》。文中有这样两句话，"骑着思想的野马奔驰到很远的地方"；"收起缰绳，回到眼前灿烂的现实"。突然，有一位学生问道："老师，既是野马，何来缰绳？"毫无准备的教师张口结舌。最后，很不耐烦地说："如果少钻牛角尖儿，你的学习成绩还会好些吧！"教师的回答使这位同学非常难堪，学习兴趣全无。

全面提高学生素质是班主任的工作，决定了班主任仅仅具有较高的政治觉悟和渊博的知识还不够，还必须有一定的教育能力。因为，知识不等于能力。知识是人类认识世界和改造世界的所有成果的总和，是人脑对客观规律的反映。具备渊博的知识是从事某项工作基础性的重要条件，而能力是一种稳定的个性心理特征，是顺利完成某种工作，直接影响工作效率和成就的重要因素。尽管知识也是形成某种能力的基础，但没有把知识加以转化而表现为某种能力，也很难顺利、成功地完成某种工作。对于班主任工作亦然。教育、组织、管理学生，协调校内、校外的各种关系，完成班主任工作的基本目标，离开全面的教育是很难想象的。所以，合理的能力结构是中学班主任管理班级的必要条件，也是提高管理效率的重要手段，是班主任树立教育威信的一个关键因素。

（一）中学班主任综合能力素质的内容

中学班主任应具备的能力是丰富而全面的，从工作的特殊性看，应具备以下几种特殊能力。

1. 教书育人的能力

班主任是一位教师，但不是一般的专业人员，而应是一位优秀的专业教师，只有以优秀的专业教师的姿态和形象登上讲台，用精深的专业知识、孜孜不倦的教学态度和深入浅出的教学方法赢得学生的信赖和敬佩之后，才有可能成为一位有威信的班主任。因此，中学班主任首先应具备的是教书的能力。班主任作为教师，应在精通所教学科内容、熟悉大纲、了解学生的前提下，能够准确地把握学科的重点、难点，恰当地选择素材，又能根据教学内容，根据不同年级、不同类型学生的特点及自身的特长，恰当地选择教学方法，安排教学过程，牢牢把握教学的主动权，保证教学过程一直朝预定的方向进行。当意外情况和偶发事件突然产生时，能够及时做出灵敏的反应，采取恰当的措施予以解决，即要求教师在教学中具有一定的教育机智。

一位班主任在监考时，发现一个学生抄袭了一道 1 分的题目。事后，教师在这名学生的试卷上打分为："100－1。"这名学生接到试卷后非常惭愧，立即找到教师，承认错误，要求教师将 100 分改为 99 分。教师听后，在他的试卷上批了一个"99＋1"，并对他说：知错能改就行，以后要特别注意，这 1 分是对你能认识和改正错误的奖励……

一位教师上课时，发现某学生看小说，就突然提问，该生站起来嬉皮笑脸地说："这个问题，我可以给全班开个讲座。"全班哄堂大笑。教师却沉着地说："好呀！正好教学计划中有个专题讨论，下周进行，你做中心发言吧。"这位学生一下子泄了气。不过，课后，他为了这次发言查找了许多资料，做了充分准备。讨论会上，他的发言效果很好，教师表扬了他，他也认识到上课看小说、说话随便的错误，公开向教师道了歉。教师这种教育机智不仅及时处理了这个棘手问题，而且化消极因素为积极因素，不仅教育了这名学生，而且也教育了全班其他学生。

教师的任务是既教书又育人，班主任更是这样。目前，学校教育要实现由"应试教育"向素质教育的转轨，促进学生德智体美劳全面发展，培养社会主义事业的建设者和接班人，班主任肩负着重要的育人任务，必须具有对学生进行思想品德教育的能力，包括对学生良好品德、完美个性的鉴别和塑造能力，对中学生异常品行进行辅导心理障碍、咨询、矫治的能力。为了使班内外、校内外教育影响的方向、步调趋向一致，形成合力，班主任还应具有交往协调的能力。当前，我们强调班主任育人的能力显得格外重要，这是因为：第一，人们已普遍产生"中学阶段是个体品德、个性发展的一个危机时期、关键时期"的认识，这一阶段可塑性最大，最易出问题；第二，从教育实践看，少年犯罪有逐年上升的趋势，品行不端以及学习障碍、情绪异常、人格分裂、离家出走、吸毒自杀等心理行为异常问题也日益暴露出来，不能不引起家庭和社会的广泛关注，这也对班主任"育人"的能力提出了明确而迫切的要求。

2. 语言表达能力

某市教委在教师中随机调查，问："您热爱学生吗？"90％以上的教师都回答："是。"而当转而对他们所教的学生问："你体会到老师对你的爱了吗？"，回答"体会到"的仅占10％，这是一个令人深思的问题。我们认为，重要的一个原因是教师缺乏合适的表达情感的技巧。

渊博的知识，深邃的思想，有赖于语言传播出去；高尚的情操，圣洁的灵魂，也需借助语言来塑造。常常有这样的事：同样是一句话，一个意思，有的班主任说得学生会"跳"起来，甚至会记恨终身；而有的班主任则说得学生"笑"起来，给学生留下终身难忘的深刻印象，对学生起着潜移默化甚至决定性的教育作用。班主任的语言，既非讨好卖乖的阿谀奉承，也非不负责任的姑息迁就，更非安抚孩子式的哄骗许愿，而是充满激情的艺术性语言。应该做到：确切明了，不含糊其辞；简单通俗，不艰深晦涩；生动风趣，不教条死板。应具有如下特点：

（1）真挚性

班主任的语言首先要求感情的真挚。教育过程总是伴随着师生的情感交流。没有感情，空洞冷漠地说教，既不能拨动学生的心弦，也不能引起学生的共鸣，因而不会产生教育作用。班主任的教育要感染人、吸引人，应让学生从教师的语言中感到：你对自己所讲的一切是多么感兴趣，多么热情；你是那么认真、恳切地跟他们交心，你非常喜欢和珍视自己与他们谈的内容，以至你完全融进所讲的内容中，你的情绪也随内容的变化而变化。这样，就能产生一种巨大的感染力，在师生间创造出一种"心理相容"的情绪气氛，从而产生"情通而理自达"的效果。

（2）准确性

就是力求所说的每句话都实事求是，准确无误，反映事物的本来面目。无论对待什么样的学生，处理什么样的问题，都尽量做到使用确切性的语言，对学生的表扬与批评都恰如其分。尤其要注意抓住后进生的心理，正确分析犯错误的原因，点明前进方向，使之心服口服。例如，一学生在教室门前扫地，扫把打碎了一块玻璃。这本是无意过失，可班主任走来却生气地说："怎么搞的，你这不是在破坏公物吗？""我没破坏公物，我只是不小心……。""什么？事实俱在，你还不承认？""你……"学生气愤地把扫帚狠命摔在教师跟前，跑开了。教师陷入了困境。其实，这位教师只需宽宏地说："没关系，我们想办法再换上一块。下回小心些。"学生便会自觉地按规定买块玻璃换上。

（3）针对性

由于班主任工作的对象是千差万别的学生，所以必须针对不同的学生实际进行个别教育，而所用的语言也应因人而异。鼓励，对缺乏自信心的学生是有益的手段，而对那些骄傲的学生却会产生副作用；公开责备，在某种情况下对于某些学生可能是必要的，但对那些情感脆弱、自尊心强或偶犯错误的人则往往是不适宜的。我国古代教育家孔子这方面给我们留下了宝贵经验。孔子能周详地考虑到学生特点，因材施教。他的学生子路和冉有两人都问过："闻斯行诸？"（听到道理之后，是否要去实行？）孔子回答子路说：有父兄在，怎么可以听到就去做呢？而对冉有则说：听到后就去做。他的弟子公西华不明白这是为什么，孔子告诉他：冉有胆小不勇敢，所以要多加鼓励；子路急躁好动，就要加以抑制。这说明，为了有效地进行思想教育工作，用语的针对性是十分重要的。

（4）鼓励性

班主任不论对待什么样的学生，都要善于充分肯定他们的成绩和进步、优点和长处，指出他们克服缺点、战胜困难、取得进步的希望。这是帮助学生调动积极性，使之不断进步的最好办法。例如，对学生说话应该持下列态度："对付这种工作，谁也比不了你。"；"你会干得很好的。"；"你试试看，好吗？你会感兴趣的，你会喜欢的。"反之，用惩罚来威胁学生或是用班主任的权威来压学生，都是不可取的。例如，"如果你不去做这件事，我要惩罚你。"；"如果你不马上完成，我让你回家干一晚上。"；"不要问这问那，老老实实去干。"

（5）亲切性

就是说话语气要亲切、温和，但不失庄重感；语调要低一点，但不失速度与生气。有人担心班主任对学生说话"亲"，学生就会骨头"轻"，这是毫无道理的。因为态度的"亲"与要求的"严"是并不矛盾的。对"好学生"说话要"亲"，对因为种种原因，心灵深处受到创伤，表现较差的"后进生"更要"亲"，因为他们往往容易成为"被教师的爱所遗忘的角落"。作为班主任，必须用百倍亲切的话语去温暖他们的心，去点燃他们心灵中的自信心、自尊心和上进心之火。除了语言之外，还有非语言的表达。非语言表达对中学班主任老师来说也是十分重要的，它包括面部表达及体态表达两类。在有些时候，班主任虽然不开口，仅仅通过一个眼神、一个动作，如点一下头、摇一下头、皱一下眉、挥一下手，往往可以收到良好的效果。非语言表达方面要求班主任做到适当、自然、恰如其分，不可夸张做作，故弄玄虚。这样，中学班主任具有良好的表达能力，不仅可以在教育教学及管理实践中做到深入浅出，引人入胜，而且还可以增强人格魅力，提高教育威信。

3. 组织管理能力

有这样一个故事：两个男生在课间因为一件小事吵架，其中一名学生挨了两拳，刚要还手，上课铃响了。被打的学生觉得吃了亏，怒不可遏。他站在教室门口指着打人者大声喊叫："有种你给我出来，我非把你揍扁不可！"这时，来上课的教师正好看到这一切。教师先是愣了一下，马上和蔼地对那位喊叫的同学说："同学，你看老师拿了这么多作业本，你能帮老师发给同学们吗？"这位同学很快接过作业本发了下去。教师又对全班同学说："刚才，同学虽然和别人闹了点小矛盾，可是他为了不影响上课，愉快地帮老师做事，这很好！我相信下课后会正确处理这件事的。"挨打的学生听到了教师的表扬，转怒为喜。结果，这名同学不仅上课认真，下课后也没有再找那名同学闹别扭。

班主任作为一个班级的组织者、领导者，担负着组织、教育全班学生获得全面发展的任务。为使班级成为一个团结、向上的集体，并在集体中顺利开展各项活动，需要教师具有较强的组织管理能力。现代学校的教育功能是多方面的，这些功能往往要通过班级来实现。一般说来，班主任是班级的直接管理者，担负着全面组织管理班级学生的任务，既要认真贯彻党的教育方针，执行学校各项规章制度，领会传达上级指示精神，又要管理教学、组织课外活动。赫尔巴特说："如果不坚强而温和地抓住管理的缰绳，任何功课的教学都是不可能的。"因此，班主任必须具有良好的管理班级的能力；一般包括了解或研究与激励学生的能力；选拔任用班干部的能力；确定班级目标体系、制订班级工作计划并贯彻实施、监督检查的能力；纵向横向沟通交往协调能力；社会活动能力；设计组织丰富多彩的课外活动的能力等。中学班主任身兼两职，又搞教学，又搞管理，班里事情全部包揽不仅是不可能的，而且是没有必要的，甚至是不应该的。如果班主任具有较强的管理能力，善于调动全班学生的积极性，善于培养选拔干部，则许多工作可以由学生群策群力自己去做。不仅事半功倍，提高效率，为自己挤出学习研究的宝贵时间，而且还会锻炼学生，培养和促进他们的创造力及社会适应能力的发展。

4. 科研的能力

教师应围绕教学和教育上的问题开展研究，已为许多人所认同。但也有不少教师认为，研究是专家的事情，能把书教好就不错了，研究学问是可有可无的事情。其实，同样一堂课你上了，他也上了，同样的一件事，你处理了，他也处理了，但是用心思索的人就能从中悟出点道理来，并能根据教育学和心理学的原理，把这些道理上升为理论，然后再用来指导以后的教学和教育工作。反之，终日忙于教学、教育工作，不用心思索，不学习教育理论，光凭着拼劲工作，教学、教育效果往往不佳。有时甚至会做出违背教学和教育规律的事，如搞"题海战术"就是一例。

由于现代学校的功能日益多样，社会对学校的影响日益复杂，学生身心发展的特点不断变化，教育教学及班级管理中的新问题便不断出现。工作在最基层的班主任对这些问题最为敏感、最先觉察，因而不能满足于仅当"教书匠"、"孩子王"，而要积极主动地开展与教育教学有关的各种课题的实验研究及理论探讨，使自己成为新的教育思想、教育理论和新的教学方法的实验者和研究者。辽宁省的魏书生老师十多年来坚持进行教学研究，锐意创新，成果累累，他所推行的科学民主教育思想和独创的"语言教育自动化"、"班级管理自动化"的理论和实践，在全国都产生很大的影响。除了教学研究之外，班主任还可开展所教学科应用方面的研究，并且可以带领学生一起搞研究、做实验，搞一些发明和创造，这样不仅可以解决一些实践中提出的理论问题，提高教育教学及班级管理的效率，而且还促进了自己知识的更新、教学水平的提高。同时，还能将自己的研究成果贡献社会或带到教育教学中去，使教育教学内容得到更新和充实，让学生更多地受益。

新来的语文老师即将走进教室，好事者有意在黑板中央画了一道横线，并向同学们宣布：凭教师的身高，板书只能写到画线以下的部分。可万万没有想到，教师一边用精湛的讲课艺术把学生引入文学天地，一边将板书稀疏地写在线以下的部分，正当几名调皮学生暗自得意之时，教师突然笑容可掬地说："请问，线以下的部分不够了，可否写在线以上呢？"这时，全班同学责备的目光一起投向了那位画线者，这位同学顿时满脸羞愧。

可见，一位优秀的教师综合能力的内容是非常丰富的，合理的能力结构还应该包括以下几方面：

1. 敏锐的观察力

观察力是指善于从学生日常行为偶然的细微的表现中看出学生的个性特点及能力。观察力是班主任进行工作决策，发挥教育艺术，提高教育质量的重要因素和先决条件。

班主任观察学生的目的，在于了解学生，研究学生，以便更加有针对性地教育学生。班主任要善于透过现象看出本质，正确判断学生的内心活动，捕捉他们的真实思想，窥探他们的心灵奥秘。而心灵的外在表现，有时含而不露，有时稍纵即逝，很难捉摸。班主任必须练就一双慧眼，根据学生一时的面部表情、某一姿态、某一突然动作、某句话语、某个眼神，甚至某一不平常的笑声、叫声，迅速捕捉到心灵的电波，把学生此时此境的思想情绪和内心情感看个清清楚楚，弄个明明白白，以便抓住最佳教育时机，运用最佳教育方法对学生进行教育和引导，取得最佳教育效果。正如赞科夫所说的那样:"对于一个有观察力的教师来说,学生的欢乐、兴奋、惊奇、疑惑、恐惧、受窘和其他内心活动的细微表现,都逃不过他的眼睛。一位教师如果对这些表现熟视无睹,就很难成为学生的良师益友。"如某一犯错误而性格内向的学生,通过班主任的个别教育,已认识到自己的不对,但不一定会用语言来表达自己对错误的认识,往往会出现某一动作或表情,如低头或显出内疚(这种表情很可能是转瞬即逝的)。一位有敏锐观察力的班主任,就能迅速抓住这些表情,根据学生性格,很快判断出学生已认识了错误,达到了教育的目的,因而在适当时机,结束谈话。有了这种观察力,班主任就能根据学生表现出的蛛丝马迹,观察到某些不良行为将要发展和恶化。可见,这种敏锐的观察力,是班主任教育学生不可缺少的能力。它不是天生的,完全可能通过学习和锻炼而获得。它来自对教育学、心理学等教育理论的深刻理解;来自长期的教育实践;来自班主任的聪明才智,更来自刻苦求索和精心体味。

2. 良好的记忆力

对于班主任而言,不仅要尽快记住全班学生的姓名、特长、知识基础、智能水平、品行表现,而且还应对每位学生的成长、家庭情况以及班级整体情况有所熟悉。也就是说,班主任接手一个班级,要先于其他教师较全面地掌握、熟悉班级的每位学生的个体情况及班级整体情况;另一方面,班主任要担任一两门学科的教学,要熟练掌握该学科的概念、原理、公式和整体知识结构以及相应的教学及实验方法,还要较普通任课教师更广泛地掌握多学科、多方面的知识。不懂得遗忘的特点,不运用记忆过程的规律,是很难想象的。良好的记忆力是班主任从事教育、教学和班级管理的保证。

3. 活跃的思维能力

法国哲学家蒙旦说:"我不愿有一个塞满东西的头脑,而情愿有一个思想开阔的头脑。"班主任在教学过程中地,思维要活跃。不能照本宣科、千篇一律,局限于自己的书本及教案上,而应注意启发学生质疑、于不疑处寻疑、于疑处解疑,最后化有疑为无疑。在教学中把感性知识与理性概念联系起来,把基础知识与基础训练联系起来,把各学科间的相关知识联系起来，这样会使学生的思维能力快速发展。班主任在管理班级时思维同样要活跃，要有创造性。针对不同学校、不同年级、不同类型的班级及不同个性的学生，要制订不同的班级工作计划，开展不同类型的活动，采用不同的方式方法，因人管理，因材施教。急同学之所急，想同学之所想，才能牢牢把握班级发展的方向，顺利开展工作，提高管理效率。

4. 丰富的想象力

想象力是对已有的表象加工改造形成新形象的能力。想象力往往是发明创造的先导。教育教学及管理活动都属创造性的活动，在备课的时候应巧妙地设计板书、设计问题情境，并预测学生可能出现的反应。设计丰富多彩的强化知识的形式，不仅可以有效地提高学生的学习兴趣，激发学习动机，保持学生的注意，提高教育教学效果，而且还可调节学生的心境，陶冶情操。班主任在管理班级的过程中，丰富的想象力是十分重要的。在开展文艺演出、体育比赛、参观旅游、义务劳动、主题班会等班级活动之前，班主任均应对活动的进程及可能出现的情况有基本的预料，对每名学生的发展动向要有个基本的推测，以便心中有数、有的放矢地进行教育管理。

5. 较强的注意分配能力

注意分配能力是对教师工作的基本要求，也是班主任必须具备的一般能力。因为无论是课内课外，班主任要面对几十名中学生，读、说、听、写、看、思，多种活动交叉进行，传授知识、发展能力、塑造个性、培养品德多种任务交织在一起，这就要求班主任必须左顾右盼，内外兼顾，既见树木，又见森林，善于分配自己的注意力。正如霍姆林斯基所说："占据你的注意中心将不是关于教材内容的思考，而是你对学生的思维情绪的关心，这是每一个教育技巧的高峰，你应当向高峰攀登。"

6. 协调诸方面关系的能力

班主任及其工作处在一个"关系网"之中，班主任协调能力的高低将直接决定着是否能形成教育合力。其中，最重要的是班主任与科任教师的关系、与家长的关系，班集体中优等生与后进生、班干部与普通同学、男生与女生（中学更重要）等关系的协调问题等。与此相关的，诸如，与其他科任教师组成教师集体的能力、开家长会和做家访工作的能力、做好后进生转化工作的能力、处理早恋问题的能力等。

7. 做好常规工作的能力

从班主任日常工作的内容来看，包括：制订具体而切实可行的班主任工作计划的能力；指导班委会、团队工作的能力；填写、检查班级日志，开好主题班会、队会的能力；做好学生操行评定工作的能力等。这些日常工作因其"日常"，无疑直接影响班主任工作的成效，不可轻视这方面的能力。

（二）中学班主任综合能力素质的培养

1. 提高中学班主任增强能力素质的积极性、主动性

现在有些中学班主任依然存在糊涂认识，以为知识渊博了就一定会成为好教师，多操心些就一定会是好班主任。事实上，在市场经济条件下，目前，我国的教师职业已开始不再是铁饭碗，将出现激烈的竞争，教师也将会面临下岗的威胁。负责的态度、敬业的精神及渊博的知识仅是竞争资本的一个方面，前面所述班主任必备的各种能力是竞争取胜所必不可少的。因此，每名中学班主任都应从思想上认识到训练教师的基本功、提高能力的重要性和紧迫性。

2. 在教育实践中锻炼和提高

心理学研究表明，社会实践是影响能力发展的一个重要因素，也是能力形成的一个重要途径。大量的事实表明，只要中学班主任在实践中端正态度、勤于思考、自觉训练、虚心学习、持之以恒，便能逐步提高自身的教师职业技能及相关能力，提高教育质量，获得学生、家长及同行的认可，在越来越激烈的竞争中就会立于不败之地。

第四节　提高自我修养的难点及其对策

一、如何不断完善自身人格

"金无足赤，人无完人"，要求教师特别是班主任人格至善至美，恐怕

不那么现实，也不能如此苛求。然而，既然我们选择了教师的职业，承担起了教书育人的神圣使命，就必须深知遵守教师职业道德规范的意义，并把塑造自身的完美人格作为人生不懈的追求。

教师的人格是指教师的精神面貌，是与其意识倾向性相关的理想、信念、世界观以及气质、能力、性格和品质等因素的总和。教书育人的核心是培养学生健全的现代人格，教学生学会做人。在这个教育过程中，教师特别是班主任教师的人格是一种无声的命令、无形的感召、无穷的动力，对学生的心灵具有强烈的辐射力、震撼力和同化力。因此，发挥着感染、激励和促进的作用。伟大的俄国教育家乌申斯基曾经深刻地指出："教师的人格就是教育工作的一切。因为只有人格才能影响人格的发展和定型，只有性格才能养成性格。"教师的人格属于教师职业道德的最高层次，其人格特征主要包括热爱祖国、无私奉献的师魂；热爱事业、热爱学生的师德；"全面发展基础上个性发展"的师观；勇于探索、开拓创新的师能和严于律己、严谨求实的师风。这也恰是我们教师特别是班主任教师人格自塑的目标。

叶圣陶先生说过："教育工作者的全部工作是为人师表。"为师就要有知识，为表就应有美德。教师要完成教书育人的历史重任，首先要成为具有崇高人格的人，并以此取信于学生，熏陶学生。教师课外、校外的道德失范，将是对其课内、校内施教时的宣言的自我否定，势必会在学生心里失去人格的影响力。可见，教育的成败与教师人格的信度与力度、知识的广度与深度，存在着必然的因果关系。因此，有志于教育工作的教师应该清楚：侧身教育、忝为师表，必须诚惶诚恐，在自己平凡而伟大的岗位上，勤于学习，严于自律。做一天教师，为一天师表，这便是向理想人格迈进一步。

教师塑造自身完美人格需要一个长期艰苦的修炼过程，是一个自我否定与自我肯定的过程。它需要以健康的心理素质和全面的文化修养为基础，并在深化改革教书育人的实践中不断磨炼，严格自律，逐步从现实自我走向理想自我。为此，教师特别是班主任教师必须增强人格自塑意识，其中包括自尊自爱意识、自警自省意识和自控自律意识。

"自尊心是一个人灵魂中的伟大杠杆。"（别林斯基语）教师的自尊自爱是一种积极的行为动机，有助于克服自身的缺点，促进人格的完善。另外，教师还要在自己的日常生活中保持自警自省，要提高自我认识，坚持自我警醒，做到"吾日三省吾身"，以便时时处处自觉遵守教师职业道德规范。教师的自警自省意识越强，越能自觉做到"慎独"，从而不断提高自己的人格修养水平。要想使自己的人格逐步完善，还必须做到严格自律，提高自控能力。具有完善人格的教师，特别是班主任，都是自控最强、自律最严的人。自我控制的前提是对理智与情感关系的正确把握和对行为后果的深刻认识。自律严的教师善于解剖自己，勇于去"恶"扬"善"，在自己教书育人的实践中能够主动把一切不利于人格提升的因素消灭在萌芽状态。

教师总是处于学生最广泛最严格的监督之中，承担着独特的人格责任。因此，教师必须"以人为镜"，坚持严格自律，不断修炼自己完善的人格，真正承担起"以素质培养素质"、"以人格塑造人格"的历史重任。

二、如何提高自身专业化水平

（一）了解班主任专业化的内涵

班主任作为教师中的骨干力量，教师专业化的内涵和标准基本上适用于班主任专业化。但是，由于班主任要履行班主任职责，因此，班主任专业化又有其特殊性，而且其内涵更丰富、专业化标准更高。为了提高自身专业化水平，班主任首先要了解班主任专业化的基本内涵。

我国教育部师范教育司，在其《教师专业化的理论与实践》一书中，阐述了这样的观点：教师专业化是指教师专业具有自己独特的职业条件和培养体制，有相应的管理制度和措施。教师专业化的基本含义是：达到国家规定的学历标准，具有必要的教育知识、教育能力、职业道德、教师资格管理制度等。教师专业化是指教师在获得国家规定的学历标准的基础上，建立现代教育理念，修炼崇高的职业道德，并经过教师职业培训而获得必要的专业知识、专业能力和教师资格，确保专业地位的过程。教师专业化是一个不断发展的动态过程。它既包括教师个人逐步成为真正的专业工作者的成长过程，也包括其获得教师资格、确保专业地位的过程。

班主任专业化的内涵基本上与教师专业化的内涵相近。这就是班主任专业化与教师专业化的共性，因为"一位优秀的班主任，首先应该是一位优秀的教师"。然而，班主任的专业角色与教师的专业角色是有所不同的，除了要和任课教师一样完成教学工作，实现教书育人，他们还要履行"班主任的职责"：要对所辖的一个班的学生的生活、学习、工作以及学生的素质和班集体的形成与发展承担重要责任；要对学生和班集体进行教育和管理；要通过创造性地履行班主任职责；对学生素质（德、智、体、美、劳）的全面发展负责。由此可见，班主任的专业角色比一般教师复杂得多，其专业化的内涵也更加丰富，对班主任专业化的标准定得也更高。这就决定了班主任专业化的特殊性。班主任专业化的内涵，可以这样表述：以教师专业化标准为基础，逐步掌握德育与班主任工作的理论知识，经过长期培养训练形成班级德育和班集体建设与管理的能力和技巧，提高自身的学术地位、经济地位和社会地位，全面有效地履行班主任职责的过程。

（二）了解班主任角色的特殊性及其专业化的标准

1. 班主任专业角色的特殊性

班主任专业化角色的特殊性主要表现在以下几个方面：

（1）从教育科学知识和专业知识上讲，班主任比一般教师要更加广泛。班主任需要了解《德育原理》、《班主任学》的基本理论知识和实践知识，需要基本掌握《班级管理学》和《班主任工作行为学》的相关理论知识，并逐步运用于学生教育和班集体建设与管理之中，从而形成自己的班主任工作艺术风格。

（2）从先进的教育技术上看，班主任应具有比较熟练地运用网络开展德育工作的能力。

（3）从文化素养上看，由于班主任角色的丰富性，他们需要对学生进行心理、科技、环保、艺术等方面的教育，因此，其知识面应该比一般任课教师更加广博。他们必须对政治、经济、文化、哲学以及自然科学、人体科学、医药卫生保健知识和环境保护知识有更多的了解。

（4）从专业能力上看，班主任不同于一般教师的是：要对班集体进行建设与管理，要开展班级德育工作，要组织开展丰富多彩的班集体活动，因此，其组织管理能力；研究学生、学生家庭和社会的能力；组织班集体活动的能力；转化后进生的能力和协调各种关系的能力等相对要强，并具备一套教育管理的技巧。

（5）从业外才艺上看，班主任应多才多艺。班主任琴棋书画、文艺、体育等业外才艺的丰富性，对于形成良好的师生关系，形成班集体良好的心理自由氛围具有重要的作用。

（6）从教育科研的范围上看，班主任的研究领域比一般教师的要广泛。既应研究教学领域的问题，又要研究班级德育与班集体建设与管理中亟待解决的问题。

这种专业角色的不同，必然对班主任的专业化标准要求得更高。

2. 班主任专业化标准

关于班主任专业化，国家还没有一个统一的标准，也还没有人做出具体的具有建设性的研究。我们只能从国内外对"专门职业"的标准吸取营养，并把我们对班主任专业化的基本内涵和班主任"职责"的理解作为我们研究班主任专业化标准的出发点。我们从教师专业化标准中吸取营养，结合我们班主任工作的各方面实际，可以把班主任（其中包括任课教师）专业化的标准归纳成以下几项：

（1）达到国家规定的学历标准。

（2）能在学习与实践中更新观念，逐步树立以素质教育观为核心的现代教育观念。

（3）深刻理解并掌握教师的职业道德规范，担负起班主任的专业职责，树立崇高的人格形象，把职业道德规范真正变成自觉的行动。

（4）树立终身学习的观念。坚持经常性的在职进修，以便具有合理的知识结构，形成深厚的专业知识和专业技能。班主任应广泛吸收班主任工作的最新理论，并能够运用到实践中去。

（5）能够坚持以实践为基础，以先进的德育理论和班级管理理论为指导，对学生进行有效的思想品德教育、心理健康教育、劳动教育、审美教育；对班集体进行科学的管理，真正做到教书育人、管理育人和服务育人。与此同时，要对班级德育的规律，对班集体的功能、运行机制等班集体建设中的诸多问题进行理论联系实际的研究，使自己逐步成为发展教育文化的生力军。

（6）具有较强的专业能力。这里不仅包括课堂教学能力，还包括学习能力、信息能力、研究学生（家庭和社会）的能力、交往能力、班集体的组织管理能力、组织班集体活动的能力、协调各种关系的能力、教育引导学生的能力和教育科研能力等。

（7）对自己的专业有较大的自主性和权威性。

（8）不断提高自己的学术地位和社会地位。

总之，班主任走向专业化，从自身讲，应不断"增强专业意识、专业精神，信守专业操守，实现专业自律，加强专业学习，实现专业发展"，不断提高专业实践水平和教育服务质量。

（三）加强自我修养，提高专业水平

1. 加强理论学习

目前的师范教育对他们的毕业生要当班主任的需要很少考虑。其课程设置基本上是"学科本位"的课程，对现代教育理论的教学重视不够。教育学、心理学、教学法这"老三门"一直沿用至今，不仅没有大的改变，而且仍被视为副科。据不完全了解，师范院校开设"班主任课"的寥寥无几，师范生毕业前尽管有做实习班主任的要求，但也是蜻蜓点水，加上原班主任不肯放手，这样的实习往往流于形式。这就造成了班主任专业的先天不足，使得这些师范生在走上工作岗位后，对班主任工作非常不适应。

为了改变现状，教育行政部门、班主任学术团体和学校都在为提高班主任的专业知识和能力举办各种班主任培训班。对此，班主任一定要持积极响应的态度，争取一切机会踊跃参加。要树立"重新学习"的观念，使自己成为一名永不停步的学习者。要坚持在班主任工作实践中，带着自己所遇到的问题进行自学。只有持之以恒的自学，才能扩大自己的知识领域，更新自己的知识结构，提高自己的工作能力，即提高自己的专业素质。

每位班主任的专业素质肯定要有差距，但相同的是都应该通过自己的"重新学习"而不断发展。素质的提高不能"封顶"，但必须要"保底"。这个底应该在"多学科通识"的基础上，在班主任工作的专业知识和技能上有更多的修养。

另外，当今的学生是具有时代特点的活生生的人，加上班集体建设与管理的理念不断更新，班主任会遇到许多新情况、新问题，需要研究和解决。这也需要班主任不停顿地学习，对新情况、新问题进行思考，并设法加以解决。比如，目前传统的刚性管理（制度管理和目标管理）已经遇到了很大的挑战，需要班主任考虑如何处理"刚性管理"与"柔性管理"（情感管理等）之间的辩证关系，突出以人为本的管理理念……

至于学什么、怎样学，以下几点建议，供大家参考。近几年，德育和班主任工作理论联系实际的研究成果很多，也确实有一些突破性的专著问世，我们不妨结合自己的需要，有选择地加以学习。学习过程中可做到以下几个结合：

（1）进修与自修相结合

参加班主任研修班、听专家学者的报告是很有必要的。他可以减少我们遨游书海的时间和经历。但是，必须对专家的报告进行独立思考，听后要总结一下自己的收获：对他们的观点有没有不同的看法；对那些没有弄明白的问题可以再找一些资料，进一步学习钻研，也就是把进修与自修结合起来。自学要带着自己的实际问题去读书学习。除了读一两本专著之外，最好随时关注报刊上的文章，因为报刊文章上新的信息比较多。

（2）泛读与专攻相结合

根据班主任专业化的要求，班主任的知识结构必须是横向知识广博、纵向知识深邃的"T"型结构。因此，在读书学习的时候，既要广泛涉猎方方面面的知识，又必须结合自己研究的课题确定理论学习的主攻方向。如果要研究"在班集体中培养创新精神"这一课题，就应广泛搜集该课题已有的研究成果，集中进行学习，以拓宽自己的思路。

（3）做到剪报与写读书笔记（摘抄）相结合

大家都清楚"书到用时方恨少"的道理，因此，平时必须坚持读书看报，把有用的东西收集起来，按专题进行分类保存以备研读；或预备一个本子，把一些新思想、新观点摘录下来；或在读别人的文章时，自己有不同的看法或体会也应立即把它写出来，哪怕三言两语，以后再思考这个问题的时候就会对自己有帮助。剪报与写读书笔记结合，对更新自己的知识结构、提高专业水平是非常有价值的。

（4）自我反思与参加沙龙活动相结合

我们每位班主任在教育教学中都会有成功的喜悦和失败的痛苦，如果能对这些进行及时的反思，找出原因（反思性评价）和改进的办法（反思性计划），这对改变教育行为将是非常有益的。假如，由于学生缺乏宽容的态度或以权威者自居而造成教育的失败，就不妨提出这样的假说："如果班主任不再以权威者自居，而与学生平等沟通，建立师生对话的平台，学生将拥有大量的主见。"然后，再确定实施的备选策略，设计出把这个假设变为现实的变通办法。这是非常有价值的行动研究。当然，还可以组织更多的同仁就某一问题进行共同探讨的沙龙活动，集思广益，共同提高。

2. 参与教育科研

当前，班主任专业水平不高、缺乏学术声誉的根本原因，一些人总是觉得班主任不过是孩子王，只要有两年的工作经验就能干好；更糟糕的是，我们自己也这样认为。要摆脱这种观念的束缚，凸现班主任的专业素质和学术水平，就必须以班集体为自己的实验室，以学生为自己的研究对象，积极参与教育科学研究。这才是班主任实现专业素质提高的必由之路。班主任参与教育科研有绝对的优势：第一，有一定的理论基础；第二，有丰富的实践经验；第三，有优越的实验环境。这些是一些理论工作者所无法比拟的。

目前，中小学的教育科研工作蓬勃发展，班主任成为研究者的观念已被大家认同，其基本假说是班主任有能力对自己的教育行为加以反思、研究和改进，能够提出贴切的班主任工作改进建议。中小学科研的实践也证明了这一点。班主任搞科研不仅是改进自己专业工作的有效方法，而且是促进自己专业化素质提高的有效途径。

为什么这样说呢？理由有：

（1）增强问题意识

班主任参与教育科研可以增强自己的问题意识，促进班主任对各种教育现象的关注，以及对自己在管理班级和对学生教育的各种问题上的反思，从而巩固自己的成绩，改进自己的工作。

（2）提高理论水平

班主任参与教育科研可以促进他们对教育科学知识、专业理论的渴求，促进他们去广泛搜集班级建设与管理的相关研究成果和资料，扩大他们的信息量，不断更新知识结构。

（3）更新教育观念

班主任参与教育科研能够更新自己的教育观念，把自己从否定个人尊严和迷信学者权威的桎梏中解放出来，确信自己有能力改进自己的工作实践，并成为教育文化的创造者（其表现形式就是撰写科研规划、科研报告和其他科研论文）。这样也可以大大提高班主任的学术声誉。

班主任要增强自律意识，努力做到自重、自省、自警、自励。作为人民教师，个人道德自律最为重要，"慎独"方能立德。班主任必须增强自律意识，重视"慎独"修养，经常反思自我、解剖自我、监督自我、完善自我。讲究师德，锤炼人格，进一步解决好什么教师可以当班主任、怎样当好班主任的问题，努力使自己成为一个高尚的人，一个有道德的人，一个有利于人民的人。这便是我们对人格魅力的最高追求（关于这些内容本书均有专题论述）。

三、心理素质不理想怎么办

人的个性心理结构是一个复杂的、多侧面、多层次的体系。在这个体系中，理想、信念和世界观被称为动力系统，是人的个性心理结构中的核心，是人的心理素质的灵魂和统帅。班主任只有把实现素质教育作为自己的理想和信念，才能真正形成健康的心理素质。

素质教育强调促进学生"全面发展基础上的个性发展"。要培养学生健康的个性心理素质，班主任必须从以下几方面不断提高自己的心理素质：

（一）热切而深沉的情感

在一定条件下，班主任的情感是对教育效果产生直接影响的因素。"没有人的情感，就从来没有也不可能有人对真理的追求。"（列宁语）对中小学生来说，他们非常需要那些热情、富于同情心、言行具有强烈感染力的班主任成为自己的良师益友，希望得到他们的认可和赞许。这种类型的班主任作风民主，易与学生打成一片，能给学生在情绪上以更多的支持和鼓舞；能恰当地把握情感，不因理解而迁就，也不因严格而暴怒；能恰当地运用批评与表扬的方法，促进学生从不利情感状态中解脱出来并能够积极进取。另外，班主任工作绝非简单的"外塑"，而是深刻的"内化"，需要把对学生真挚的爱渗透到全部工作中去，并通过晓之以理、动之以情的方法，促使学生产生情感共鸣。班主任要具有这种情感，就必须忠诚于人民的教育事业，对自己的工作抱有满腔热忱，对自己的学生特别是后进生热情相待，富有同情与信任，同时，用自己的热切而深沉的情感来实现关心人、尊重人、教育人的目的。

（二）正确而持久的动机

动机是推动人们行动的内在力量。动机的性质决定着人的行为的性质。班主任的工作动机从主客观上分析是由其在工作中的地位、作用决定的，是受其思想和工作需要的内驱力制约的。如果班主任能够牢固树立为四化大业培养合格人才而奋发工作的动机，就会通过教育教学活动把"为中华之崛起而读书"的理念变成学生现实的需要。那么，学生就会为满足自己的需要而刻苦钻研知识，提高社会主义精神文明素养。班主任如有牢固的、正确的思想及工作动机，就会凭借个人对动机意义的理解，随时强化或引导学生学习、生活、工作的动机。例如，班主任总是根据学生的思想、学习等方面的表现，抓住一切有利时机进行理想、信念、学习目的的教育；并根据学生提出的合理需要，创造条件予以满足，以使学生保持一种朝气蓬勃的精神状态。相反，如果班主任的工作动机只是为了增加一些津贴，那他必然缺乏工作动力，不仅做不好工作，这种较低的思想境界也必然给学生带来不良影响。

（三）广泛而有益的兴趣

班主任兴趣广泛可以促使自己获得更多的信息，接受广博的知识，以提高自身的修养；同时还可以和学生保持密切的交往，产生共同语言，从而更有利于了解学生，有针对性地帮助、教育学生。如果班主任是位科技迷，就能带动本班的课外科技活动；如果班主任能在球场上龙腾虎跃，就能团结帮助一批球迷；如果班主任能歌善舞，学生也会朝气蓬勃……这样就便于了解学生、教育引导学生。

兴趣是可以培养的，某班主任本来不会打球，但是为了了解和教育某些后进生，就主动参加他们的体育活动。天长日久，新的兴趣形成了，也为自己的工作创造了条件。加强自身的兴趣修养，关键是培养自己从事德育工作的兴趣。班主任且深入地研究德育理论和教育对象，广泛地探索做好人的工作的知识和技巧，主动自觉地培养对相关知识的兴趣和对文学艺术、文体活动的兴趣，使自己成为学生生活广阔领域里的活跃人物。当然人的兴趣也有两种类型，一是消极有害的，一是积极有益的，我们要择善而从。

（四）爽朗而稳重的性格

性格是指人较稳定的对现实的态度及与此相适应的行为方式，它常常通过态度、意志、情绪、理智表现出来。班主任具有爽朗、活泼、坦率而富于理智的性格，对于青少年的教育是十分有益的。因此，为使自己具有良好的性格修养，班主任在工作、交往中，必须做到襟怀坦荡，以诚相见；热情帮助，讲究科学；自信冷静，注重策略。除此之外，班主任还应该忠于党，坚持四项基本原则，对社会主义充满信心，并能以自身的光辉榜样给学生做出表率，做到身教重于言教。

（五）持重而不孤傲的气质

气质具有明显的天然性，但又不是一成不变的。人类四种气质虽然各有其优点和缺点，但不同气质的班主任却无优劣之分。如果我们班主任队伍中汇集了四种气质的人，他们又都能注意自己气质的不足，做到取他人之长，补自己之短，我们的工作会做得更好。每位班主任应善于了解自己的气质类型，在实际工作中加强修养，做到考虑问题时深思熟虑，安排工作计划时从实际出发，教育学生处理问题时掌握分寸，讲究方法。还应逐渐使自己形成持重老练、沉着冷静的良好气质，做到像托尔斯泰要求的那样：自居职守而不刚愎自用，胆大心细而不急躁粗浮，喜功而不自炫，自重而不自傲，豪爽而不欺人，刚强而不执拗，谦虚而不虚伪，认真而不迂腐，豁达而不逢迎，直爽而不鲁莽。

（六）顽强而坚韧的意志

意志是指人在履行道德义务的过程中表现出来的自觉克服困难和障碍的坚强精神。在改革开放形势下，班主任会遇到许多难解的问题，因此，其意志品质显得十分重要。不管遇到什么艰难险阻，如资产阶级自由化的影响，青年学生中出现了崇洋媚外的思想，我们从事班主任工作的同志，都应有坚定的信念，即深信虽然改革过程中遇到了错综复杂的矛盾，面临着前所未有的困难，但在党的领导下，什么风浪也阻挡不住历史滚滚向前的巨轮。作为一位普通的班主任，要在自己平凡的岗位上，以革命乐观主义精神，在困难面前不动摇、不退缩，特别是在用先进的思想转变学生思想的过程中不虎头蛇尾，不半途而废，善于抓反复、反复抓，善于控制自己的情绪，有不达目的绝不罢休的决心，有胜不骄、败不馁的顽强毅力。

人的心理素质是在实践中形成和发展起来的，是可以改变的。班主任为了培养学生良好的心理素质，提高工作效率和效益，应当加强这方面的自我修养。要达到改善和提高自身心理素质的目的，就应主动地自我锻炼、自我改造、自我陶冶和自我教育。

四、如何提高应变能力

马卡连柯说得好："教育技巧和必要特征之一就是要有随机应变的能力。"

班主任的应变能力是指其在教育教学中，面对各种始料不及的棘手问题，能够熟练地把握教育教学规律，机智地变换教育教学方法，灵活而不呆板、巧妙而不生硬地做出处理，并对学生进行因势利导、因材施教的能力。

应变，并不意味着情况变化了，可以放弃教育教学原则、随意改变教育教学计划、降低教育教学要求，而是根据变化的情况，将观念、方法、手段做相应的变化，及时、果断、能动地驾驭教育教学工作，变被动为主动，化消极为积极。

班主任处理突发事件，既需要丰富的教育教学经验，又需要敏捷的思维和娴熟的教育技巧；既要对突发事件做出迅速而准确的分析和判断，又要有一定的胆识和决策能力。这些都是班主任应变能力的必要基础。具体地说，如果班主任的应变能力不强，应从以下三个方面提高应变能力：

（一）当怒不怒的自控能力

突如其来的偶发事件，很可能令人十分恼火，或措手不及，此时，班主任的头脑一定要冷静，要有当怒不怒的自控能力，即要控制住自己的情感，千万不能动怒发火。"须知咄咄逼人的震怒、粗声大气的训斥、尖酸刻薄的讽刺、粗暴蛮横的体罚，并不能显示出教育的威力。"例如，有一位戴眼镜的班主任，在接班后，第一次走进教室时，发现全班学生情绪紧张地盯着黑板，回头一看，原来黑板上面了一个戴眼镜的头像，旁边还写着"四眼狗"的字样。这位班主任一下子怒火中烧，真想来个"杀鸡给猴看"。可是，他终于冷静下来，控制住即将爆发的情感，扫视了一下全班学生，回头将黑板擦干净，然后风趣地说："这幅画画得不错。画画的同学一定是为了考验一下他的班主任，但不应当采取有损于教师人格的做法。"此时，学生们的目光一下子集中到画画同学的脸上。这名学生红着脸低下了头。班主任见此情景又说："我想画画同学此时一定已经感到自己错了，不过不要紧，你要将功补过，利用你的画画才能为集体服务。"后来这名学生真的成了班上的宣传委员，师生间的情感也非常融洽。试想，如果这位班主任真的大动肝火，给学生来个"下马威"，效果会怎么样呢？起码师生情感会形成难以消除的隔阂，也达不到"长善救失"的目的。

（二）迅速而准确的判断力

突发事件出现后，需要班主任迅速选择正确的方法予以解决。这种选择来源于班主任对突发事件原因的分析和判断。准确的判断是班主任应变能力的基础。

　　突发事件尽管在一定程度上具有偶然性，但是，总还是有这样或那样原因的。如有些意外伤害事故是由于学生逞能、好胜、爱表现而造成的；班里丢失钱物并不一定是具有不良的偷窃动机，而是因为青少年爱开玩笑所致；有些突发事件是由于某种潜伏因素的作用而在一定场合爆发的结果，偶然中深蕴着必然。如师生"顶牛"事件，不少是因为以往师生中发生矛盾而未能很好解决的结果。有的突发事件则是由于学生具有不良的道德动机所致。因此，突发事件发生后，班主任必须在短时间内对事件的原因进行周密的调查分析，做出科学的判断，并预测出不同的处理方法可能产生的后果，从而作出正确的选择。

　　曾经有这样一个故事。记得我带的班里曾出现过几次丢失少量钱和粮票的事，学生们都怀疑是小 A。我曾对她进行了认真的观察分析，虽然有些可疑之处，却无真凭实据。一天，小 B 的手表丢了，教室里七嘴八舌地叫嚷着"抓小偷"。我走进教室后，学生们叫嚷得更厉害了，看来这个问题不解决是不好上课了。我把小 B 叫到门口，听她详细讲述了表丢失的过程，再联想以往的情况，小 A 拿走手表具有很大的可能性。此时，我真想借机整小 A 一下，可是真的把脸撕破，解了师生的心头之气，以后又该怎么教育她呢？我决定采取缓冲的办法，冷静地说："同学们，大嚷大叫不解决问题，又违反了学校纪律，请大家安静下来。手表说不定谁拿了看时间，还没来得及还，我们要给人家时间。"这样不仅给自己判断是否准确留有余地，而且也给拿手表的学生设下改正错误的台阶，同时还为我进一步批评教育创造了条件。效果非常好，小 A 不仅很快交出了手表，而且交代了一些老师不知道的事情。对此，我都按她的要求予以保密，她也真的改掉了这个坏毛病。

　　（三）审时度势的变通力

　　变通是应变能力的最主要特点。面对突发事件，班主任要善于根据对事件原因和影响学生思想、道德、行为变化、发展的各种原因的分析判断，采取相应的灵活机动的战略战术，以达到因材施教的目的。变通即根据变化了的情况变通教育目标，变换教育角度和方法。如变指令为参谋，变对立为友善，变贬抑为褒扬，变直截了当为迂回等。在运用语言艺术上，有的班主任采用直话曲说、急话缓说、硬话软说、正话反说、严话宽说等变通方法也十分可取。例如，一名学生上课不注意听讲，在下面画了一张男女拥抱接吻的画。同桌女生抢了过来，一一传阅，最后传到教师手中，全班哗然。这件事情令教师怒不可遏，但他冷静地不紧不慢地说："你们看，这位同学低下头了，显然他有点后悔了。我也觉得奇怪，他怎么会做出这样的事来呢？课后我们再帮助他找找原因吧。"这些软中有硬的话，既指出了问题的严重性，又没有刺伤学生的自尊心；既说明了这件事没有完，一定要严肃对待，又为学生进行自我教育指明了方向；既为继续上课排除障碍，又避免了正面批评容易造成的师生"顶牛"现象的出现。这位教师的教育方法和语言艺术令人钦佩。总之，变通的要诀就是避其锋芒、欲扬先抑、欲进先退、变换角度、以智取胜。在处理突发事件的过程中，离不开激发学生进行自我教育。在启发自我教育时，就应以长善开路，反面文章正面做，等到创设了"通情"的心理氛围后，再选准时机，借题发挥，使之在宽松的气氛中"达理"，帮助其"救失"。

第五节　自我修养的经典案例

案例 1

对不起

那是我刚接班主任的第五天，我正批阅学生的日记，看到一名叫李欣欣的学生，日记题目是《减肥计划》。其中写道：

"刚上中学，同桌就说我胖，还时常拿我的胖和同学们开心，令我心中不快。所以我决定，制订减肥计划，并且从明天起，开始实施我的减肥计划了……"

我不禁莞尔一笑，头脑中浮现出一个苗条腼腆的身影，那么瘦还要减肥，真搞不懂现在的女孩子都怎么了。于是我在她的日记后面写下了这样的批语：

"这么瘦还要减肥啊，再减下去，我看你还没晕，我就要先晕了！"

第二天放学后，日记收上来，我像往日一样批阅着。当翻开了一本日记，上面用超于平时几倍大的字迹赫然写着：

"老师，您弄错了，我是李欣欣！"

我不禁诧异：是啊，这我知道，还用这么着重地强调吗？待我再往下看，下面以正常字体写着：

"老师您的语文课讲得不错。不过您不知道我是谁？我长得什么样吧？告诉您：我是李欣欣，我是咱班'双欣'中那个最胖的。我长相不出众，上课发言不积极，考试成绩不突出，所有的活动也都不特殊，不是学习好、爱发言的那个蒋欣欣。我是那个一直没引起你注意的李欣欣。"

我心里咯噔一下，突然觉得滋味很难受，脸不知不觉开始发烧，对我自己的自负感到羞愧。于是我又翻阅起学生的档案袋，开始把我认为熟悉的名字和照片进行一一地对照，仔细地查看照片中的一张张面孔，尤其是李欣欣和蒋欣欣的照片，我一看，本来完全不同的两个人，我却给弄反了。我只背下了班级所有学生的名字，却没能记住所有学生的面容。

第二天，我到班级上课，首先叫起了李欣欣，看着她那不自信、有些闪烁的眼神，我满怀歉疚地说了声：

"对不起，李欣欣同学！是老师弄错了，我向你保证，下不为例。"

李欣欣先是瞪大了眼睛看着我，然后不好意思地笑了。

【访谈录】

问：你为什么把弄错学生的名字看得这样重？这不是常事吗？有什么关系？

答：不是的，我认为这虽是小事，却至关重要。

首先，我认为在新任班主任工作中，快速记住学生的名字很重要。我每次新接一个班级，都会在两三天内记住所有学生的姓名。我认为这样，能让学生在新的环境中找到亲切感；同时也能增加我的亲和力，争取在最短的时间内赢得学生对我的信任和欣赏。做了多年班主任，我在这方面的经验是有目共睹的，我一直引以为自豪。可是，没有想到那一次，给了我深深地震撼。

其次，这不只是个弄错名字的事，而是在不经意间伤害了学生的自尊心。我们可以想象一下，一个孩子新到一个环境，多么渴望有人认识她，多么希望教师能关注她；为此她以期盼的眼神注视着教师，期待着教师的关注。然而，当她翻开她用心写的日记时，见到的却是那样一条与她扯不上关系的批语，她那曾发亮的眼睛会怎样呢？一定会在一瞬间暗淡下来，甚至会感觉自己的自尊心受到了伤害，也可能会从此离教师的情感距离很远很远，无法挽回。尤其是像李欣欣这样比较胖，而且个子较小，这种长相在青春期爱美的中学生中，是最敏感、最自卑的，我又偏偏记错了她，在她看来就是教师和她过不去，会增强她的自卑心理。

我还自以为很幽默，给人家写下一条带笑脸的批语，结果却是带给了那个孩子一种失落。我想这也是教育无小事吧！

问：你不认为这次弄错学生的名字是个偶然吗？

答：不是的，而是个坏习惯。一是工作中的麻痹思想严重。做班主任工作时间长了，教师本身对学生有些麻木，常会无意识地伤害学生；二是忽视中间学生。习惯于"抓两头，带中间"的工作方式，对那些比较优秀的、或是比较调皮麻烦的学生，我总会额外投入一些时间和精力；而对于那些总习惯于默默无闻、既不愿过多的表现自己又不愿给教师添麻烦的"普通"的学生，像李欣欣那样的学生，我却经常会以"她在那儿"、"她做得不错"来宽恕自己对他们的忽视；三是忽略了学生的主观能动性。教师往往只顾自己的工作和感受，常把自己的一切无端地强加给学生，正如我的批语那样，也不管学生能否接受，就写上了，还感觉自己很幽默，结果伤害了学生的心。

问：通过这件事，你的感受是什么？

答：其实，每名学生都是敏感的，都是渴望受到教师的关注、得到教师的关爱的。教师的一句话、一个动作、一个表情，甚至一个眼神，都是一个信息，都会被学生接收、编译、储存、反馈，都会给学生以信心或伤害。我不应该忽略那些平凡的孩子们，应该公平地对待每一个孩子。

我真心地感谢我那些单纯的学生，感谢她以自己的平凡教育了我，她以自己无声的方式，提醒着我——平凡，并不意味着可以被忽视。真正成功的教育者，应该懂得用细心加智慧平等地、真正地关注每一名学生，才可以使自己的教育工作不留遗憾。

　　这件事教育了我，我会永远铭记不忘，也真诚地对平凡的同学们说声"对不起"。我会在今后的工作中，多关注像李欣欣这样平凡的学生。

【案例分析】

　　正如作者所认为的："每名学生都是敏感的，都是渴望受到教师的关注、得到教师的关爱的。教师的一句话、一个动作、一个表情，甚至一个眼神，都是一个信息，都会被学生接收、编译、储存、反馈，都会给学生以信心或伤害。"教师的每一个不经意的"忽视"，都会给学生带来不良影响。"抓两头，带中间"无疑是一种正确的工作方法，但带中间，绝不是放弃中间，而是面向全体、一视同仁。

　　本案例中单纯的李欣欣同学，用她"无声的方式"，以"自己的平凡"教育了教师，同时也提出了无声的抗议。她警示所有的教师："平凡，并不意味着可以被忽视，真正成功的教育者，应该懂得，用细心加智慧，平等地、真正地关注每一名学生，才可以使自己的教育工作不留遗憾"。希望教师的一声"对不起"，会改变对普通学生的忽视，真正给他们带来希望和勇气。

案例 2

婷婷的考卷

　　办公室里很安静，没有课的教师都在低头紧张地批阅期中考试卷。忽然，教数学的张老师拎起正在评阅的一沓试卷，大笑起来，并大声地叫着：

　　"大家快来看看，这是哪班学生的卷子？"

　　他旁边的教师们都伸过头去看，也马上大笑起来。于是办公室里所有的教师都放下手中的活，凑了过去，又是一阵大笑。还有人问：

　　"这是谁呀，太有意思了。"

　　我走了过去，一眼就看出那是我班婷婷的卷子！

在卷子上，小小空白处，画着一个双膝跪地的小女孩儿，泪飞如雨，旁边写着一行小字：

"老师，我真对不起您！"

听着同事们的笑声，看着这卷子上的 41 分（总分 150 分），再看看那可怜兮兮的小人，说实话，我差点晕过去，不仅笑不出来，而且内心一阵难过。

我奇怪：平常明明看见她上课在认真听课，明明看见她的作业工工整整地交了上来，明明看见她在考试时认真地答卷，为什么……

【访谈录】

问：你怎么知道那是婷婷的卷子？

答：她的画画得很好，尤其是卡通人物，全年级不会有第二名学生能比上她；另外以前她也用过画画的办法和我进行沟通，倾诉她的心里话，和我的感情很好。

问：婷婷是怎么样的一个女孩？

答：婷婷文静、漂亮，是个让人心疼、惹人爱的小女孩儿。她心灵手巧，我们班级的教室布置多数都出自她的手，她的剪纸被同学们当做艺术品收藏，她甚至可以用一个小小的粉笔头，雕刻出活灵活现的小动物。同学们都愿意和她做朋友。她就是在学习上让人操心，尤其是数理化，简直就是一窍不通。我在表扬她的时候，总是遗憾地加上一句：

"要是学习成绩再好一些，你就真是十全十美了。"因为我真为她着急呀！

问：你看到婷婷的卷子后有何感受？

答：婷婷的考试卷可以说给我的内心深处重重一击。

我总是认为在对学生的教育上，自己真的是用心良苦。希望我的每一名学生都能树立远大的理想，制订出一个美好的奋斗目标，培养各种能力，努力学习，将来走向社会能多一分才干，多一分竞争的资本。

今天看到婷婷的答卷，我对自己的教育方法和对学生提出的目标进行了反思：因材施教的理论我们都懂，而在实际教育教学工作中，它常常被

"恨铁不成钢"的心理所代替，教师只想在学习上急于求成，结果让学生不知所措，背上这样沉重的精神负担。如果长此以往，她不仅学习成绩不会提高，还会造成学生心理抑郁，失去本应属于他们这个年龄的快乐。想到这些，我感觉自己简直是学生的罪人。

问：像婷婷这样的学生目前多吗？你认为应该如何对待他们呢？

答：像婷婷这样的学生不少见。我认为作为教师，要树立"人人都有才，个个能成才"的现代人才观，明确"材与才"的关系，落实因材施教。

首先，要知道学生是怎样的"材料"。现代的家长都望子成"龙"，教师也是热切希望学生成才，但却缺乏科学教育方法。究其原因，在于家长和教师都不了解学生，不"懂"他们到底是什么"材料"，只是在拼命地"教育"孩子提高学习成绩。总以学习成绩好才是人才的老观点来衡量孩子。因此应该改变这一点，要用智慧的眼光，从孩子平时的语言、动作、眼神以及所提的问题和爱好中去发现、挖掘和捕捉孩子智慧的"敏感区"。如婷婷，对美术特别敏感，老师和家长应该了解他们是从事艺术的好材料，着重在这方面培养。

其次，因"材"施教。即因势利导，尊重孩子，尊重孩子的人格，因"材料"去设计成才之路，使他们成为某个方面的专门人才。如婷婷就应该发挥她美术等方面的特长，培养艺术人才。而不能想当然，主观臆断去设计孩子成才的轨迹，硬逼着她去学习她几乎望尘莫及的数学。

现实生活中这样的事例不胜枚举。例如，科学史上有一个与牛顿齐名的数学家、物理学家麦克斯韦。小时候他父亲叫他学习，他总是在纸上涂满各种几何图形。细心的父亲立刻捕捉到小麦克斯韦在数学上的"敏感区"，于是教他几何学、代数学。很快麦克斯韦在数学方面就显示出了惊人的才华，15岁时所写的论文就发表在《皇家学会学报》上。这就是我们未来教育像婷婷这样学生的方向。

总之，我们应该"以人为本"，真正让教育"一切为了学生，为了一切学生，为了学生的一切"。因此教师应该允许学生的缺点存在，应该允许奇才、偏才、怪才、狂才的发展；教师应该给学生的成长引路，给学生的人生导向，而不是限制学生的发展空间，更不能给不服自己管教的学生或有某种缺陷的学生"判死刑"；教师还应该给学生一个健康的成长过程，多为他们提供展现自我的平台，给他们以成功的体验。

在这里我建议教师们：对像婷婷这样孩子的教育问题做一下反思吧，我们应该对他们负责。

【案例分析】

蔡元培先生在《教育独立议》中曾写道："教育是帮助被教育的人，给他能发展自己的能力，完成他的人格，于人类文化上能尽一分子的责任；不是把被教育的人，造成一种特别器具，给抱有他种目的的人去应用的。"我感觉这在现代教育中依然具有重大意义。

本案例揭示了当前教育界存在的一个发人深省的问题——教育的狭隘：只注重成绩，把孩子当成"特别的器具"，被期望出好成绩的教师和"望子成龙"的父母所利用，而忽略学生的人格发展、心理健康以及其他能力地培养，使教育"一切为了孩子"的思想成为虚有。致使学习分值问题成为像婷婷一样的学生群体未来心理健康的最大障碍，这的确值得我们认真反思。

建议班主任老师要对像婷婷这样的"弱势"学生群体多一些爱心、理解与关怀，将学生的"特殊性"当做财富来施教，让他们未来在社会能尽一点责任。这或许能使自己成为教育家，因为没有任何一个教育家不是因为对特殊学生的教育获得成功而成为真正的教育家的。

案例 3

"给学生一座山"

放学了，同学们都已回家。我正准备走，却见李晶和她爸爸来了。李晶哭得跟个泪人似的，她的家长也非常着急，一问才知道：是因为没选上班干部。

她爸爸说："老师能不能给她个'官儿'，当不上'官儿'，小组长也行。"

我笑着问他："为什么要孩子当'官'呢？"

他说："我们认为做班干部能给她一座山，让她爬，得到锻炼。另外她在上小学时，一直做班干部。现在上中学了，没有选上班干部，总感觉很没有面子。"

我说："李晶学习成绩不错。入学以来，表现特别老实，不爱说话，可能就是因为这个同学们才没有选她吧。孩子思想压力大，我看你们家长的压力更大。孩子没有选上，觉得没有面子，你们更觉得没面子，还批评孩子了吧？这样对孩子的思想、心理都会造成伤害，让孩子有思想负担的。"

这位家长低下头，不再说话了。我拉过李晶的手对她说：

"李晶别哭了，告诉老师你的想法？"

她抽噎着说："我想当班干部，为同学们做事情。"

"李晶，你的想法很好。但不当班干部也能为同学们做事情。你看入选的那几位同学，他们从入学开始就积极地为同学们服务，带头搞卫生，帮老师收发作业，主动帮助学习上有困难的同学，所以大家才选了他们。你说不是吗？"

她点了点头，停止了抽泣。

"你没当班干部，也可以发挥自己的长处为班级服务，同学们一样会佩服你、喜欢你的。"

李晶终于笑了，家长也不好意思了，为自己刚才的急躁而向我道歉。

我说："没有关系，我理解你们的心情，其实我和你们都是一样，都是为孩子好。"

第二天，我把她叫到办公室，问她：

"李晶，你想通了吗？"

她不好意思地说："李老师，我今后会主动为班集体服务的。"

我说："你画画非常好，能不能给咱班做板报？"

她爽快地答应："好！"

我又说："我想在班里成立一个板报小组，你来当组长怎么样？"

她十分认真地点头。

自从成立板报小组，李晶像换了个人似的。她开始主动和大家商量做板报的事，找材料、设计版面，工作积极，人也开朗了。在李晶的带领下，我班的板报搞得丰富多彩，深受同学欢迎。

看着李晶的进步，我终于明白了李晶家长曾跟我提到的一句话："给她一座山，让她爬"的真正用意。

【访谈录】

问：你理解的"给她一座山"的真正用意是什么？

答：我体会就是为学生创造条件，让学生自身一些潜能得到充分地发挥。

问：家长要教师"给她一座山"，你能理解吗？这和现代教育观相符合吗？

答：可以理解。学生的个性是千差万别的。有的学生性格外向，能力强，自己就能找到发挥自己特长的机会；而有的学生性格内向，像李晶同学，她不爱说话、老实，自己没有主动显示能力的勇气。因此家长希望老师能为他们创造条件，使他们都能在集体雨露的滋润下，充分地发展自己的个性，充分地实现自我价值，这是无可厚非的。

而且，我认为给学生提供发挥自我的平台，有利于学生基本素质的提高，完全符合现代教育观：

1. 可以提高孩子的道德素质，即要学会关心、学会生存，以便让学生在未来竞争日益激烈的社会中处理好人与社会、环境、他人的关系；让学生具有迎接挑战的勇气和信心。

2. 可以使学生学会学习、学会实践、学会创造。在锻炼的过程中培养学生具有一定的学习能力，树立终身学习、不断更新知识等观念。

3. 可以提高学生的生活素质，在自觉学习和工作中，学会交往、学会审美、学会劳动。

4. 可以锻炼学生的身心素质，学会健体、学会做人。学生是一个个有血有肉的活生生的人，在学习和工作的过程中，他们的态度、情感和价值观也潜移默化地发生着变化。

问：通过对李晶这件事的处理对你有怎样的启发？

答：这件事让我想起夸美纽斯的观点：教师是太阳底下最光辉的职业，即教师是一个充盈的、热情的、开朗的、充满了光和热的载体。它的情怀和快乐在于奉献，把给予作为自己最大的幸福，把光和热无私地奉献给每一名孩子，并让他们每一个人都有所体验，使他们变得强健有力、自强自立，完成自身生命的追求。

【案例分析】

苏霍姆林斯基说："世界上没有才能的人是没有的。问题在于教育者要去发现每一位学生的禀赋、兴趣、爱好和特长，为他们的表现和发展提供充分的条件和正确引导。"要让每名学生都有施展才华的机会，从而让每名学生能力得到发展，素质得到提高，人格得到培养。本案例中的朱老师能了解每一名学生能力及特点，特别是对内向的，不善于表现、缺乏自信心的学生，朱老师能主动地去关心他们，为他们创造条件，充分地挖掘其潜能，全方位地提高他们的素质，使其人格更加完善，或许给学生一座山，会使她终身受益。

后　记

　　在新课改背景下，班主任的教育管理工作正面临新的挑战和机遇。如何做好班主任工作，这需要班主任有更新的教育理念和更科学的教育策略以及教育机智。面对班级教育管理中存在的各种问题，如果班主任不能运用适当的教育策略，容易使学生成为班主任工作的"对立面"，教育效果往往会适得其反。

　　本着提高班主任能力素养的良好初衷，我们编写了此书。在此，衷心感谢帮助过我们的朋友，他们在繁忙的教学科研之余，保持高度的合作热情，孜孜不倦于思想智慧的传递。

　　希望读者在阅读本书的过程中会有所启示。虽然我们在编写过程中力求完美，但由于我们的编写水平有限，肯定还有不足之处。希望读到本书的读者不吝指正。此外，本书在编写过程中引用了一些资料和素材，由于时间仓促，未查及相关作者，敬请谅解！请相关作者看到本书后与我们联系，十分感谢！

编　者